高考专题 **亮剑** 系列丛书

*wu li shi yan*

# 物理实验

丛书顾问　郭艳秋
丛书主编　张义武
本册主编　赵海龙　张义武

北京邮电大学出版社
www.buptpress.com

## 内 容 简 介

物理实验题一般有两道,第一题侧重考查实验技能,注重基本仪器的使用;第二题侧重考查实验理论、实验原理,注重将四个必修模块中的基本实验或改编或拓展成创新性实验、探究性实验,体现课程标准要求,注重考查实验探究能力。本书首先阐述的是实验理论,分别从每一个实验的实验目的、实验原理、实验器材、实验步骤、数据处理、注意事项、误差分析等七个方面编写;其次是命题角度的扫描,分别从原理与操作、数据处理和误差分析、实验改进和创新三个方面编写。

### 图书在版编目(CIP)数据

物理实验 / 赵海龙,张义武主编. -- 北京:北京邮电大学出版社,2016.3
ISBN 978-7-5635-4720-3

Ⅰ. ①物… Ⅱ. ①赵… ②张… Ⅲ. ①中学物理课—实验—高中—教学参考资料 Ⅳ. ①G634.73

中国版本图书馆 CIP 数据核字(2016)第 054717 号

| | |
|---|---|
| 书　　名: | 物理实验 |
| 主　　编: | 赵海龙　张义武 |
| 责任编辑: | 王丹丹　刘 佳 |
| 出版发行: | 北京邮电大学出版社 |
| 社　　址: | 北京市海淀区西土城路10号(邮编:100876) |
| 发 行 部: | 电话:010-62282185　传真:010-62283578 |
| E-mail: | publish@bupt.edu.cn |
| 经　　销: | 各地新华书店 |
| 印　　刷: | 北京鑫丰华彩印有限公司 |
| 开　　本: | 787 mm×1 092 mm　1/16 |
| 印　　张: | 14 |
| 字　　数: | 342 千字 |
| 版　　次: | 2016年3月第1版　2016年3月第1次印刷 |

ISBN 978-7-5635-4720-3　　　　　　　　　　　　　　　　　　　定　价:35.00元

· 如有印装质量问题,请与北京邮电大学出版社发行部联系 ·

# 编 委 会

| | |
|---|---|
| 顾　　问 | 郭艳秋 |
| 主　　任 | 张义武 |
| 副 主 任 | 王亚洲　双达莱 |
| 成　　员 | （按姓氏笔画排序） |
| | 刘斌山　李春生　吴显斌　张燕萍 |
| | 邵晓军　范海军　梁　平　董万宾 |
| 本册主编 | 赵海龙　张义武 |
| 本册副主编 | 徐淑芳　张廷宇　李春生　刘晓玉 |
| | 赵相雨　蒋　宁　于　涛 |
| 本册编委 | 杨茂生　袁永军　王　兰　郝小亮 |
| | 姜　伟　苗　雨　都治法　陈希春 |

# 序

自1952年实行全国统一考试到1966年取消高考,1977年恢复高考至今,再加上"文革"中的1973年,高考走到今天已经历半个多世纪的历史,她的功能已经体现得淋漓尽致。在漫长的发展中,她改变着我们国家的命运,改变着一代又一代学子及其家庭的命运。同时,高考也形成了她鲜明的特色,形成了她自身的规律。本人自1986年参加高考开始到今天在辅导高考的讲台上,20多年的过程,也形成了自己的座右铭:"高考是我生命中的一部分,辅导高考是我生活的重要组成部分。"

下面从几个方面出发对高考的规律进行总结:

**一、新中国高考发展年表**

1949年沿用国民党时期旧制,即由学校单独招生考试,学生跨省、跨区赴考到所报考的多所学校。

1950年5月26日新中国第一部高校招生文件诞生,规定各大行政区"分别在适当地点定期实行全部或局部高校联合或统一招生",东北、华北、华东三大区73所高校联合招生考试。

1951年,在三大区联合招生的基础上,实行各大行政区域范围内联合招生。

1952年,首次全国统一高考,时间每年8月15日-8月17日三天。

到1965年高考没有什么大的变化。

1966年,取消高考。

1973年,文革之中唯一一次全国统一考试,因为出现"白卷先生"张铁生事件而流产。

1977年恢复高考,时间12月9日、10日两天。报考人数573万,录取人数21万。参考者有工人、干部、下乡及返城青年,毕业十多年的高中生。著名的"老三届"就诞生在这个时候,全国统一考试,各省、市、自治区自主命题。

1978年,邓小平在全国科学大会上讲话,提出"科学技术是第一生产力"的理论观点,1978年高考学子与1977年学子共同入高校学习。

1983年,全国高考中出现"定向招生,定向分配"政策。

1984年,高考"双轨制"开始试行,即开始招收自费生,同时保送生开始试点。

1985年正式实行"双轨制"。

1986年以后高考科目发生变化,理科考七门(语、数、外、理、化、生、政治),文科考六门。

到20世纪90年代逐渐减至五门,即:"3+2",上海实行"3+1"。

1989年试点标准化考试。

1990年全国第一次实行标准化考试。

1994年,全国37所重点院校试行"并轨制"。

1997年全国正式试行"并轨制",学费增加。

2000年,师范生也收费,实行全部"并轨制"。

1999年,"3+X"方案推行。高校招生开始扩招,当年扩招22万,保送生参加综合能力测试。

2000年,北京、上海、安徽等开始实行"春招",内蒙古自2001年开始"春招"。

2002年网上录取。

2003年,扩大北大、清华等22所高校招生自主权,后发展到53所高校。

同年,香港大学开始在内地招生。也是这一年,高考时间改革,6月7、8、9日,高考从此告别酷暑。还是这一年,全国上下战"非典"。

2004年,河南省镇平县爆出"高考特大舞弊案"。

2005年,海南高考状元李洋"梦断清华"引发对"高考移民"及"高考公平"大讨论。

2006年,高考全国共15张试卷。

2007年,教育部直属师范大学实行部分师范生免费教育,免费教育又一次回到高校课堂。

同年山东、宁夏、广东、海南迎来新课改以来的第一次高考。

2014年9月3日,《国务院关于深化考试招生制度改革的实施意见》掀开了招生考试制度的新一轮改革并在上海和浙江先行试点。

2016年将实现全国26个省市自治区使用新课标全国卷。

## 二、高考试题变化引领教材内容的变迁

高考试卷肩负着选拔人才的责任,所以为了实现区分度,必须保持一定的难度。在变迁之中,试题难度一而再、再而三地被无耐地推高,使试题的发展有

时陷于两难境地。一方面社会强大的压力呼唤高考要降低难度，要人性化，要和谐，不要对学生太残酷；另一方面辅导高考的老师及一届又一届莘莘学子们在用他们的勤奋和智慧在破解着高考试卷的神话，于是就有着从形式到内容等诸多高考的改革，教材版本和内容也随之变迁。

拿物理学科而言，20世纪80年代，教材难度较大，有所谓的甲种本和乙种本，版本的不同设置其初衷是好的，但几乎所有的高中学校无论发达地区还是欠发达地区，都想使用甲种本，生怕在高考中站不到制高点上，真是有些拔苗助长。

到20世纪90年代时，试题的难度一度走到了历史的最高点，尤其是"3+2"时期。

物理学科，热学部分"气体性质"这一章，光学部分"透镜"这一节等，在高考中可以说是把题目发展到了无以复加的程度，到90年代中叶发展到了高峰。高考试题之难让学生和辅导高考的老师真正地感觉到了"高处不胜寒"。同时引领高考试题难度的那些教材内容也走入了死胡同。在后来教材改革中这些内容就从教材中被删除了，实际上，存在也没有意义了。

教材也有一些核心内容是永远不能删除的，比如"动量守恒定律"的应用。1986年高考的压轴题目，难度适中，又很好地体现规律，后来这道题被编在教材的课后练习题里。

"动量守恒定律"这一规律的考察发展到1995年走到了最高点，那一年高考的压轴题把这一考点推向了制高点，在以后的十几年高考中这部分内容就平和了很多。但已经从压轴题的光环中退了下来，亦或是"失宠"了。

再比如，振动和波这部分内容，关于多解性的问题在过去的高考中也几乎是一样地走了一遭"动量守恒定律"的老路。

教材的内容需要"新陈代谢"，于是又有一些新的面孔出现，比如"多谱勒效应"等内容。

纵观教材的变迁过程，总好像有一只无形的手在引领着它的变化。伴随着高考的发展，教材内容真可谓是"你方唱罢我登场"。

### 三、从知识立意到能力立意

过去的高考肯定是以知识立意来考察学生的。中国人受传统思想的熏陶，要"读万卷书，行万里路"。我们很小的时候走到课堂，无论是党的教育，老师及其家长的教育，都是让我们掌握科学文化知识，用科学和真理来武装头脑，为实现四个现代化而努力奋斗。

我们平心静气地想一想，我们在生产实践中用以创造价值凭的就是科学知识。

进入21世纪后，人们又大谈高考要从知识立意向能力立意转化。当时这种呼声和讨论声很高、很激烈，有人竟然把二者对立起来，大有不争个你死我活不罢休之势。

我是这样想的，首先二者不应该是矛盾的，高考试卷过去一直以来就在体现着这两方面的意义。

高考要考察考生的能力，可是我们有没有一个直接测试考生能力的"测能器"，我们需要载体。

载体就是高考试题。高考试题应该有这样两类，一类是以所学过的知识做载体命题；另一类就是在试卷中创设一个新的理论知识点做载体命题，这样一个起跑点对全体考生都是平等的。在后面的例题和习题中都列举了一些这样的高考题，但是过去的高考题告诉我们这样的题在一张试卷中最多只有一道，有时没有，相信以后会有所发展。

对于前者，占据绝大多数，因为前者还肩负着其他使命，如勤奋、刻苦学习精神的培养、坚定毅力的锻炼等，但也有缺点，毕竟是勤能补拙。但是我们要清醒地看到，随着教育事业的发展，随着教育区域发展不平衡的矛盾进一步解决，随着素质教育的深入，随着我们国家教育与国际接轨，我相信，后者立意的命题会逐渐多起来。但目前，至少是相当长一段时间内还不能真正实现绝对意义上的能力立意去命题。

## 四、把专题落实到考点上

高考命题在半个多世纪的发展过程中已经形成了她特有的规律，我们来算一笔帐：

现行高考中，物理学科是"八、二、二、一"工程——八个选择题，两个实验题，二道计算题，再加上一道选修题（三选一）。

高考试卷要覆盖知识点这是无疑的。

我仔细研究过所有高考物理试卷，可以说是认真地进行了调查研究，应该说有发言权。

八道选择题中：天体运动要出一道选择道，选择题要体现中学物理的核心内容，即牛顿定律、功能关系原理。电磁学是以力学为基础内容，当然会体现在核心理论的考察上。

两道实验题：一般来讲要考察一道电学实验题，还要考察力学实验。当然其他实验也不是不考，但是放到半个多世纪高考试卷分析中去看，问题就很集中。

二道计算题:按着梯度来看。

第一道应该是一道典型的模型化试题,体现基本规律。

第二道也是一道体现核心内容的典型试题,但会有一些难点突破,就是所谓的压轴题。

第三道试题则出在选修课中,这些内容都在过去的岁月中占据过高考的主要考点,曾经达到过"无以复加"的程度,现在退居选修内容,难度不会大,是考生的得分点。

前面讲过,热学中气体性质曾经多年压轴,后来是退出了高考这一历史舞台。动量及其守恒定律几乎曾是高考试卷上一面光辉的旗帜。现在带电粒子在电磁场中的运动正当其时……

总而言之,都要体现高中物理的核心理论体系。

一笔帐算下来,我们应该是心里有数了。一句话,认真研究过去的高考试题,把已经形成规律的考点用专题的形式呈现在读者面前,以实现我们多年的心愿。

当我们再在课堂上面对备考学生的时候,当在生活中有年轻老师和有望子成龙热望的家长向我提问关于物理高考辅导的问题时,我就送给他们我们的这套《高考专题"亮剑"系列丛书》,以节省我们更多的时间,更不至于因时间或事务对人家敷衍。

我们的这本书,不是面面俱到,不是按部就班,不是知识点的列表,而是采取经营的理念研究高考。说白了就是高考过去都考什么,更多地考了什么,我们告诉大家。有每个专题后面的高考真题作证,本书基本不受课改影响,因为所涉及内容都是高中物理的核心理论。

书中所涉及的专题,全部是我们几十年高考辅导的感悟。

书中所涉及的习题,几乎都来自于过去的高考真题。

本书是继《高考专题"亮剑"系列丛书》的第二本,即实验部分内容。本书奉献给广大读者,希望体现高考试题"稳中求变,三年基本不变"的原则,助读者一臂之力。

丛书主编 张义武

2016-3-14

# 前　言

本书的编者都是高中一线优秀教师,辅导高三毕业班多年。在指导高三学生复习和高考备考过程中,特别是实施新课标高考以来,他们深刻把握命题思想,做到系统性、有针对性地指导学生有效复习,并在提高学生应考能力方面,进行了深入的探索和研究。同时,鉴于目前书店里和市场上很少能买到适合的实验方面的专题复习资料,在此基础上,有了编成此书的想法。

从2004年开始,山东、广东、海南、宁夏四省区高中实施新课程标准教材,2007年是使用新课程标准教材的省区第一次高考。到目前为止,使用新课程标准教材高考已经进行了9年,有的是自主命题,有的是使用全国新课标卷。不管使用哪种试卷,我们不难发现,高考命题是有依据、有方向、有规律和有特点的。

新课标高考物理有以下特点:

1. 受题量的限制,重点考查的都是物理主干知识。
2. 在考查知识的同时,把考查能力放在首要位置,特别加强了对数学能力的考查。
3. 注重科学方法的渗透和考查,注重理论联系实际,突出学科内综合。
4. 关注考查实验探究和实验设计能力。
5. 关注"过程和方法",考查自主学习和创新能力。
6. 关注与科学技术和社会经济发展相关的命题。

高中物理总复习是高中物理教学工作的重要组成部分,是培养学生各种能力的重要过程。根据新课标高考特点合理安排复习,才能更有利于学生认知结构的优化和能力的培养,才能更有利于学生的创新精神和创造力的培养。高三复习中,我们发现研究高考题、让学生反复做历年高考题、成套练习高考题、做重组高考题对提高学生能力和考试成绩能起到良好的作用。只有在高考试题中才能体会到命题老师的命题思想,在结合《考试大纲》的说明和研究历年高考试题的基础上才能看出高考试题的命题特点及变化方向。尤其在专题复习的时候,重点以新课标高考试题为依托,紧扣考点,合理分块,注重方法和技巧的点拨,分析独到,这可能也是我们编成此书和读者分享的理由吧!

本书针对新课标高考考试大纲要求,共设有17个专题,每个专题分为高考本源实验梳理、高考命题实例、高考链接创新点拨以及高考真题同步训练四部分,习题后附详细参考答案。其中前16个专题为高考必考实验,最后1个专题为常见仪器的一般读数。每个专题的高考本源实验梳理均包括实验目的、实验原理、实验器材、实验步骤、数据处理、注意事项和误差分析等七部分内容;高考命题实例选用的都是近年的典型高考试题,重点分析解题思路,优化解题过程,规范解题步骤;高考链接创新点拨包括本题创新点分析和本实验的改进创新两部分内容;高考真题同步训练大多均为近3~5年高考试题精选,也保留了少数较早经典高考试题。在编成此书的过程中得到了很多朋友的关怀和关注,特别是张义武校长,给我们提出了很多宝贵建议,在这里一并表示感谢。由于编者水平有限,书中不乏不当之处,敬请广大师生提出宝贵意见。

编者
2016年3月

# 目 录

实验 1　研究匀变速直线运动 ·································································· 1
实验 2　探究弹力和弹簧伸长量的关系 ···················································· 11
实验 3　验证力的平行四边形定则 ··························································· 22
实验 4　验证牛顿运动定律 ···································································· 32
实验 5　探究动能定理 ········································································· 43
实验 6　验证机械能守恒定律 ································································· 54
实验 7　测定金属的电阻率(练习使用螺旋测微器) ······································ 63
实验 8　描绘小电珠的伏安特性曲线 ························································ 76
实验 9　测定电源电动势和内阻 ······························································ 87
实验 10　练习使用多用电表 ································································ 104
实验 11　传感器的简单应用 ································································ 119
实验 12　用油膜法估测分子的大小 ······················································· 128
实验 13　探究单摆的运动——用单摆测定重力加速度 ······························· 133
实验 14　测定玻璃的折射率 ································································ 143
实验 15　用双缝干涉测光的波长 ·························································· 149
实验 16　验证动量守恒定律 ································································ 155
实验 17　常见仪器的一般读数 ····························································· 166
附录　实验答案 ················································································ 176

# 实验 1　研究匀变速直线运动

## 高考本源实验梳理

### 一、实验目的

(1) 练习正确使用打点计时器,学会利用打上点的纸带研究物体的运动。
(2) 掌握判断物体是否做匀变速直线运动的方法($\Delta x=aT^2$)。
(3) 测定匀变速直线运动的加速度。

### 二、实验原理

1. 打点计时器
(1) 作用:计时仪器,当所用交流电源的频率 $f=50$ Hz 时,每隔 0.02 s 打一次点。
(2) 工作条件 $\begin{cases} \text{电磁打点计时器:6 V 以下交流电源。} \\ \text{电火花计时器:220 V 交流电源。} \end{cases}$

2. 处理纸带数据时区分计时点和计数点
计时点是指打点计时器在纸带上打下的点。计数点是指测量和计算时在纸带上所选取的点,要注意"每 5 个点取一个计数点"与"每隔 4 个点取一个计数点"取点方法是一样的。

3. 判断物体的运动是否为匀变速直线运动的方法
(1) 沿直线运动的物体在连续相等时间 $T$ 内的位移分别为 $x_1, x_2, x_3, x_4, \cdots$,若 $\Delta x = x_2-x_1=x_3-x_2=x_4-x_3=\cdots$,则说明物体在做匀变速直线运动,且 $\Delta x=aT^2$。
(2) 利用"平均速度法"确定多个点的瞬时速度,作出物体运动的 $v$-$t$ 图像。若 $v$-$t$ 图像是一条倾斜的直线,则说明物体的速度随时间均匀变化,即做匀变速直线运动。

4. 利用纸带数据求解物体的速度、加速度的方法
(1) "平均速度法"求物体在某点的瞬时速度,即 $v_n=\dfrac{x_n+x_{n+1}}{2T}$,如图 1-1 所示。

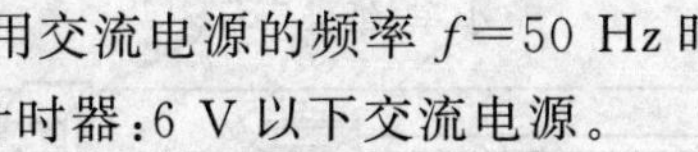

图 1-1

(2) "逐差法"求物体的加速度,即 $a_1=\dfrac{x_4-x_1}{3T^2}, a_2=\dfrac{x_5-x_2}{3T^2}, a_3=\dfrac{x_6-x_3}{3T^2}$,然后求平均

值，即 $a = \frac{a_1+a_2+a_3}{3} = \frac{(x_4+x_5+x_6)-(x_1+x_2+x_3)}{9T^2}$，这样使所测数据全部得到利用，准确度较高。

这个表达式也可以根据下列思路得到：把 $x_1+x_2+x_3$ 和 $x_4+x_5+x_6$ 分别看作 $x_Ⅰ$ 和 $x_Ⅱ$，利用 $x_Ⅱ-x_Ⅰ=at^2$，其中 $t=3T$。

同理可得

$(x_3+x_4)-(x_1+x_2)=4aT^2$。

## 三、实验器材

电火花计时器（或电磁打点计时器）、一端附有定滑轮的长木板、小车、纸带、细绳、钩码、刻度尺、导线、电源、复写纸片。

## 四、实验步骤

1. 仪器安装

（1）把附有滑轮的长木板放在实验桌上，并使滑轮伸出桌面，把打点计时器固定在长木板上没有滑轮的一端，连接好电路。

（2）把一条细绳拴在小车上，细绳跨过定滑轮，下边挂上合适的钩码，把纸带穿过打点计时器，并把它的一端固定在小车的后面。实验装置如图1-2所示，放手后，看小车能否在木板上平稳地加速滑行。

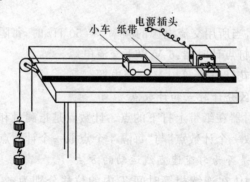

图 1-2

2. 测量与记录

（1）把小车停在靠近打点计时器处，先接通电源，后放开小车，让小车拖着纸带运动，打点计时器就在纸带上打下一系列的点，换上新纸带，重复三次。

（2）从三条纸带中选择一条比较理想的，舍掉开头一些比较密集的点，从后边便于测量的点开始确定计数点，为了计算方便和减小误差，通常用连续打点五次的时间作为时间单位，即 $T=0.1$ s。正确使用毫米刻度尺测量每相邻两计数点间的距离，并填入设计的表格中。

（3）利用某一段时间的平均速度等于这段时间中间时刻的瞬时速度求得各计数点的瞬时速度。

（4）增减所挂钩码数，再重复实验两次。

### 五、数据处理

1. 由实验数据得出 $v$-$t$ 图像

(1) 根据表格中的 $v$、$t$ 数据，在直角坐标系中仔细描点。

(2) 作一条直线，使同一次实验得到的各点尽量落到这条直线上，落不到直线上的各点应均匀分布在直线的两侧，这条直线就是本次实验的 $v$-$t$ 图像，它是一条倾斜的直线，如图 1-3 所示。

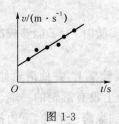

图 1-3

2. 由实验得出的 $v$-$t$ 图像进一步得出小车运动的速度随时间变化的规律

有两条途径进行分析：

(1) 直接分析图像的特点得出，小车运动的 $v$-$t$ 图像是一条倾斜的直线，如图 1-4 所示，当时间增加相同的值 $\Delta t$，速度也会增加相同的值 $\Delta v$，由此得出结论：小车的速度随时间均匀变化。

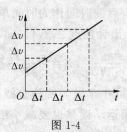

图 1-4

(2) 通过函数关系进一步得到，既然小车的 $v$-$t$ 图像是一条倾斜的直线，那么 $v$ 随 $t$ 变化的函数关系式为 $v=kt+b$，显然 $v$ 与 $t$ 成"线性关系"，小车的速度随时间均匀变化。

### 六、注意事项

(1) 纸带和细绳要和木板平行，小车运动要平稳。

(2) 实验中应先接通电源，后让小车运动；实验后应先断开电源后取纸带。

(3) 要防止钩码落地和小车与滑轮相撞。

(4) 小车的加速度适当大些可以减小长度的测量误差，加速度大小以能在约 50 cm 的纸带上清楚地打出 6～7 个计数点为宜。

### 七、误差分析

(1) 根据纸带测量的位移有误差。

(2) 电源频率不稳定，造成相邻两点的时间间隔不完全相等。

(3) 纸带运动时打点不稳定引起测量误差。

(4) 用作图法,作出的 $v$-$t$ 图像并不是一条直线。

(5) 木板的粗糙程度并非完全相同,这样测量得到的加速度只能是所测量段的平均加速度。

## 高考命题实例

**【典例分析 1】**

在做"研究匀变速直线运动"的实验时,为了能够较准确地测出加速度,将你认为正确的选项前面的字母填在横线上:_____。

A. 把附有滑轮的长木板放在实验桌上,并使滑轮伸出桌面

B. 把打点计时器固定在长木板上没有滑轮的一端,连接好电路

C. 再把一条细绳拴在小车上,细绳跨过滑轮,下边挂上合适的钩码,每次必须由静止释放小车

D. 把纸带穿过打点计时器,并把它的一端固定在小车的后面

E. 把小车停在靠近打点计时器处,接通直流电源后,放开小车,让小车拖着纸带运动,打点计时器就在纸带上打下一系列的点,换上新纸带,重复三次

F. 从三条纸带中选择一条比较理想的纸带,舍掉开头比较密集的点,在后边便于测量的地方找一个开始点,并把每打五个点的时间作为时间单位。在选好的开始点下面记作 0,往后第六个点作为计数点 1,依次标出计数点 2,3,4,5,6,并测算出相邻两点间的距离

G. 根据公式 $a_1=\dfrac{x_4-x_1}{3T^2}$,$a_2=\dfrac{x_5-x_2}{3T^2}$,$a_3=\dfrac{x_6-x_3}{3T^2}$ 及 $a=\dfrac{a_1+a_2+a_3}{3}$,求出 $a$

[解析] 在实验中尽可能地保证小车做匀变速直线运动,同时也要求纸带能尽可能地直接反映小车的运动情况,既要减小运动误差也要减小纸带的分析误差。其中 E 项中的电源应采用交流电源,而不是直流电源。

[答案] ABCDFG

**【典例分析 2】**

在做"研究匀变速直线运动"的实验中:

(1) 实验室提供的器材包括打点计时器、一端附有滑轮的长木板、小车、纸带、细绳、钩码、刻度尺、导线、交流电源、复写纸、弹簧测力计。其中在本实验中不需要的器材是_____。

(2) 如图 1-5 所示,是某同学由打点计时器得到的表示小车运动过程的一条清晰纸带,纸带上两相邻计数点间还有四个点没有画出,打点计时器打点的时间间隔 $T=0.02$ s,其中 $x_1=7.05$ cm,$x_2=7.68$ cm,$x_3=8.33$ cm,$x_4=8.95$ cm,$x_5=9.61$ cm,$x_6=10.26$ cm。

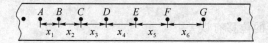

图 1-5

表 1-1 列出了打点计时器打下 $B,C,F$ 时小车的瞬时速度,请在表中填入打点计时器打下 $D$ 和 $E$ 两点时小车的瞬时速度。

表 1-1

| 位置 | $B$ | $C$ | $D$ | $E$ | $F$ |
| --- | --- | --- | --- | --- | --- |
| 速度$(\mathrm{m \cdot s^{-1}})$ | 0.737 | 0.801 | | | 0.994 |

(3) 以 $A$ 点为计时起点,在坐标图 1-6 中画出小车的速度-时间关系图像。

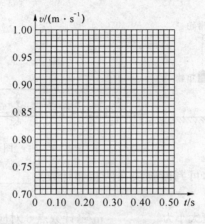

图 1-6

(4) 根据你画出的小车的速度-时间关系图像计算出的小车的加速度 $a=$ _____ m/s²。

[解析] (1) 本实验中不需要测量力的大小,因此不需要的器材是弹簧测力计。

(2) 根据匀变速直线运动中间时刻的瞬时速度等于这段时间内的平均速度知:

$$v_D=\frac{x_3+x_4}{2T}=\frac{(8.33+8.95)\times 10^{-2}\text{ m}}{2\times 0.1\text{ s}}=0.864\text{ m/s}$$

同理可得 $v_E=0.928$ m/s。

(3) 小车的速度-时间关系图像如图 1-7 所示。

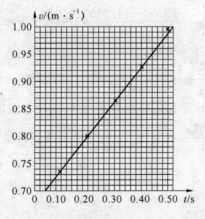

图 1-7

(4) 在 $v\text{-}t$ 图像中,图像的斜率表示加速度的大小,则 $a=\dfrac{\Delta v}{\Delta t}=(0.64\pm 0.01)$ m/s²。

[答案] (1)弹簧测力计 (2)0.864 0.928 (3)见解析图 (4)(0.64±0.01)

**【典例分析3】**

[2012·山东高考]某同学利用图1-8所示的实验装置,探究物块在水平桌面上的运动规律。物块在重物的牵引下开始运动,重物落地后,物块再运动一段距离停在桌面上(尚未到达滑轮处)。从纸带上便于测量的点开始,每5个点取1个计数点,相邻计数点间的距离如图1-9所示。打点计时器电源的频率为50 Hz。

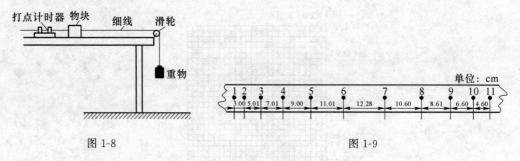

图1-8　　　　　　　图1-9

(1)通过分析纸带数据,可判断物块在两相邻计数点_____和_____之间某时刻开始减速。

(2)计数点5对应的速度大小为_____m/s,计数点6对应的速度大小为_____m/s(保留三位有效数字)。

(3)物块减速运动过程中加速度的大小为$a=$_____m/s$^2$,若用$\frac{a}{g}$来计算物块与桌面间的动摩擦因数($g$为重力加速度),则计算结果比动摩擦因数的真实值_____(填"偏大"或"偏小")。

[解析] (1)从计数点1到6相邻的相等时间内的位移差$\Delta x \approx 2.00$ cm,在6、7计数点间的位移比5、6之间增加了$(12.28-11.01)$ cm$=1.27$ cm$<2.00$ cm,因此,开始减速的时刻在计数点6和7之间。

(2)根据$v_5=\frac{x_{46}}{2T}$可得$v_5=\frac{(9.00+11.01)\times 0.01}{2\times 0.1}$ m/s$=1.00$ m/s,同理可求得$v_4=0.800\ 5$ m/s,则$v_6=v_5+(v_5-v_4)=1.20$ m/s。

(3)加速度的大小$a=\frac{(x_{78}+x_{89})-(x_{910}+x_{1011})}{2T^2}$,可得$a=2.00$ m/s$^2$,重物落地后,物块向前运动时受到的阻力除水平面的摩擦力作用外,纸带和限位孔之间也存在摩擦力作用,即$\mu mg+F_{阻}=ma$,$\mu=\frac{ma-F_{阻}}{mg}$,故利用$\mu=\frac{a}{g}$计算动摩擦因数比真实值偏大。

[答案] (1)6　7(或7　6) (2)1.00　1.20 (3)2.00　偏大

**【触类旁通】**

[2015·全国卷Ⅱ]某同学用图1-10(a)所示的实验装置测量物块与斜面之间的动摩擦因数。已知打点计时器所用电源的频率为50 Hz,物块下滑过程中所得到的纸带的一部分如图1-10(b)所示,图中标出了5个连续点之间的距离。

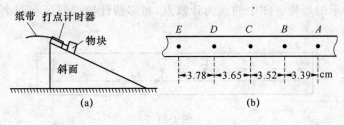

图 1-10

(1) 物块下滑时的加速度 $a=$ _____ m/s², 打 C 点时物块的速度 $v=$ _____ m/s。

(2) 已知重力加速度大小为 $g$, 为求出动摩擦因数, 还必须测量的物理量是 _____ (填正确答案标号)。

    A. 物块的质量      B. 斜面的高度      C. 斜面的倾角

## 高考链接创新点拨

### 一、本题创新点分析

1. 源于教材——本例中的实验器材、实验原理及利用纸带求速度、加速度的方法与教材实验是相同的。

2. 高于教材——本例中因计数点 6 位于物体从加速到减速转折的边缘,因此计数点 6 的速度不能采用求平均速度的方法直接计算,另外本例中还指出了一种测量物体间动摩擦因数的方法。

### 二、本实验还可以从以下方面进行改进创新

**(一) 实验器材的创新**

1. 如果提供光电门和刻度尺,可以测出遮光片的宽度 $d$, 借助 $v=\dfrac{d}{\Delta t}$ 求出物体通过光电门的速度,再由 $v_2^2-v_1^2=2ax$, 测出物体的加速度。

2. 如果提供闪光照相机和刻度尺,可以用处理纸带的方法,求出物体的瞬时速度及物体的加速度。

**(二) 数据处理, 如果测得物体运动的位移和对应时间**

1. 若初速度为零,则 $x=\dfrac{1}{2}at^2$, 因此做出 $x$-$t^2$ 图像,图像斜率的 2 倍即为物体的加速度。

2. 若物体的初速度不为零,则 $x=v_0t+\dfrac{1}{2}at^2$, 可得 $\dfrac{x}{t}=v_0+\dfrac{1}{2}at$, 因此做出 $\dfrac{x}{t}$-$t$ 图像,图像斜率的 2 倍即为物体的加速度。

## 高考真题同步训练

1. "研究匀变速直线运动"的实验中,使用电磁打点计时器(所用交流电的频率为 50 Hz),

得到如图 1-11 所示的纸带。图中的点为计数点,相邻两计数点间还有四个点未画出来,下列表述正确的是( )

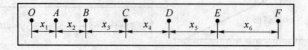

图 1-11

A. 实验时应先放开纸带再接通电源
B. $(x_6-x_1)$ 等于 $(x_2-x_1)$ 的 6 倍
C. 从纸带可求出计数点 B 对应的速率
D. 相邻两个计数点间的时间间隔为 0.02 s

2. [2012·咸阳模拟]在"测定匀变速直线运动加速度"的实验中:

(1) 除打点计时器(含纸带、复写纸)、小车、一端附有滑轮的长木板、细绳、钩码、导线及开关外,在下面的仪器和器材中,必须使用的有_____(填选项代号)。

A. 电压合适的 50 Hz 交流电源
B. 电压可调的直流电源
C. 刻度尺
D. 秒表
E. 天平

(2) 实验过程中,下列做法正确的是_____。

A. 先接通电源,再使纸带运动
B. 先使纸带运动,再接通电源
C. 将接好纸带的小车停在靠近滑轮处
D. 将接好纸带的小车停在靠近打点计时器处

(3) 如图 1-12 所示为一次实验得到的一条纸带,纸带上每相邻的两计数点间都有 4 个点未画出,按时间顺序取 0,1,2,3,4,5,6 共 7 个计数点,测出 1,2,3,4,5,6 点到 0 点的距离,如图 1-12 所示(单位:cm)。由纸带数据计算可得计数点 4 所代表时刻的瞬时速度大小 $v_4=$_____ m/s,小车的加速度大小为_____ m/s$^2$(保留 2 位有效数字)。

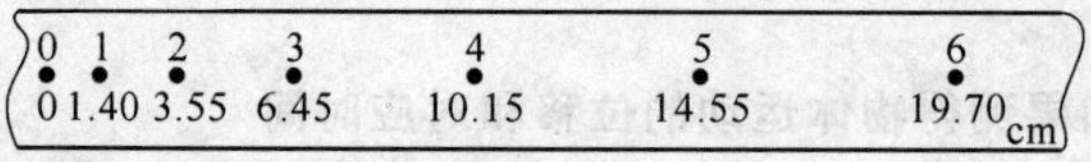

图 1-12

3. 小球做匀变速直线运动时的频闪照片如图 1-13 所示,已知频闪周期 $T=0.1$ s,小球相邻位置间距分别为 $OA=6.51$ cm,$AB=5.59$ cm,$BC=4.70$ cm,$CD=3.80$ cm,$DE=2.89$ cm,$EF=2.00$ cm。小球在位置 A 时的速度大小 $v_A=$_____ m/s。小球运动的加速度大小 $a=$_____ m/s$^2$(保留两位小数)。

图 1-13

4. [2013·广东理综]研究小车匀变速直线运动的实验装置如图1-14(a)所示,其中斜面倾角可调。打点计时器的工作频率为50 Hz。纸带上计数点的间距如图1-14(b)所示,其中每相邻两点之间还有4个记录点未画出。

① 部分实验步骤如下:

A. 测量完毕,关闭电源,取出纸带
B. 接通电源,待打点计时器工作稳定后放开小车
C. 将小车停靠在打点计时器附近,小车尾部与纸带相连
D. 把打点计时器固定在平板上,让纸带穿过限位孔

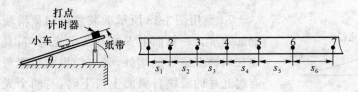

图1-14

上述实验步骤的正确顺序是:_____(用字母填写)。
② 图(b)中标出的相邻两计数点的时间间隔 $T=$ _____ s。
③ 计数点5对应的瞬时速度大小计算式为 $v_5=$ _____。
④ 为了充分利用记录数据,减小误差,小车加速度大小的计算式应为 $a=$ _____。

5. 某同学为估测摩托车在水泥路面上行驶时所受的牵引力,设计了下述实验:将输液用的 500 mL 玻璃瓶装适量水后,连同输液管一起绑在摩托车上,调节输液管的滴水速度,刚好每隔 1.0 s 滴一滴,该同学骑摩托车,先使之加速到某一速度,然后熄火,保持摩托车沿直线滑行,图1-15是某次实验中水泥路面上的部分水滴(左侧是起点)。设该同学质量为 50 kg,摩托车的质量为 75 kg($g=10$ m/s$^2$),根据该同学的实验结果可估算(图中长度单位:m):

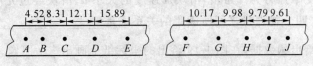

图1-15

(1) 骑摩托车行驶至 $D$ 点时的速度大小为 _____ m/s。
(2) 骑摩托车加速时的加速度大小为 _____ m/s$^2$。
(3) 骑摩托车加速时的牵引力大小为 _____ N。

6. 图1-16是"研究匀变速直线运动"实验中获得的一条纸带,$O,A,B,C,D$ 和 $E$ 为纸带上六个计数点。加速度大小用 $a$ 表示。

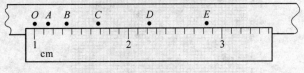

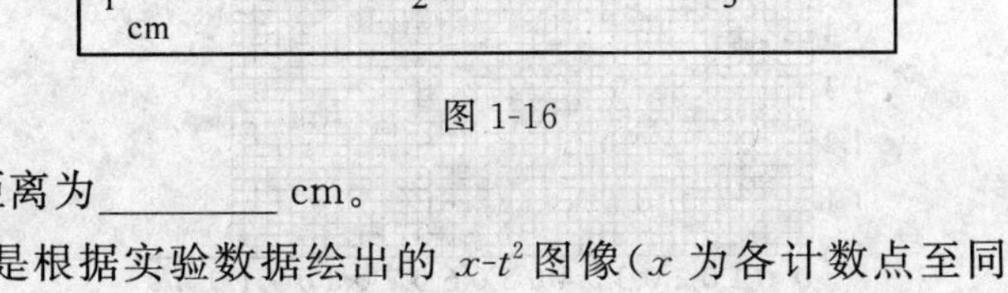

图1-16

(1) $OD$ 间的距离为 _____ cm。
(2) 如图1-17是根据实验数据绘出的 $x\text{-}t^2$ 图像($x$ 为各计数点至同一起点的距离),斜率表示 _____,其大小为 _____ m/s$^2$(保留三位有效数字)。

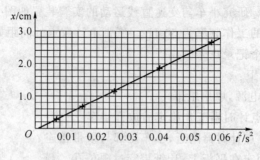

图 1-17

图 1-18

7. 利用图 1-18 所示的装置可测量滑块在斜面上运动的加速度。一斜面上安装有两个光电门，其中光电门乙固定在斜面上靠近底端处，光电门甲的位置可移动。当一带有遮光片的滑块自斜面上滑下时，与两个光电门都相连的计时器可以显示出遮光片从光电门甲滑至乙所用的时间 $t$。改变光电门甲的位置进行多次测量，每次都使滑块从同一点由静止开始下滑，并用米尺测量甲、乙之间的距离 $x$，记下相应的 $t$ 值，所得数据如表 1-2 所示。

表 1-2

| $x$(m) | 0.500 | 0.600 | 0.700 | 0.800 | 0.900 | 0.950 |
|---|---|---|---|---|---|---|
| $t$(ms) | 292.9 | 371.5 | 452.3 | 552.8 | 673.8 | 776.4 |
| $x/t$(m·s$^{-1}$) | 1.71 | 1.62 | 1.55 | 1.45 | 1.34 | 1.22 |

完成下列填空和作图：

（1）若滑块所受摩擦力为一常量，滑块加速度的大小 $a$、滑块经过光电门乙时的瞬时速度 $v_t$、测量值 $x$ 和 $t$ 四个物理量之间所满足的关系式是 _____。

（2）根据表中给出的数据，在图 1-19 给出的坐标纸上画出 $\dfrac{x}{t}$-$t$ 图像。

（3）由所画的 $\dfrac{x}{t}$-$t$ 图像，得出滑块加速度的大小为 $a=$ _____ m/s$^2$（结果保留两位有效数字）。

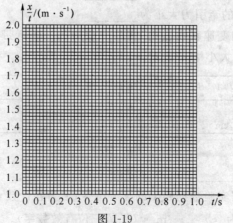

图 1-19

# 实验 2　探究弹力和弹簧伸长量的关系

## 高考本源实验梳理

### 一、实验目的

（1）探究弹力和弹簧伸长量的关系。
（2）学会利用图像法处理实验数据，探究物理规律。

### 二、实验原理

（1）如图 2-1 所示，弹簧在下端悬挂钩码时会伸长，平衡时弹簧产生的弹力与所挂钩码的重力大小相等。
（2）用刻度尺测出弹簧在不同钩码拉力下的伸长量 $x$，建立直角坐标系，以纵坐标表示弹力大小 $F$，以横坐标表示弹簧的伸长量 $x$，在坐标系中描出实验所测得的各组 $(x, F)$ 对应的点，用平滑的曲线连接起来，根据实验所得的图像，就可探知弹力大小与伸长量间的关系。

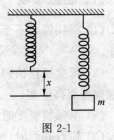

图 2-1

### 三、实验器材

铁架台、弹簧、毫米刻度尺、钩码若干、三角板、坐标纸、重垂线。

### 四、实验步骤

（1）如图 2-2 所示，将铁架台放在桌面上（固定好），将弹簧的一端固定于铁架台的横梁上，在靠近弹簧处将刻度尺（最小分度为 1 mm）固定于铁架台上，并用重垂线检查刻度尺是否竖直。

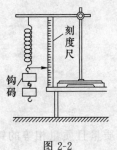

图 2-2

（2）记下弹簧下端不挂钩码时所对应的刻度 $l_0$，即弹簧的原长。
（3）在弹簧下端挂上钩码，待钩码静止时测出弹簧的长度 $l$，求出弹簧的伸长量 $x$ 和所受的外力 $F$（等于所挂钩码的重力）。
（4）改变所挂钩码的数量，重复上述实验，要尽量多测几组数据，将所测数据填写在表 2-1 中。

记录表：弹簧原长 $l_0 =$ _____ cm。

表 2-1

| 内容 \ 次数 | 1 | 2 | 3 | 4 | 5 | 6 |
| --- | --- | --- | --- | --- | --- | --- |
| 拉力 $F$/N | | | | | | |
| 弹簧总长/cm | | | | | | |
| 弹簧伸长/cm | | | | | | |

### 五、数据处理

（1）以力为纵坐标，以弹簧的伸长量为横坐标，根据所测数据在坐标纸上描点。
（2）按照图中各点的分布与走向，作出一条平滑的图像。所画的点不一定正好都在这条图像上，但要注意使图像两侧的点数大致相同。
（3）以弹簧的伸长为自变量，写出图像所代表的函数表达式，并解释函数表达式中常数的物理意义。

### 六、注意事项

（1）所挂钩码不要过重，以免弹簧被过分拉伸，超出它的弹性限度，要注意观察，适可而止。
（2）每次所挂钩码的质量差适当大一些，从而使坐标点的间距尽可能大，这样作出的图像准确度更高一些。
（3）测弹簧长度时，一定要在弹簧竖直悬挂且处于稳定状态时测量，以免增大误差。
（4）描点画线时，所描的点不一定都落在一条直线上，但应注意一定要使各点均匀分布在直线的两侧。
（5）记录实验数据时要注意弹力、弹簧的原长 $l_0$、总长 $l$ 及弹簧伸长量的对应关系及单位。
（6）坐标轴的标度要适中。

### 七、误差分析

（1）钩码标值不准确造成系统误差。
（2）弹簧长度的测量和作图时造成偶然误差。

## 高考命题实例

**【典例分析1】**

[2013·临沂模拟]如图 2-3(a)所示，用铁架台、弹簧和多个已知质量且质量相等的钩码探究在弹性限度内弹簧弹力与弹簧伸长量的关系。

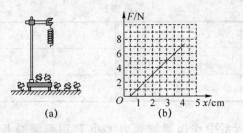

图 2-3

(1) 为完成实验,还需要的实验器材有:_____。

(2) 实验中需要测量的物理量有:_____。

(3) 图 2-3(b)是弹簧弹力 $F$ 与弹簧伸长量 $x$ 的 $F$-$x$ 图像,由此可求出弹簧的劲度系数为_____ N/m。图像不过原点的原因是由于_____。

(4) 为完成该实验,设计的实验步骤如下:

A. 以弹簧伸长量为横坐标,以弹力为纵坐标,描出各组 $(x,F)$ 对应的点,并用平滑的曲线连接起来

B. 记下弹簧不挂钩码时其下端在刻度尺上的刻度 $l_0$。

C. 将铁架台固定于桌子上,并将弹簧的一端系于横梁上,在弹簧附近竖直固定一把刻度尺

D. 依次在弹簧下端挂上 1 个、2 个、3 个、4 个……钩码,并分别记下钩码静止时弹簧下端所对应的刻度,并记录在表格内,然后取下钩码

E. 以弹簧伸长量为自变量,写出弹力与伸长量的关系式。首先尝试写成一次函数,如果不行,则考虑二次函数

F. 解释函数表达式中常数的物理意义

G. 整理仪器

请将以上步骤按操作的先后顺序排列出来:_____。

[解析] (1) 根据实验原理可知还需要刻度尺来测量弹簧原长和形变量。

(2) 根据实验原理,实验中需要测量的物理量有弹簧的原长、弹簧所受外力与对应的伸长量(或与弹簧对应的长度)。

(3) 取图像中 $(0.5,0)$ 和 $(3.5,6)$ 两个点,代入 $F=kx$ 可得 $k=200$ N/m,由于弹簧自重的原因,使得弹簧不加外力时就有形变量。

(4) 根据完成实验的合理性可知先后顺序为 CBDAEFG。

[答案] (1)刻度尺 (2)弹簧原长、弹簧所受外力与对应的伸长量(或与对应的长度) (3)200 弹簧自重 (4)CBDAEFG

【典例分析 2】

利用如图 2-4(a)所示装置做"探究弹力和弹簧伸长的关系"实验。所用的钩码每只的质量为 30 g。实验中,先测出不挂钩码时弹簧的自然长度,再将 5 个钩码逐个加挂在弹簧下端,稳定后依次测出相应的弹簧总长度,将数据填在表 2-2 中(弹力始终未超过弹性限度,取 $g=10$ m/s$^2$)。

表 2-2

| 记录数据组 | 1 | 2 | 3 | 4 | 5 | 6 |
|---|---|---|---|---|---|---|
| 钩码总质量(g) | 0 | 30 | 60 | 90 | 120 | 150 |
| 弹簧总长(cm) | 6.00 | 7.11 | 8.20 | 9.31 | 10.40 | 11.52 |

(1) 在图 2-4(b)坐标系中作出弹簧弹力大小 $F$ 跟弹簧总长度 $x$ 之间的函数关系的图像。

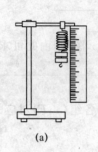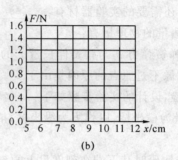

(a)　　　　　(b)

图 2-4

(2) 由图像求得该弹簧的劲度系数 $k=$ _____ N/m(保留两位有效数字)。

[解析]　(1) 弹力大小 $F$ 跟弹簧总长度 $x$ 之间的函数关系图像如图 2-5 所示。

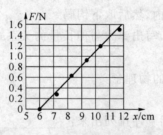

图 2-5

(2) 弹簧的劲度系数 $k$ 等于 $F$-$x$ 关系图像的斜率。

故 $k=\dfrac{\Delta F}{\Delta x}=27$ N/m。

[答案]　(1)图见解析　(2)27

## 【典例分析 3】

在"探究弹簧伸长量与弹力的关系,并测定弹簧的劲度系数"的实验中,实验装置如

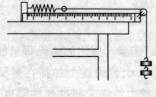

图 2-6

图 2-6 所示。所用的每个钩码的重力相当于对弹簧提供了向右恒定的拉力。实验时先测出不挂钩码时弹簧的自然长度,再将 5 个钩码逐个挂在绳子的下端,每次测出相应的弹簧总长度。

(1) 有一个同学通过以上实验测量后把 6 组数据描点在坐标图 2-7 中,请作出 $F$-$L$ 图像。

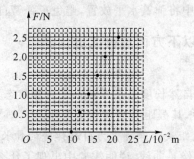

图 2-7

(2) 由此图像可得出的结论是＿＿＿＿＿＿＿＿＿＿＿＿＿＿＿＿＿＿＿＿＿＿＿＿＿＿＿＿。
该弹簧的原长为 $L_0=$ ＿＿＿＿＿ cm,劲度系数 $k=$ ＿＿＿＿＿ N/m。

(3) 试根据以上该同学的实验情况,请你帮助他设计一个记录实验数据的表格(不必填写其实验测得的具体数据)。

[解析] (1) 如图 2-8 所示。

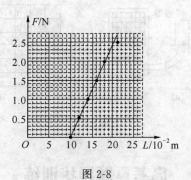

图 2-8

(2) 由图 2-8 可得出的结论:在弹性限度内,弹力和弹簧的伸长量成正比。弹簧的原长为 10 cm,劲度系数 $k=25$ N/m。

(3) 如表 2-3 所示。

表 2-3

| 次数 | 1 | 2 | 3 | 4 | 5 | 6 |
|---|---|---|---|---|---|---|
| 弹力 $F$/N | | | | | | |
| 弹簧的长度 $L/(10^{-2}$ m$)$ | | | | | | |

[答案] 见解析

## 高考链接创新点拨

一、本题创新点分析

1. 源于教材——本例中所使用的器材及探究原理与本实验是相同的。

2. 高于教材——本实验中将弹簧水平放置,避免了弹簧自身重力对实验的影响。

## 二、本实验还可以从以下方面进行改进创新

### (一) 数据处理

1. 在实验操作中弹簧的自然长度是在弹簧水平自然状态下测出的,若发现 $F$-$x$ 图像不过原点,图像在 $x$ 轴上有截距,其截距的物理意义是什么?

提示:图像在 $x$ 轴上的截距表示弹簧重力引起弹簧的伸长量。

2. 若实验做出的 $F$-$x$ 图像是曲线,说明实验中出现了什么问题?

提示:$F$-$x$ 图像是曲线,说明弹簧超出弹性限度。

### (二) 实验器材的创新

利用计算机及传感器技术,将弹簧水平放置,且一端固定在传感器上,传感器与计算机相连,如图 2-9(a)所示,对弹簧施加变化的作用力(拉力或推力)时,计算机上得到弹簧弹力和弹簧形变量的关系图像,分析图像(如图 2-9(b)所示)得出结论。

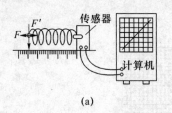
(a)
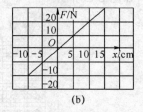
(b)

图 2-9

# 高考真题同步训练

1. 某同学在"探究弹力和弹簧伸长的关系"时,安装好实验装置,让刻度尺零刻度与弹簧上端平齐,在弹簧下端挂 1 个钩码,静止时弹簧长度为 $l_1$,如图 2-10(a)所示,图 2-10(b)是此时固定在弹簧挂钩上的指针在刻度尺(最小分度是 1 mm)上位置的放大图,示数 $l_1=$ _____ cm。在弹簧下端分别挂 2 个,3 个,4 个,5 个相同钩码,静止时弹簧长度分别是 $l_2$,$l_3$,$l_4$,$l_5$。已知每个钩码质量是 50 g,挂 2 个钩码时,弹簧弹力 $F_2=$ _____ N(当地重力加速度 $g=9.8$ m/s$^2$)。要得到弹簧伸长量 $x$,还需要测量的是 _____。作出 $F$-$x$ 图像,得到弹力与弹簧伸长量的关系。

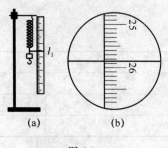

图 2-10

2. [2012·广东高考]某同学探究弹力与弹簧伸长量的关系。

(1) 将弹簧悬挂在铁架台上,将刻度尺固定在弹簧一侧,弹簧轴线和刻度尺都应在 _____ 方向(填"水平"或"竖直")。

(2) 弹簧自然悬挂,待弹簧 _____ 时,长度记为 $L_0$;弹簧下端挂上砝码盘时,长度记为 $L_x$;在砝码盘中每次增加 10 g 砝码,弹簧长度依次记为 $L_1$ 至 $L_6$,数据如表 2-4 所示。

表 2-4

| 代表符号 | $L_0$ | $L_x$ | $L_1$ | $L_2$ | $L_3$ | $L_4$ | $L_5$ | $L_6$ |
| --- | --- | --- | --- | --- | --- | --- | --- | --- |
| 数值(cm) | 25.35 | 27.35 | 29.35 | 31.30 | 33.4 | 35.35 | 37.40 | 39.30 |

表中有一个数值记录不规范,代表符号为_____。由表可知所用刻度尺的最小分度为_____。

(3) 如图 2-11 是该同学根据表中数据作的图,纵轴是砝码的质量,横轴是弹簧长度与_____的差值(填"$L_0$"或"$L_x$")。

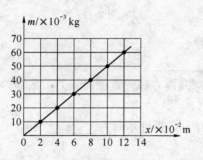

图 2-11

(4) 由图可知弹簧的劲度系数为_____ N/m;通过图和表可知砝码盘的质量为_____ g(结果保留两位有效数字,重力加速度取 9.8 m/s²)。

3. [2015·福建理综](6分)某同学做"探究弹力和弹簧伸长量的关系"的实验。

① 图 2-12(a)是不挂钩码时弹簧下端指针所指的标尺刻度,其示数为 7.73 cm,图 2-12(b)是在弹簧下端悬挂钩码后指针所指的标尺刻度,此时弹簧的伸长量 $\Delta l$ 为_____cm。

② 本实验通过在弹簧下端悬挂钩码的方法来改变弹簧的弹力,关于此操作,下列选项中规范的做法是_____(填选项前的字母)。

A. 逐一增挂钩码,记下每增加一只钩码后指针所指的标尺刻度和对应的钩码总重

B. 随意增减钩码,记下增减钩码后指针所指的标尺刻度和对应的钩码总重

③ 图 2-12(c)是该同学描绘的弹簧的伸长量 $\Delta l$ 与弹力 $F$ 的关系图像,图像的 $AB$ 段明显偏离直线 $OA$,造成这种现象的主要原因是_____。

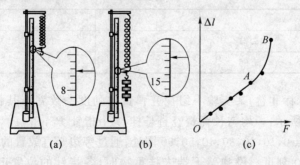

图 2-12

4. [2011·安徽高考]为了测量某一弹簧的劲度系数,将该弹簧竖直悬挂起来,在自由端挂上不同质量的砝码。实验测出了砝码质量 $m$ 与弹簧长度 $l$ 的相应数据,其对应点已在

图 2-13 上标出($g=9.8$ m/s²)。

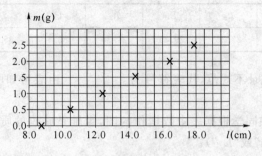

图 2-13

(1) 作出 $m$-$l$ 的关系图像。

(2) 弹簧的劲度系数为_____ N/m。

5. [2014·浙江卷]在"探究弹力和弹簧伸长量的关系"时,某同学把两根弹簧如图 2-14 连接起来进行探究。

(1) 某次测量如图 2-15 所示,指针示数为_____ cm。

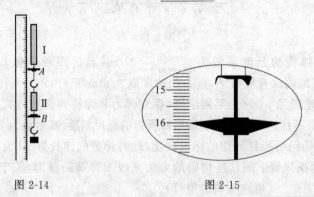

图 2-14　　　　图 2-15

(2) 在弹性限度内,将 50 g 的钩码逐个挂在弹簧下端,得到指针 $A$、$B$ 的示数 $L_A$ 和 $L_B$ 如表 2-5 所示。用表 2-5 数据计算弹簧 Ⅰ 的劲度系数为_____ N/m(重力加速度 $g$ 取 10 m/s²)。由表 2-5 中数据_____(选填"能"或"不能")计算出弹簧 Ⅱ 的劲度系数。

表 2-5

| 钩码数 | 1 | 2 | 3 | 4 |
|---|---|---|---|---|
| $L_A$/cm | 15.71 | 19.71 | 23.66 | 27.76 |
| $L_B$/cm | 29.96 | 35.76 | 41.51 | 47.36 |

6. [2014·新课标Ⅱ卷]某实验小组探究弹簧的劲度系数 $k$ 与其长度(圈数)的关系。实验装置如图 2-16 所示:一均匀长弹簧竖直悬挂,7 个指针 $P_0$,$P_1$,$P_2$,$P_3$,$P_4$,$P_5$,$P_6$ 分别固定在弹簧上距悬点 0,10,20,30,40,50,60 圈处;通过旁边竖直放置的刻度尺,可以读出指针的位置,$P_0$ 指向 0 刻度。设弹簧下端未挂重物时,各指针的位置记为 $x_0$;挂有质量为 0.100 kg 的砝码时,各指针的位置记为 $x$。测量结果及部分计算结果如表 2-6 所示($n$ 为弹簧的圈数,重力加速度取 9.80 m/s²)。已知实验所用弹簧总圈数为 60,整个弹簧的自由长度为 11.88 cm。

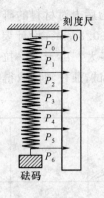

图 2-16

(1) 将表 2-6 中数据补充完整：①_____；②_____。

表 2-6

|  | $P_1$ | $P_2$ | $P_3$ | $P_4$ | $P_5$ | $P_6$ |
|---|---|---|---|---|---|---|
| $x_0$(cm) | 2.04 | 4.06 | 6.06 | 8.05 | 10.03 | 12.01 |
| $x$(cm) | 2.64 | 5.26 | 7.81 | 10.30 | 12.93 | 15.41 |
| $n$ | 10 | 20 | 30 | 40 | 50 | 60 |
| $k$(N/m) | 163 | ① | 56.0 | 43.6 | 33.8 | 28.8 |
| $\dfrac{1}{k}$(m/N) | 0.006 1 | ② | 0.017 9 | 0.022 9 | 0.029 6 | 0.034 7 |

(2) 以 $n$ 为横坐标，$\dfrac{1}{k}$ 为纵坐标，在图 2-17 给出的坐标纸上画出 $\dfrac{1}{k}$-$n$ 图像。

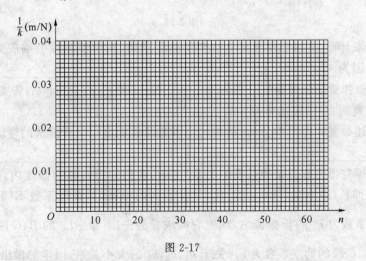

图 2-17

(3) 图 2-17 中画出的直线可近似认为通过原点。若从实验中所用的弹簧截取圈数为 $n$ 的一段弹簧，该弹簧的劲度系数 $k$ 与其圈数 $n$ 的关系的表达式为 $k=$ _____ N/m；该弹簧的劲度系数 $k$ 与其自由长度 $l_0$（单位为 m）的关系的表达式为 $k=$ _____ N/m。

7. 英国物理学家胡克发现：金属丝或金属杆在弹性限度内它的伸长量与拉力成正比，

19

这就是著名的胡克定律。这一发现为后人对材料的研究奠定了基础。现有一根用新材料制成的金属杆,长为 4 m,横截面积为 0.8 cm²,设计要求它受到拉力后伸长不超过原长的 1/1 000,问它能承受的最大拉力为多大?由于这一拉力很大,杆又较长,直接测试有困难,因此,选用同种材料制成样品进行测试,通过测试取得数据如表 2-7 所示。

表 2-7

| 长度/m | 伸长量/cm 拉力/N 截面积/cm² | 250 | 500 | 750 | 1 000 |
|---|---|---|---|---|---|
| 1 | 0.05 | 0.04 | 0.08 | 0.12 | 0.16 |
| 2 | 0.05 | 0.08 | 0.16 | 0.24 | 0.32 |
| 1 | 0.10 | 0.02 | 0.04 | 0.06 | 0.08 |

(1) 测试结果表明金属丝或金属杆受拉力作用后其伸长量与材料的长度成_____比,与材料的截面积成_____比。

(2) 上述金属杆所能承受的最大拉力为_____N。

8. 为了探索弹力和弹簧伸长的关系,某同学选了甲、乙两根规格不同的弹簧进行测试,根据测得的数据绘出如图 2-18 所示图像。

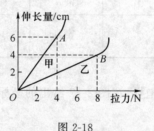

图 2-18

(1) 从图像上看,该同学没能完全按照实验要求做,从而使图像上端成为曲线,图像上端成为曲线是因为_____。

(2) 这两根弹簧的劲度系数分别为_____ N/m 和_____ N/m;若要制作一个精确程度较高的弹簧测力计,应选弹簧_____。

(3) 从上述数据和图像中分析,请对这个研究课题提出一个有价值的建议。

建议:_____。

9. 通过"探究弹力和弹簧伸长量的关系"实验,我们知道在弹性限度内,弹簧弹力 $F$ 的大小与弹簧的伸长(或压缩)量 $x$ 成正比,并且不同的弹簧,其劲度系数不同。已知一根原长为 $L_0$、劲度系数为 $k_1$ 的长弹簧 A,现把它截成长为 $\frac{2}{3}L_0$ 和 $\frac{1}{3}L_0$ 的 B、C 两段,设 B 段的劲度系数为 $k_2$、C 段的劲度系数为 $k_3$,关于 $k_1$、$k_2$、$k_3$ 的大小关系,同学们做出了如下猜想:

甲同学:既然是同一根弹簧截成的两段,所以,$k_1=k_2=k_3$。

乙同学:同一根弹簧截成的两段,越短劲度系数越大,所以,$k_1<k_2<k_3$。

丙同学:同一根弹簧截成的两段,越长劲度系数越大,所以,$k_1>k_2>k_3$。

(1) 为了验证猜想,可以通过实验来完成。实验所需的器材除铁架台外,还需要的器材有＿＿＿＿＿＿＿＿＿＿＿＿＿＿＿＿＿＿＿＿＿＿＿＿＿＿＿＿＿＿＿＿＿＿＿＿＿＿＿＿＿＿＿。

（2）简要写出实验步骤。

（3）图 2-19 是实验得到的图像。根据图像得出弹簧的劲度系数与弹簧长度有怎样的关系？

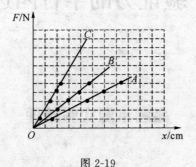

图 2-19

# 实验3　验证力的平行四边形定则

## 高考本源实验梳理

### 一、实验目的

(1) 会使用弹簧测力计。
(2) 验证互成角度的两个力合成时的平行四边形定则。

### 二、实验原理

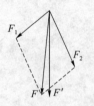

图 3-1

(1) 等效法：一个力 $F'$ 的作用效果和两个力 $F_1$、$F_2$ 的作用效果都是让同一条一端固定的橡皮条伸长到同一点，所以一个力 $F'$ 就是这两个力 $F_1$ 和 $F_2$ 的合力，作出力 $F'$ 的图示，如图 3-1 所示。

(2) 平行四边形法：根据平行四边形定则作出力 $F_1$ 和 $F_2$ 的合力 $F$ 的图示。

(3) 验证：比较 $F$ 和 $F'$ 的大小和方向是否相同，若在误差允许的范围内相同，则验证了力的平行四边形定则。

### 三、实验器材

方木板、白纸、弹簧测力计(两只)、橡皮条、细绳套(两个)、三角板、刻度尺、图钉(若干个)。

### 四、实验步骤

(1) 用图钉把白纸钉在水平桌面上的方木板上。
(2) 用图钉把橡皮条的一端固定在 $A$ 点，橡皮条的另一端拴上两个细绳套。
(3) 用两只弹簧测力计分别钩住细绳套，互成角度地拉橡皮条，使橡皮条与绳的结点伸长到某一位置 $O$，如图 3-2 所示，记录两弹簧测力计的读数 $F_1$、$F_2$，用铅笔描下 $O$ 点的位置及此时两细绳的方向。
(4) 只用一只弹簧测力计通过细绳套把橡皮条的结点拉到同样的位置 $O$，记下弹簧测力计的读数 $F'$ 和细绳套的方向。
(5) 改变两弹簧测力计拉力的大小和方向，再重做两次实验。

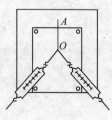

图 3-2

## 五、数据处理

（1）用铅笔和刻度尺从结点 $O$ 沿两条细绳方向画直线，按选定的标度作出这两只弹簧测力计的拉力 $F_1$ 和 $F_2$ 的图示，并以 $F_1$ 和 $F_2$ 为邻边用刻度尺作平行四边形，过 $O$ 点画平行四边形的对角线，此对角线即为合力 $F$ 的图示。

（2）用刻度尺从 $O$ 点按同样的标度沿记录的方向作出实验步骤（4）中弹簧测力计的拉力 $F'$ 的图示。

（3）比较 $F$ 与 $F'$ 是否完全重合或几乎完全重合，从而验证平行四边形定则。

## 六、注意事项

（1）使用弹簧测力计前，要先观察指针是否指在零刻度处，若指针不在零刻度处，要设法调整指针，使之指在零刻度处。再将两个弹簧测力计的挂钩钩在一起，向相反方向拉，如果两个示数相同方可使用。

（2）实验中的两个细绳套不要太短。

（3）在同一次实验中，使橡皮条拉长时结点的位置一定要相同。

（4）用两只弹簧测力计钩住绳套互成角度地拉橡皮条时，夹角不宜太大也不宜太小，在 60°～100°之间为宜。

（5）在用力拉弹簧测力计时，拉力应沿弹簧测力计的轴线方向。弹簧测力计中弹簧轴线、橡皮条、细绳套应该位于与纸面平行的同一平面内。要防止弹簧测力计卡壳，防止弹簧测力计或橡皮条与纸面有摩擦。

（6）在同一实验中，画力的图示选定的标度要相同，并且要恰当选定标度，使力的图示稍大一些。

## 七、误差分析

（1）弹簧测力计本身不够准确造成系统误差。

（2）弹簧测力计读数和作图不准造成偶然误差。

# 高考命题实例

## 【典例分析1】

[2012·长沙模拟]某同学做"验证力的平行四边形定则"的实验情况如图 3-3(a)所示，其中 $A$ 为固定橡皮条的图钉，$O$ 为橡皮条与绳套的结点，$OB$ 和 $OC$ 为细绳。图 3-3(b)是在白纸上根据实验结果画出的图。

（1）如果没有操作失误，图(b)中的 $F$ 与 $F'$ 两力中，方向一定沿 $AO$ 方向的是_____。

（2）本实验采用的科学方法是_____。

  A. 理想实验法     B. 等效替代法
  C. 控制变量法     D. 建立物理模型法

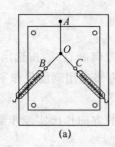
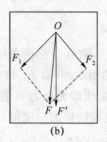

图 3-3

(3) 实验时,主要的步骤是:

A. 在桌上放一块方木板,在方木板上铺一张白纸,用图钉把白纸钉在方木板上

B. 用图钉把橡皮条的一端固定在板上的 $A$ 点,在橡皮条的另一端拴上两条细绳,细绳的另一端系着绳套

C. 用两个弹簧测力计分别钩住绳套,互成角度地拉橡皮条,使橡皮条伸长,结点到达某一位置 $O$。记录下 $O$ 点的位置,读出两个弹簧测力计的示数

D. 按选好的标度,用铅笔和刻度尺作出两只弹簧测力计的拉力 $F_1$ 和 $F_2$ 的图示,并用平行四边形定则求出合力 $F$

E. 只用一只弹簧测力计,通过细绳套拉橡皮条使其伸长,读出弹簧测力计的示数,记下细绳的方向,按同一标度作出这个力 $F'$ 的图示

F. 比较 $F'$ 和 $F$ 的大小和方向,看它们是否相同,得出结论

上述步骤中:①有重要遗漏的步骤的序号是_____和_____。

② 遗漏的内容分别是_____和_____。

[解析] (1) 由一个弹簧测力计拉橡皮条至 $O$ 点的拉力一定沿 $AO$ 方向;而根据平行四边形定则作出的合力,由于误差的存在,不一定沿 $AO$ 方向,故一定沿 $AO$ 方向的是 $F'$。

(2) 一个力的作用效果与两个力的作用效果相同,它们的作用效果可以等效替代,故 B 正确。

(3) ① 根据"验证力的平行四边形定则"实验的操作规程可知,有重要遗漏的步骤的序号是 C、E。

② 在 C 中未记下两条细绳的方向,E 中未说明是否把橡皮条的结点拉到同一位置 $O$。

[答案] (1) $F'$ (2) B (3) ① C E ② C 中应加上"记下两条细绳的方向" E 中应说明"把橡皮条的结点拉到同一位置 $O$"

【典例分析 2】

[2012·浙江高考] 在"探究求合力的方法"实验中,现有木板、白纸、图钉、橡皮筋、细绳套和一把弹簧秤。

(1) 为完成实验,某同学另找来一根弹簧,先测量其劲度系数,得到实验数据如表 3-1 所示。

表 3-1

| 弹力 $F$(N) | 0.50 | 1.00 | 1.50 | 2.00 | 2.50 | 3.00 | 3.50 |
|---|---|---|---|---|---|---|---|
| 伸长量 $x$($10^{-2}$ m) | 0.74 | 1.80 | 2.80 | 3.72 | 4.60 | 5.58 | 6.42 |

用作图法求得该弹簧的劲度系数 $k=$ _____ N/m。

(2) 某次实验中,弹簧秤的指针位置如图 3-4 所示,其读数为 _____ N,同时利用(1)中结果获得弹簧上的弹力值为 2.50 N,请画出这两个共点力的合力 $F_合$。

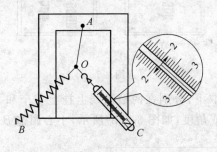

图 3-4

(3) 由图得到 $F_合=$ _____ N。

[解析] (1)根据表格数据描点,然后连成一条过原点的直线,如图 3-5 所示,直线的斜率等于弹簧的劲度系数,$k=\dfrac{3.5}{6.42\times10^{-2}}$ N/m=55 N/m。

(2)读出弹簧秤的读数为 2.10 N(保留三位有效数字);以 $O$ 为顶点,画出两弹簧的绳套方向就是两拉力方向,再确定并画好力的标度,画出两拉力的图示,以两拉力为邻边作出平行四边形,画出平行四边形的对角线,即合力 $F_合$,如图 3-6 所示。

(3)用刻度尺量出合力的长度,根据确定的标度算出合力的大小。

[答案] (1)如图 3-5 所示 55(说明:±2 内均可)

(2) 2.10(说明:有效数字位数正确,±0.02 内均可)

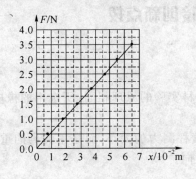

图 3-5

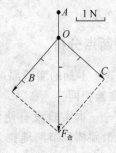

图 3-6

(3) 3.3(说明:±0.2 内均可)

【典例分析 3】

"验证力的平行四边形定则"实验中

(1)部分实验步骤如下,请完成有关内容:

① 将一根橡皮筋的一端固定在贴有白纸的竖直平整木板上,另一端绑上两根细线。

② 在其中一根细线上挂上 5 个质量相等的钩码,使橡皮筋拉伸,如图 3-7(a)所示,记录:_____、_____、_____。

25

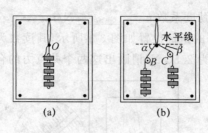

图 3-7

③ 将步骤②中的钩码取下,分别在两根细线上挂上4个和3个质量相等的钩码,用两光滑硬棒 $B$、$C$ 使两细线互成角度,如图 3-7(b)所示,小心调整 $B$、$C$ 的位置,使_____ _____,记录_____。

(2) 如果"力的平行四边形定则"得到验证,那么图(b)中 $\dfrac{\cos\alpha}{\cos\beta}=$ _____。

[解析] (1)根据验证力的平行四边形定则实验步骤可知:②中应记录的是:结点 $O$ 的位置;钩码个数(或细线拉力大小);拉力方向(或细线方向)。③中调整 $B$、$C$ 位置的目的是使橡皮筋与细线的结点 $O$ 与步骤②中记录的结点位置重合,需要记录的是细线方向和钩码个数(或细线拉力大小)。

(2)若平行四边形定则得到验证,设每个钩码重为 $G$,则 $F=5G$,$F_1=4G$,$F_2=3G$,由三角函数关系可知三力恰好构成直角三角形,则 $\cos\alpha=3/5$,$\cos\beta=4/5$,所以 $\cos\alpha/\cos\beta=3/4$。

[答案] (1)结点 $O$ 的位置 钩码个数 拉力方向(或细线方向) 橡皮筋与细线的结点 $O$ 与步骤 $B$ 中结点位置重合 钩码个数和对应细线的方向 (2)$\dfrac{3}{4}$

# 高考链接创新点拨

## 一、本题创新点分析

1. 源于教材——本例的实验原理与教材实验的原理相同,所选用的橡皮筋、细绳套及验证方法也与本实验相同。

2. 高于教材——本实验没有使用弹簧秤测力的大小,而是用钩码的重力作为绳的拉力,同时用两个光滑硬棒调节两绳拉力的方向。

## 二、本实验还可以从以下方面进行改进创新

### (一) 数据处理

在数据处理时,应用平行四边形定则求出的合力的理论值和用力的图示直接做出的合力往往不完全重合,出现这种现象的原因是什么?如何区别它们?

提示:理论值与实际合力不完全重合的原因可能是:两分力的大小、方向确定存在误差,做力的图示、平行四边形存在误差等。实际的合力一定与橡皮筋伸长的方向在一条直线上,而理论值往往与橡皮筋伸长的方向不在一条直线上。

### (二) 实验器材的创新

1. 如果提供三个相同的橡皮筋,可将三个橡皮筋系于一点,互成角度地将它们拉长,记

下各自的拉力方向、伸长后的长度,并测出原长,根据伸长量确定三个拉力的大小关系,再结合力的图示作图验证平行四边形定则。

2. 如果提供力传感器,则可用力传感器确定各力的大小,同时确定细绳中拉力的方向,再结合力的图示作图验证平行四边形定则。

## 高考真题同步训练

1. 在"验证力的平行四边形定则"的实验中,合力与分力的作用效果相同,这里作用效果是指(　　)

A. 弹簧测力计的弹簧被拉长
B. 固定橡皮条的图钉受拉力产生形变
C. 细绳套受拉力产生形变
D. 使橡皮条在同一方向上伸长到同一长度

2. [2013·合肥模拟]甲、乙和丙三位同学做"互成角度的两个力的合成"的实验,所用弹簧测力计的量程为 0~5 N,他们都把橡皮条的一端固定在木板上的 $A$ 点,橡皮条的另一端通过细绳连接弹簧测力计,用两个弹簧测力计把橡皮条的另一端拉到某一确定的 $O$ 点,如图 3-8 所示,此时细绳都与平板平行,用 $F_1$ 和 $F_2$ 表示拉力的方向和大小。

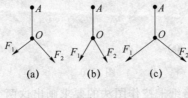

图 3-8

甲同学 $F_1$ 和 $F_2$ 的方向互相垂直,$F_1=3.0$ N,$F_2=3.8$ N,如图(a)所示;乙同学 $F_1$ 和 $F_2$ 方向间的夹角约为 30°,$F_1=F_2=4.0$ N,如图(b)所示;丙同学 $F_1$ 和 $F_2$ 方向间的夹角约为 120°,$F_1=F_2=4.0$ N,如图(c)所示。这三位同学中操作不合适的是哪一位?并说明原因。

3. [2015·安徽理综]在"验证力的平行四边形定则"实验中,某同学用图钉把白纸固定在水平放置的木板上,将橡皮条的一端固定在板上一点,两个细绳套系在橡皮条的另一端。用两个弹簧测力计分别拉住两个细绳套,互成角度地施加拉力,使橡皮条伸长,结点到达纸面上某一位置,如图 3-9 所示。请将以下的实验操作和处理补充完整:

① 用铅笔描下结点位置,记为 $O$。
② 记录两个弹簧测力计的示数 $F_1$ 和 $F_2$,沿每条细绳(套)的

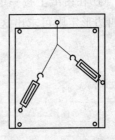

图 3-9

方向用铅笔分别描出几个点,用刻度尺_____。

③ 只用一个弹簧测力计,通过细绳套把橡皮条的结点仍拉到位 O,记录测力计的示数 $F_3$。

④ 按照力的图示要求,作出拉力 $F_1$、$F_2$、$F_3$。

⑤ 根据力的平行四边形定则作出 $F_1$ 和 $F_2$ 的合力 $F$。

⑥ 比较_____的一致程度,若有较大差异,对其原因进行分析,并作出相应的改进后再次进行实验。

4. [2013·海口模拟]将橡皮筋的一端固定在 A 点,另一端拴上两根细绳,每根细绳分别连着一个量程为 5 N、最小刻度为 0.1 N 的弹簧测力计,沿着两个不同的方向拉弹簧测力计,当橡皮筋的活动端拉到 O 点时,两根细绳相互垂直,如图 3-10(a)所示。

(1) 由图(a)可读得两个相互垂直的拉力的大小分别为_____N 和_____N。

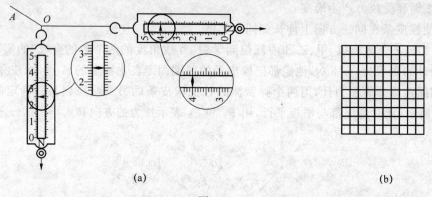

图 3-10

(2) 在如图(b)所示的方格纸上按作图法的要求画出这两个力及它们的合力。

5. 某同学在学完"力的合成"后,想在家里做实验"验证力的平行四边形定则"。他从学校的实验室里借来两个弹簧秤,按如下步骤进行实验。

① 在墙上贴一张白纸用来记录弹簧秤弹力的大小和方向。

② 在一个弹簧秤的下端悬挂一装满水的水杯,记下静止时弹簧秤的读数 F。

③ 将一根大约 30 cm 长的细线从杯带中穿过,再将细线两端分别拴在两个弹簧秤的挂钩上。在靠近白纸处用手对称地拉开细线,使两个弹簧秤的示数相等,在白纸上记下细线的方向,弹簧秤的示数如图 3-11(a)所示。

④ 在白纸上按一定标度作出两个弹簧秤的弹力的图示,如图 3-11(b)所示,根据力的平行四边形定则可求出这两个力的合力 $F'$。

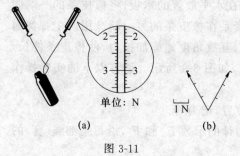

图 3-11

(1) 在步骤③中,弹簧秤的读数为_____ N。
(2) 在步骤④中,合力 $F'=$_____ N。
(3) 若_____,就可以验证力的平行四边形定则。

6. [2015·山东理综]某同学通过下述实验验证力的平行四边形定则。

实验步骤:

① 将弹簧秤固定在贴有白纸的竖直木板上,使其轴线沿竖直方向。

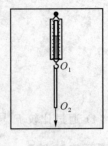

图 3-12

② 如图 3-12 所示,将环形橡皮筋一端挂在弹簧秤的秤钩上,另一端用圆珠笔尖竖直向下拉,直到弹簧秤示数为某一设定值时,将橡皮筋两端的位置标记为 $O_1$、$O_2$,记录弹簧秤的示数 $F$,测量并记录 $O_1$、$O_2$ 间的距离(即橡皮筋的长度 $l$)。每次将弹簧秤示数改变 0.50 N,测出所对应的 $l$,部分数据如表 3-2 所示。

表 3-2

| $F$(N) | 0 | 0.50 | 1.00 | 1.50 | 2.00 | 2.50 |
|---|---|---|---|---|---|---|
| $l$(cm) | $l_0$ | 10.97 | 12.02 | 13.00 | 13.98 | 15.05 |

③ 找出②中 $F=2.50$ N 时橡皮筋两端的位置,重新标记为 $O$、$O'$,橡皮筋的拉力计为 $F_{OO'}$。

④ 在秤钩上涂抹少许润滑油,将橡皮筋搭在秤钩上,如图 3-13 所示。用两圆珠笔尖成适当角度同时拉橡皮筋的两端,使秤钩的下端达到 $O$ 点,将两笔尖的位置标记为 $A$、$B$,橡皮筋 $OA$ 段的拉力记为 $F_{OA}$,$OB$ 段的拉力记为 $F_{OB}$。

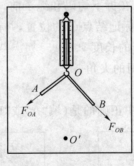

图 3-13

完成下列作图和填空:

(1) 利用表 3-2 中数据在给出的坐标纸上画出 $F$-$l$ 图像,根据图像求得 $l_0=$_____ cm。

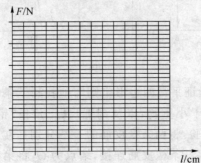

(2) 测得 $OA=6.00$ cm，$OB=7.60$ cm，则 $F_{OA}$ 的大小为_____N。

(3) 根据给出的标度，作出 $F_{OA}$ 和 $F_{OB}$ 的合力 $F'$ 的图示。

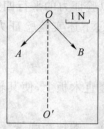

(4) 通过比较 $F'$ 与_____的大小和方向，即可得出实验结论。

【题组演练】

7. 有同学利用如图3-14所示的装置来验证力的平行四边形定则：在竖直木板上铺有白纸，固定两个光滑的滑轮 $A$ 和 $B$，将绳子打一个结点 $O$，每个钩码的重量相等，当系统达到平衡时，根据钩码个数读出三根绳子的拉力 $F_{TOA}$、$F_{TOB}$ 和 $F_{TOC}$，回答下列问题：

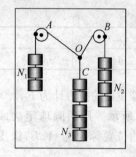

图 3-14

(1) 改变钩码个数，实验能完成的是_____。
   A. 钩码的个数 $N_1=N_2=2$，$N_3=4$
   B. 钩码的个数 $N_1=N_3=3$，$N_2=4$
   C. 钩码的个数 $N_1=N_2=N_3=4$
   D. 钩码的个数 $N_1=3$，$N_2=4$，$N_3=5$

(2) 在拆下钩码和绳子前，最重要的一个步骤是_____。
   A. 标记结点 $O$ 的位置，并记录 $OA$、$OB$、$OC$ 三段绳子的方向
B. 量出 $OA$、$OB$、$OC$ 三段绳子的长度
C. 用量角器量出三段绳子之间的夹角
D. 用天平测出钩码的质量

(3) 在作图时，你认为图3-15中正确的是(填"A"或"B")_____。

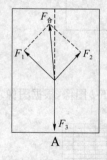 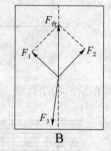
   A             B

图 3-15

8. 某同学在家中尝试"验证平行四边形定则"，他找到三条相同的橡皮筋(遵循胡克定律)和若干小重物，以及刻度尺、三角板、铅笔、细绳、白纸、钉子，设计了如下实验：将两条橡皮筋的一端分别挂在墙上的两个钉子 $A$、$B$ 上，另一端与第三条橡皮筋连接，结点为 $O$，将第三条橡

图 3-16

皮筋的另一端通过细绳挂一重物,如图 3-16 所示。

(1) 为完成该实验,下述操作中必需的是_____。

A. 测量细绳的长度

B. 测量橡皮筋的原长

C. 测量悬挂重物后橡皮筋的长度

D. 记录悬挂重物后结点 $O$ 的位置

(2) 钉子位置固定,欲利用现有器材,改变条件再次验证,可采用的方法是_____。

9. 如图 3-17 所示,某实验小组同学利用 DIS 实验装置研究支架上力的分解。$A$、$B$ 为两个相同的双向力传感器,该型号传感器在受到拉力时读数为正,受到压力时读数为负。$A$ 连接质量不计的细绳,可沿固定的板做圆弧形移动。$B$ 固定不动,通过光滑铰链连接长 0.3 m 的杆。将细绳连接在杆右端 $O$ 点构成支架。保持杆在水平方向,按如下步骤操作:

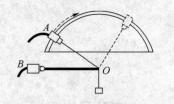

图 3-17

① 测量绳子与水平杆的夹角 $\angle AOB=\theta$。

② 对两个传感器进行调零。

③ 用另一根绳在 $O$ 点悬挂一个钩码,记录两个传感器的读数。

④ 取下钩码,移动传感器 $A$ 改变 $\theta$ 角。

重复上述实验步骤,得到表 3-3。

表 3-3

| $F_1$/N | 1.001 | 0.580 | ⋯ | 1.002 | ⋯ |
|---|---|---|---|---|---|
| $F_2$/N | −0.868 | −0.291 | ⋯ | 0.865 | ⋯ |
| $\theta$ | 30° | 60° | ⋯ | 150° | ⋯ |

(1) 根据表 3-3 数据,$A$ 传感器对应的是表中力_____(选填"$F_1$"或"$F_2$")。钩码质量为_____ kg(保留一位有效数字)。

(2) 本实验中多次对传感器进行调零,对此操作说明正确的是(    )

A. 因为事先忘记调零

B. 何时调零对实验结果没有影响

C. 为了消除横杆自身重力对结果的影响

D. 可以完全消除实验的误差

# 实验4 验证牛顿运动定律

## 高考本源实验梳理

### 一、实验目的

(1) 学会用控制变量法研究物理规律。
(2) 探究加速度与力、质量的关系。
(3) 掌握灵活运用图像处理问题的方法。

### 二、实验原理

控制变量法：在所研究的问题中，有两个以上的参量在发生牵连变化时，可以控制某个或某些量不变，只研究其中两个量之间的变化关系的方法，这也是物理学中研究问题时经常采用的方法。

本实验中，研究的参量为 $F$、$m$ 和 $a$，可以控制参量 $m$ 一定，研究 $a$ 与 $F$ 的关系，也可控制参量 $F$ 一定，研究 $a$ 与 $m$ 的关系。

### 三、实验器材

电磁打点计时器、复写纸片和纸带、一端有定滑轮的长木板、小车、小盘、低压交流电源、天平、砝码、刻度尺、导线。

### 四、实验步骤

(1) 用天平测量小盘的质量 $m_0$ 和小车的质量 $M_0$。
(2) 把一端附有滑轮的长木板放在实验桌上，并使滑轮伸出桌面，把打点计时器固定在长木板上远离滑轮的一端，连接好电路，如图4-1所示。

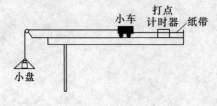

图 4-1

(3) 平衡摩擦力：小车的尾部挂上纸带，纸带穿过打点计时器的限位孔，将木板无滑轮的一端稍微垫高一些，使小车在不挂小盘和砝码的情况下，能沿木板做匀速直线运动。这样小车所受重力沿木板的分力与小车所受摩擦力平衡。在保证小盘和砝码的质量远小于小车质量的条件下，可以近似认为小盘和砝码的总重力大小等于小车所受的合外力的大小。

(4) 把小车停在打点计时器处，挂上小盘和砝码，先接通电源，再让小车拖着纸带在木板上匀加速下滑，打出一条纸带。

(5) 改变小盘内砝码的个数，重复步骤(4)，并多做几次。

(6) 保持小盘内的砝码个数不变，在小车上放上砝码改变小车的质量，让小车在木板上滑动打出纸带。

(7) 改变小车上砝码的个数，重复步骤(6)。

## 五、数据处理

(1) 保持小车质量不变时，计算各次小盘和砝码的重力（作为小车的合力）及对应纸带的加速度填入表 4-1 中。

表 4-1

| 实验次数 | 加速度 $a/(m \cdot s^{-2})$ | 小车受力 $F/N$ |
|---|---|---|
| 1 | | |
| 2 | | |
| 3 | | |
| 4 | | |

(2) 保持小盘内的砝码个数不变时，计算各次小车和砝码的总质量及对应纸带的加速度，填入表 4-2 中。

表 4-2

| 实验次数 | 加速度 $a/(m \cdot s^{-2})$ | 小车和砝码的总质量 $M/kg$ |
|---|---|---|
| 1 | | |
| 2 | | |
| 3 | | |
| 4 | | |

(3) 需要记录各组对应的加速度 $a$ 与小车所受牵引力 $F$，然后建立直角坐标系，用纵坐标表示加速度 $a$，横坐标表示作用力 $F$，描点画 $a$-$F$ 图像，如果图像是一条过原点的直线，便证明加速度与作用力成正比。再记录各组对应的加速度 $a$ 与小车和砝码总质量 $M$，然后建立直角坐标系，用纵坐标表示加速度 $a$，横坐标表示总质量的倒数 $\frac{1}{M}$，描点画 $a$-$\frac{1}{M}$ 图像，如果图像是一条过原点的直线，就证明了加速度与质量成反比。

## 六、注意事项

(1) 平衡摩擦力时，调节长木板形成一个合适的斜面，使小车的重力沿着斜面方向的分力正好平衡小车受的摩擦阻力。在平衡摩擦力时,不要把悬挂小盘的细线系在小车上,即不要给小车加任何牵引力,并要让小车拖着纸带运动。

(2) 每条纸带必须在满足小车与车上所加砝码的总质量远大于小盘及盘内砝码总质量的条件下打出。只有如此,小盘及盘内砝码重力才可视为小车受到的拉力。

(3) 改变拉力和小车质量后,每次开始时小车应尽量靠近打点计时器,并应先接通电源,再放开小车,且应在小车到达滑轮前按住小车。

(4) 作图像时,要使尽可能多的点在所作直线上,不在直线上的点应尽可能对称分布在所作直线两侧。

(5) 作图时两轴标度比例要选择适当。各量须采用国际单位。这样作图像时,坐标点间距不至于过密,误差会小些。

### 七、误差分析

1. 系统误差

以小车、小盘和砝码整体为研究对象得 $mg=(M+m)a$;以小车为研究对象得 $F=Ma$;求得 $F=\dfrac{M}{M+m} \cdot mg = \dfrac{1}{1+\dfrac{m}{M}} \cdot mg < mg$。

本实验用小盘和砝码的总重力 $mg$ 代替小车的拉力,而实际上小车所受的拉力要小于小盘和砝码的总重力。小盘和砝码的总质量越接近于小车的质量,误差越大;反之,小盘和砝码的总质量越小于小车的质量,由此引起的误差就越小。因此,满足小盘和砝码的总质量远小于小车的质量的目的就是为了减小因实验原理不完善而引起的误差。

2. 偶然误差

摩擦力平衡不准确、质量测量不准确、计数点间距测量不准确、纸带和细绳不严格与木板平行都会引起误差。

# 高考命题实例

**【典例分析1】**

[2012·安徽高考]图 4-2 为"验证牛顿第二定律"的实验装置示意图。砂和砂桶的总质量为 $m$,小车和砝码的总质量为 $M$。实验中用砂和砂桶总重力的大小作为细线对小车拉力的大小。

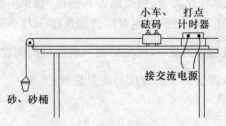

图 4-2

(1) 实验中,为了使细线对小车的拉力等于小车所受的合外力,先调节长木板一端滑轮的高度,使细线与长木板平行。接下来还需要进行的一项操作是_____。

A. 将长木板水平放置,让小车连着已经穿过打点计时器的纸带,给打点计时器通电,调节 m 的大小,使小车在砂和砂桶的牵引下运动,从打出的纸带判断小车是否做匀速运动

B. 将长木板的一端垫起适当的高度,让小车连着已经穿过打点计时器的纸带,撤去砂和砂桶,给打点计时器通电,轻推小车,从打出的纸带判断小车是否做匀速运动

C. 将长木板的一端垫起适当的高度,撤去纸带以及砂和砂桶,轻推小车,观察判断小车是否做匀速运动

(2) 实验中要进行质量 m 和 M 的选取,以下最合理的一组是_____。

A. $M=200$ g,$m=10$ g,15 g,20 g,25 g,30 g,40 g
B. $M=200$ g,$m=20$ g,40 g,60 g,80 g,100 g,120 g
C. $M=400$ g,$m=10$ g,15 g,20 g,25 g,30 g,40 g
D. $M=400$ g,$m=20$ g,40 g,60 g,80 g,100 g,120 g

(3) 图 4-3 是实验中得到的一条纸带,$A,B,C,D,E,F,G$ 为 7 个相邻的计数点,相邻的两个计数点之间还有四个点未画出。量出相邻的计数点之间的距离分别为:$s_{AB}=4.22$ cm,$s_{BC}=4.65$ cm,$s_{CD}=5.08$ cm,$s_{DE}=5.49$ cm,$s_{EF}=5.91$ cm,$s_{FG}=6.34$ cm。已知打点计时器的工作频率为 50 Hz,则小车的加速度 $a=$_____ m/s²(结果保留 2 位有效数字)。

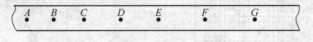

图 4-3

[解析] (1) 小车在运动过程中受到重力、支持力、纸带的拉力、木板对小车的摩擦力和细线拉力的作用。为了使细线对小车的拉力等于小车所受的合力,因此应把木板的一端垫起适当的高度,以使重力、支持力、纸带的拉力和摩擦力的合力为零,即小车做匀速运动,因此在进行这一操作时,不应挂砂桶,小车应连接纸带,A、C 项错误;B 项正确。

(2) 由于绳子的拉力不易测量,本实验中用砂和砂桶的总重力来代替绳的拉力,而砂桶做加速运动,设加速度大小为 $a$,则 $T=m(g-a)$,当砂桶的加速度很小时,$T$ 近似等于 $mg$,因此实验中应控制实验条件,使砂桶的加速度很小。只有当小车的质量远大于砂和砂桶的总质量时,小车和砂桶的加速度才很小,绳的拉力才近似等于砂和砂桶的总重力。C 项正确。

(3) 相邻两计数点间的时间 $T=0.1$ s,由 $\Delta s=aT^2$ 可得 $a=\dfrac{(s_{FG}+s_{EF}+s_{DE})-(s_{CD}+s_{BC}+s_{AB})}{9T^2}$,代入数据解得 $a=0.42$ m/s²。

[答案] (1)B (2)C (3)0.42

**【典例分析 2】**

[2012·深圳模拟]某组同学设计了"探究加速度 $a$ 与物体所受合力 $F$ 及质量 $m$ 的关系"实验。图 4-4(a)为实验装置简图,$A$ 为小车,$B$ 为电火花计时器,$C$ 为装有细砂的小桶,$D$ 为一端带有定滑轮的长方形木板,实验中认为细绳对小车拉力 $F$ 等于细砂和小桶的总重量,小车运动的加速度 $a$ 可用纸带上打出的点求得。

(1) 图 4-4(b)为某次实验得到的纸带,已知实验所用电源的频率为 50 Hz。根据纸带可求出电火花计时器打 B 点时的速度为_____ m/s,小车的加速度大小为_____ m/s² (结果均保留两位有效数字)。

图 4-4

(2) 在"探究加速度 a 与质量 m 的关系"时,某同学按照自己的方案将实验数据都在坐标系中进行了标注,但尚未完成图像(如图 4-5(a)所示)。请继续帮助该同学作出坐标系中的图像。

(3) 在"探究加速度 a 与合力 F 的关系"时,该同学根据实验数据作出了加速度 a 与合力 F 的图像如图 4-5(b)所示,该图像不通过坐标原点,试分析图像不通过坐标原点的原因。

答:。

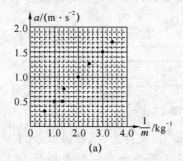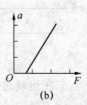

图 4-5

[解析] (1)AC 这段位移的平均速度等于 AC 这段时间中间时刻的瞬时速度,即 B 点的瞬时速度,故 $v_B = \dfrac{AB+BC}{4T} = \dfrac{(6.19+6.70) \times 10^{-2}}{4 \times 0.02}$ m/s = 1.6 m/s。

由逐差法求解小车的加速度,

$a = \dfrac{(CD+DE)-(AB+BC)}{4 \times (2T)^2} = \dfrac{[7.21+7.72-(6.19+6.70)] \times 10^{-2}}{4 \times (2 \times 0.02)^2}$ m/s² = 3.2 m/s²。

(2) 将坐标系中各点连成一条直线,连线时应使直线过尽可能多的点,不在直线上的点应大致对称分布在直线的两侧,离直线较远的点应视为错误数据,不予考虑,连线如图 4-6 所示。

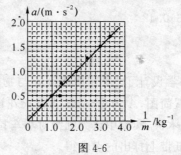

图 4-6

(3) 图像与横轴有截距,说明实验前没有平衡摩擦力或平衡摩擦力不够。

[答案] (1)1.6 3.2 (2)见解析 (3)实验前没有平衡摩擦力或平衡摩擦力不够

【典例分析3】

[2012·湖北黄冈期末]某同学设计了如图4-7所示的装置来探究加速度与力的关系。弹簧秤固定在一合适的木块上,桌面的右边缘固定一个光滑的定滑轮,细绳的两端分别与弹簧秤的挂钩和矿泉水瓶连接。在桌面上画出两条平行线$P$、$Q$,并测出间距$d$。开始时将木块置于$P$处,现缓慢向瓶中加水,直到木块刚刚开始运动为止,记下弹簧秤的示数$F_0$,以此表示滑动摩擦力的大小。再将木块放回原处并按住,继续向瓶中加水后,记下弹簧秤的示数$F$,然后释放木块,并用秒表记下木块从$P$运动到$Q$处的时间$t$。

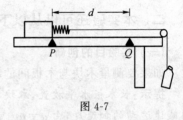

图4-7

(1) 木块的加速度可以用$d$和$t$表示为$a=$_____。

(2) 改变瓶中水的质量重复实验,确定加速度$a$与弹簧秤示数$F$的关系。图4-8中能表示该同学实验结果的是_____。

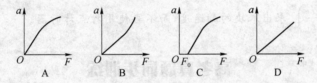

图4-8

(3) 用加水的方法改变拉力的大小与挂钩码的方法相比,它的优点是_____。

A. 可以改变滑动摩擦力的大小

B. 可以更方便地获取更多组实验数据

C. 可以更精确地测出摩擦力的大小

D. 可以获得更大的加速度以提高实验精度

[解析] (1) 由$d=\frac{1}{2}at^2$可得:$a=\frac{2d}{t^2}$。

(2) 由牛顿第二定律可知,$F-F_0=ma$,故$a=\frac{1}{m}F-\frac{F_0}{m}$,C选项正确。

(3) 挂钩码的方法不能连续改变细绳拉力大小,因此不能准确测出摩擦力的大小,也不利于获得多组测量数据,故B、C正确。

[答案] (1)$\frac{2d}{t^2}$ (2)C (3)BC

## 高考链接创新点拨

### 一、本题创新点分析

1. 源于教材——本例中的实验目的及实验中用到的器材:一端带滑轮的长木板、滑块,与课本实验是相同的,利用 a-F 图像处理实验数据的方法也是相同的。

2. 高于教材——本例中没有平衡摩擦力,而是用缓慢向瓶中加水的办法比较准确地测出木块的滑动摩擦力大小和细绳拉力大小,实验数据处理时,不是作木块加速度 a 与合力的关系图像,而是作出的木块加速度 a 与细绳拉力 F 的关系图像。

## 二、本实验还可以从以下方面进行改进创新

### (一) 实验目的创新

如果要测量木块与木板间的动摩擦因数,实验应如何操作?

提示:长木板水平放置,木块与钩码间的细绳长些,测出钩码落地后,木块前进过程中做匀减速运动的加速度,由 $a=\mu g$ 可得出 $\mu$ 的大小。

### (二) 实验器材的创新

1. 用气垫导轨代替长木板,实验应如何操作?

提示:将气垫导轨调成水平,不用再平衡摩擦力了,其他操作不变。

2. 如果提供光电门两个,该实验应如何操作?

提示:在长木板上固定两个光电门,量出两光电门的距离 $D$ 和遮光条的宽度 $d$,可用 $2aD=\left(\dfrac{d}{\Delta t_2}\right)^2-\left(\dfrac{d}{\Delta t_1}\right)^2$ 求出木块的加速度,而不再使用打点计时器。

# 高考真题同步训练

1. 关于"验证牛顿第二定律"实验中验证"作用力一定时,加速度与质量成反比"的实验过程,以下做法中正确的是( )

A. 平衡摩擦力时,应将装沙的小桶用细绳通过定滑轮系在小车上

B. 每次改变小车的质量时,不需要重新平衡摩擦力

C. 实验时,先放开小车,再接通电源

D. 可以利用天平测出沙桶和沙质量 $m$ 和小车质量 $M$,直接用公式 $a=\dfrac{mg}{M}$ 求出加速度

2. [2011·浙江高考]在"探究加速度与力、质量的关系"实验时,已提供了小车、一端附有定滑轮的长木板、纸带、带小盘的细线、刻度尺、天平、导线。为了完成实验,还须从图 4-9 中选取实验器材,其名称是_____(漏选或全选得零分);并分别写出所选器材的作用_____。

图 4-9

3. [2013·潍坊月考]在探究加速度与力、质量的关系活动中,某小组设计了如图4-10所示的实验装置。图中上下两层水平轨道表面光滑,两小车前端系上细线,细线跨过滑轮并挂上砝码盘,两小车尾部细线连到控制装置上,实验时通过控制装置使两小车同时开始运动,然后同时停止。

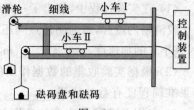

图4-10

(1) 在安装实验装置时,应调整滑轮的高度,使_____;在实验时,为减小系统误差,应使砝码盘和砝码的总质量_____小车的质量(选填"远大于""远小于""等于")。

(2) 本实验通过比较两小车的位移来比较小车加速度的大小,能这样比较,是因为_____
_____。

(3) 实验中获得数据如表4-3所示,小车Ⅰ、Ⅱ的质量均为200 g。

表4-3

| 实验次数 | 小车 | 拉力 F/N | 位移 x/cm |
|---|---|---|---|
| 1 | Ⅰ | 0.1 |  |
|  | Ⅱ | 0.2 | 46.51 |
| 2 | Ⅰ | 0.2 | 29.04 |
|  | Ⅱ | 0.3 | 43.63 |
| 3 | Ⅰ | 0.3 | 41.16 |
|  | Ⅱ | 0.4 | 44.80 |
| 4 | Ⅰ | 0.4 | 36.43 |
|  | Ⅱ | 0.5 | 45.56 |

在第1次实验中小车Ⅰ从A点运动到B点的位移如图4-11所示,请将测量结果填到表4-3中空格处。通过分析,可知表中第_____次实验数据存在明显错误,应舍弃。

图4-11

4. [2012·日照期末]如图4-12(a)所示为"探究加速度与物体质量、物体受力的关系"的实验装置。

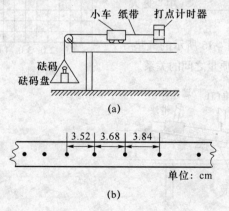

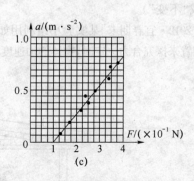

图4-12

(1) 在实验过程中,打出了一条纸带如图4-12(b)所示,计时器打点的时间间隔为0.02 s。从比较清晰的点起,每两测量点间还有4个点未画出,量出相邻测量点之间的距离如图(b)所示,该小车的加速度 $a=$ _____ m/s² (结果保留两位有效数字)。

(2) 根据实验收集的数据作出的 $a$-$F$ 图像如图4-12(c)所示,请写出一条对提高本实验结果准确程度有益的建议:_____。

5. 在用DIS研究小车加速度与外力的关系时,某实验小组采用如图4-13(a)所示的实验装置。重物通过滑轮用细线拉小车,位移传感器(发射器)随小车一起沿倾斜轨道运动,位移传感器(接收器)固定在轨道一端。实验中把重物的重力作为拉力 $F$,改变重物重力重复实验四次,表4-4记录四组数据。

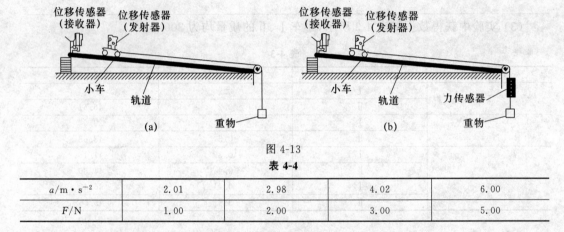

图 4-13

表 4-4

| $a$/m·s$^{-2}$ | 2.01 | 2.98 | 4.02 | 6.00 |
|---|---|---|---|---|
| $F$/N | 1.00 | 2.00 | 3.00 | 5.00 |

(1) 实验中使用位移传感器和计算机,可以便捷地获取信息和处理信息,所获取的信息是_____。

(2) 在如图4-14坐标纸上作出小车加速度 $a$ 和拉力 $F$ 的关系图像。

(3) 从所得图像分析该实验小组在操作过程中的不当之处是:_____
_____。

(4) 如果实验时,在小车和重物之间接一个不计质量的微型力传感器,如图4-13(b)所示。并以力传感器示数表示拉力 $F$,从理论上分析,该实验图像的斜率将_____。(填"变大""变小"或"不变")

6. [2012·宜春期末]某实验小组利用如图4-15所示的气垫导轨实验装置来探究合力一定时,物体的加速度与质量之间的关系。

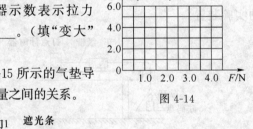

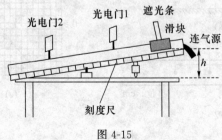

图 4-15

(1) 做实验时,将滑块从图所示位置由静止释放,由数字计时器(图中未画出)可读出遮光条通过光电门1、2的时间分别为 $\Delta t_1$、$\Delta t_2$;用刻度尺测得两个光电门中心之间的距离 $x$,用游标卡尺测得遮光条宽度 $d$。则滑块经过光电门1时的速度表达式 $v_1=$ _____;滑块加速度的表达式 $a=$ _____(以上表达式均用已知字母表示)。

(2) 为了保持滑块所受的合力不变,可改变滑块质量 $M$ 和气垫导轨右端高度 $h$(见图 4-15)。关于"改变滑块质量 $M$ 和气垫导轨右端的高度 $h$"的正确操作方法有 _____。

A. $M$ 增大时,$h$ 增大,以保持二者乘积增大
B. $M$ 增大时,$h$ 减小,以保持二者乘积不变
C. $M$ 减小时,$h$ 增大,以保持二者乘积不变
D. $M$ 减小时,$h$ 减小,以保持二者乘积减小

7. 图 4-16 为用拉力传感器和速度传感器探究"加速度与物体受力的关系"实验装置。用拉力传感器记录小车受到拉力的大小,在长木板上相距 $L=48.0$ cm 的 $A$、$B$ 两点各安装一个速度传感器,分别记录小车到达 $A$、$B$ 时的速率。

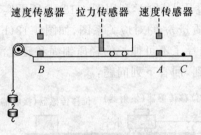

图 4-16

(1) 实验主要步骤如下:
① 将拉力传感器固定在小车上。
② 平衡摩擦力,让小车做 _____ 运动。
③ 把细线的一端固定在拉力传感器上,另一端通过定滑轮与钩码相连。
④ 接通电源后自 $C$ 点释放小车,小车在细线拉动下运动,记录细线拉力 $F$ 的大小及小车分别到达 $A$、$B$ 时的速率 $v_A$、$v_B$。
⑤ 改变所挂钩码的数量,重复④的操作。

(2) 表 4-5 中记录了实验测得的几组数据,$v_B^2-v_A^2$ 是两个速度传感器记录速率的平方差,则加速度的表达式 $a=$ _____,请将表中第 3 次的实验数据填写完整(结果保留三位有效数字)。

| 次数 | F/N | $(v_B^2-v_A^2)/(\text{m}^2\cdot\text{s}^{-2})$ | $a/(\text{m}\cdot\text{s}^{-2})$ |
| --- | --- | --- | --- |
| 1 | 0.60 | 0.77 | 0.80 |
| 2 | 1.04 | 1.61 | 1.68 |
| 3 | 1.42 | 2.34 | |
| 4 | 2.62 | 4.65 | 4.84 |
| 5 | 3.00 | 5.49 | 5.72 |

(3) 由表 4-5 中数据,在图 4-17 中的坐标纸上作出 $a$-$F$ 关系图像。

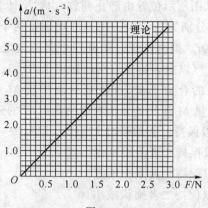

图 4-17

(4) 对比实验结果与理论计算得到的关系图像(图 4-17 中已画出理论图像),造成上述偏差的原因是_____。

8. [2014·新课标全国卷Ⅰ]某同学利用图 4-18(a)所示实验装置及数字化信息系统获得了小车加速度 $a$ 与钩码的质量 $m$ 的对应关系图,如图 4-18(b)所示。实验中小车(含发射器)的质量为 200 g,实验时选择了不可伸长的轻质细绳和轻定滑轮,小车的加速度由位移传感器及与之相连的计算机得到,回答下列问题:

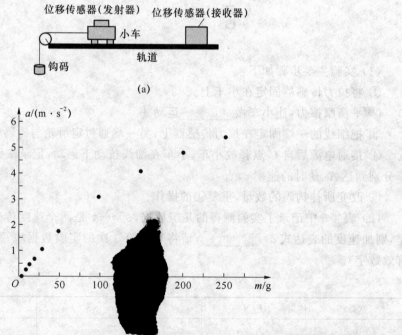

(1) 根据该同学的结果,小车的加速度与钩码的质量成_____(选填"线性"或"非线性")关系。

(2) 由图(b)可知,$a$-$m$ 图像不经过原点,可能的原因是_____。

(3) 若利用本实验装置来验证"在小车质量不变的情况下,小车的加速度与作用力成正比"的结论,并直接以钩码所受重力 $mg$ 作为小车受到的合外力,则实验中应采取的改进措施是_____,钩码的质量应满足的条件是_____。

# 实验5 探究动能定理

## 高考本源实验梳理

### 一、实验目的

(1) 探究外力做功与物体速度的关系。
(2) 通过分析论证和实验探究的过程，培养实验探究能力和创新精神。

### 二、实验原理

(1) 不是直接测量对小车做功，而是通过改变橡皮筋条数确定对小车做功 $W$、$2W$、$3W$…

(2) 由于橡皮筋做功而使小车获得的速度可以由纸带和打点计时器测出，也可以用其他方法测出。这样，进行若干次测量，就得到若干组功和速度的数据。

(3) 以橡皮筋对小车做的功为纵坐标，分别以小车获得的速度 $v$、$v^2$…为横坐标，作出 $W$-$v$、$W$-$v^2$…曲线，分析这些曲线，可以得知橡皮筋对小车做的功与小车获得的速度的定量关系。

### 三、实验器材

小车(前面带小钩)、长木板(两侧适当的对称位置钉两个铁钉)、打点计时器及纸带、学生电源及导线(使用电火花计时器时不用学生电源)、5～6条相同的橡皮筋、刻度尺。

### 四、实验步骤

(1) 按图5-1所示将实验仪器安装好。

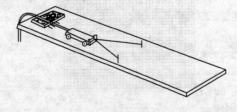

图5-1

(2) 平衡摩擦力：在长木板的有打点计时器的一端下面垫一块木板，反复移动木板的位置,直至小车上不挂橡皮筋时,纸带打出的点间距均匀,即小车能匀速运动为止。

(3) 分别用 1 条、2 条、3 条…橡皮筋做实验,实验中橡皮筋拉伸的长度都与第一次相同。这时橡皮筋对小车做的功分别为 $W$、$2W$、$3W$…,标记好每次实验得到的纸带。

### 五、数据处理

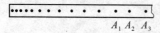

图 5-2

(1) 测量小车的速度

实验获得如图 5-2 所示的纸带,为探究橡皮筋弹力做功和小车速度的关系,需要测量弹力做功结束时小车的速度,即小车做匀速运动的速度。应在纸带上测量的物理量是(用字母表示):$A_1$、$A_2$ 间的距离 $x$,小车速度的表达式为(用测量的物理量表示)$v = \dfrac{x}{T}$($T$ 为打点计时器的时间间隔)。

(2) 实验数据记录

将实验数据记录在表 5-1 中。

表 5-1

| 橡皮筋条数 | 位移 $x/\text{m}$ | 时间 $t/\text{s}$ | 速度 $v(\text{m}\cdot\text{s}^{-1})$ | 速度平方 $v^2(\text{m}^2\cdot\text{s}^{-2})$ |
|---|---|---|---|---|
|  |  |  |  |  |
|  |  |  |  |  |
|  |  |  |  |  |
|  |  |  |  |  |
|  |  |  |  |  |

(3) 实验数据处理及分析

① 观察法:当橡皮筋的条数成倍增加,即合外力做的功成倍增加时,观察小车的速度或速度的平方如何变化,有何变化规律。

② 图像法:在坐标纸上(图 5-3)画出 $W$-$v$ 或 $W$-$v^2$ 图像("$W$"以一根橡皮筋做的功为单位)。

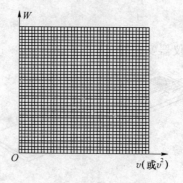

图 5-3

(4) 实验结论:从图像可知做功与物体速度变化的关系为 $W \propto v^2$。

## 六、注意事项

(1) 平衡摩擦力很关键,将木板一端垫高,使小车重力沿斜面向下的分力与摩擦阻力平衡。方法是轻推小车,由打点计时器打在纸带上的点的均匀程度判断小车是否匀速运动,找到木板一个合适的倾角。

(2) 测小车速度时,纸带上的点应选均匀部分的,也就是选小车做匀速运动状态的。

(3) 橡皮筋应选规格一样的。力对小车做的功以一条橡皮筋做的功为单位即可,不必计算出具体数值。

(4) 小车质量应大一些,使纸带上打的点多一些。

## 七、误差分析

(1) 误差的主要来源是橡皮筋的长度、粗细不一,使橡皮筋的拉力做功 $W$ 与橡皮筋的条数不成正比。

(2) 没有完全平衡摩擦力或平衡摩擦力时倾角过大。

(3) 利用打上点的纸带计算小车的速度时,测量不准带来误差。

# 高考命题实例

**【典例分析1】**

"探究动能定理"的实验装置如图 5-4 所示,当小车在两条橡皮筋作用下弹出时,橡皮筋对小车做的功记为 $W_0$,当用 4 条、6 条、8 条…完全相同的橡皮筋并在一起进行第 2 次、第 3 次、第 4 次…实验时,橡皮筋对小车做的功记为 $2W_0$、$3W_0$、$4W_0$…。每次实验中由静止弹出的小车获得的最大速度可由打点计时器所打的纸带测出。

(1) 关于该实验,下列说法正确的是(　　)

A. 打点计时器可以用直流电源供电,电压为 4~6 V

B. 实验中使用的若干根橡皮筋的原长可以不相等

C. 每次实验中应使小车从同一位置由静止弹出

D. 利用每次测出的小车最大速度 $v_m$ 和橡皮筋做的功 $W$,依次作出 $W$-$v_m$、$W$-$v_m^2$、$W$-$v_m^3$、$W^2$-$v_m$、$W^3$-$v_m$…的图像,得出合力做功与物体速度变化的关系

(2) 如图 5-5 给出了某次在正确操作情况下打出的纸带,从中截取了测量物体最大速度所用的一段纸带,测得 O 点到 A、B、C、D、E 各点的距离分别为 $OA=5.65$ cm,$OB=7.12$ cm,$OC=8.78$ cm,$OD=10.40$ cm,$OE=11.91$ cm。已知相邻两点打点时间间隔为 0.02 s,则小车获得的最大速度 $v_m=$ _____ m/s。

[解析] (1) 打点计时器必须用交流电,选项 A 错误;实验中使用的橡皮筋必须完全相同,选项 B 错误。

(2) 由题图可知,$AB=1.47$ cm;$BC=1.66$ cm;$CD=1.62$ cm;$DE=1.51$ cm,故 $BC$ 段的平均速度最大。

$$v_m = \frac{BC}{T} = 0.83 \text{ m/s}。$$

[答案] (1)CD  (2)0.83

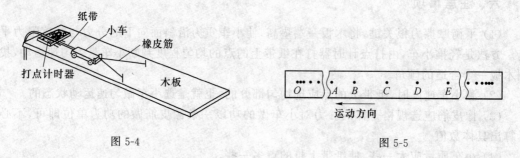

图 5-4              图 5-5

## 【典例分析2】

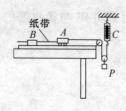

图 5-6

某同学用如图 5-6 所示的实验装置探究小车动能变化与合力对它所做功的关系。图中 $A$ 为小车，连接在小车后面的纸带穿过打点计时器 $B$ 的限位孔，它们均置于水平放置的一端带有定滑轮足够长的木板上，$C$ 为弹簧测力计，不计绳与滑轮的摩擦。实验时，先接通电源再松开小车，打点计时器在纸带上打下一系列点。

该同学在一条比较理想的纸带上，从点迹清楚的某点开始记为 0 点，顺次选取 5 个点，分别测量这 5 个点到 0 之间的距离，并计算出它们与 0 点之间的速度平方差 $\Delta v^2$（$\Delta v^2 = v^2 - v_0^2$），填入表 5-2 中。

表 5-2

| 点迹 | $x$/cm | $\Delta v^2/(m^2 \cdot s^{-2})$ |
|---|---|---|
| 0 | — | — |
| 1 | 1.60 | 0.04 |
| 2 | 3.60 | 0.09 |
| 3 | 6.00 | 0.15 |
| 4 | 7.00 | 0.18 |
| 5 | 9.20 | 0.23 |

(1) 请以 $\Delta v^2$ 为纵坐标，以 $x$ 为横坐标在坐标图 5-7 中作出 $\Delta v^2$-$x$ 图像。若测出小车质量为 0.2 kg，结合图像可求得小车所受合力的大小为 _____ N。

(2) 若该同学通过计算发现小车所受合力小于弹簧测力计读数，明显超出实验误差的正常范围。你认为主要原因是 _____，实验操作中改进的措施是 _____ _____。

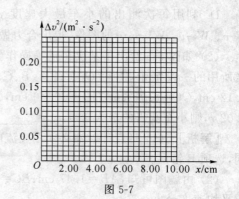

图 5-7

[解析] 由 $v^2 - v_0^2 = 2ax$ 可知 $\Delta v^2 = 2a \cdot x$，在 $\Delta v^2$-$x$ 图像中，斜率 $k = 2a = 2.5$，由 $F = ma$，得 $F = 0.25$ N。

[答案] （1）图像如图5-8所示　0.25

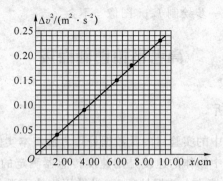

图 5-8

（2）小车滑行时所受摩擦阻力较大　将木板左侧垫高，使木板倾斜一定的角度以平衡摩擦力

## 【典例分析3】

某兴趣小组想通过物块在斜面上运动的实验探究"合外力做功和物体速度变化的关系"。实验开始前，他们提出了以下几种猜想：①$W∝\sqrt{v}$，②$W∝v$，③$W∝v^2$。他们的实验装置如图5-9(a)所示，$PQ$为一块倾斜放置的木板，在$Q$处固定一个速度传感器（用来测量物体每次通过$Q$点时的速度），每次实验，物体从不同初始位置处由静止释放。

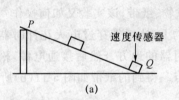
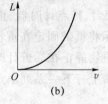

图 5-9

同学们设计了表5-3来记录实验数据。其中$L_1$、$L_2$、$L_3$、$L_4$…代表物体分别从不同初始位置处无初速释放时初始位置到速度传感器的距离，$v_1$、$v_2$、$v_3$、$v_4$…表示物体每次通过$Q$点的速度。

表 5-3

| 实验次数 | 1 | 2 | 3 | 4 | … |
|---|---|---|---|---|---|
| $L$ | $L_1$ | $L_2$ | $L_3$ | $L_4$ | … |
| $v$ | $v_1$ | $v_2$ | $v_3$ | $v_4$ | … |

他们根据实验数据绘制了如图5-9(b)所示的$L$-$v$图像，并得出结论$W∝v^2$。他们的做法是否合适，你有什么好的建议？

在此实验中，木板与物体间摩擦力的大小_____（填"会"或"不会"）影响探究出的结果。

[解析]　采用表格方法记录数据，合理。绘制的$L$-$v$图像是曲线，不能得出结论$W∝v^2$。为了更直观地看出$L$和$v$的变化关系，应该绘制$L$-$v^2$图像。重力和摩擦力的总功$W$也与

距离 $L$ 成正比,因此不会影响探究的结果。

[答案] 不合适,应进一步绘制 $L$-$v^2$ 图像  不会

# 高考链接创新点拨

## 一、本题创新点分析

1. 源于教材——本例中的实验目的及数据处理方法与本实验是相同的。

2. 高于教材——本例中物体的速度是用速度传感器测定的,本例中摩擦阻力很小,可忽略不计,故无须再平衡摩擦力。数据处理时,纵轴用物体下滑的位移 $L$,而不是用合力的功 $W$。

## 二、本实验还可以从以下方面进行改进创新

### (一) 实验器材的创新

1. 如果提供速度传感器和力电传感器,该实验应如何操作?

如图 5-10 所示,将拉力传感器固定在小车上,平衡小车的摩擦力,拉力传感器可以记录小车受到的拉力大小,在水平桌面上相距一定距离 $L$ 的 $A$、$B$ 两点各安装一个速度传感器,分别记录小车通过 $A$、$B$ 时的速度大小,改变钩码的数量,分别得到对应拉力的功 $W$ 和 $\Delta v^2$ (即 $v_A^2 - v_B^2$),也可验证得到 $W \propto \Delta v^2$ 的结论。

2. 如果提供铁架台、打点计时器、重物、纸带,该实验又如何操作?

如图 5-11(a)所示将纸带固定在重物上,让纸带穿过电火花计时器或电磁打点计时器。先用手提着纸带,使重物静止在靠近计时器的地方。然后接通电源,松开纸带,让重物自由下落,计时器就在纸带上打下一系列小点。得到的纸带如图 5-11(b)所示。

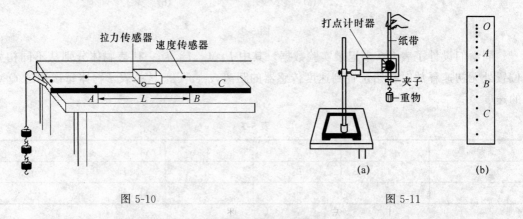

图 5-10

图 5-11

$O$ 点为计时器打下的第 1 个点,在纸带上取相等距离的点 $A$、$B$、$C$…,运算得到 $v_A^2$、$v_B^2$、$v_C^2$…,重物从 $O$ 到 $A$、$B$、$C$…重力所做的功分别为 $W$、$2W$、$3W$…,由此,也可验证得到 $W \propto v^2$ 的结论。

### (二) 数据处理

1. 在数据处理时,可用小车的动能增量 $\Delta E_k$ 作为纵轴,小车拉力的功 $W$ 作横轴作出

$\Delta E_k$-$W$ 图像。

2. 因小车合力一定时,合力的功 $W$ 与小车位移 $L$ 成正比,因此,可以做出 $L$-$v^2$ 图像或 $L$-$E_k$ 图像。

## 高考真题同步训练

1. 关于"探究动能定理"的实验,下列叙述正确的是(　　)
A. 每次实验必须设法算出橡皮筋对小车做功的具体数值
B. 每次实验中,橡皮筋拉伸的长度没有必要保持一致
C. 放小车的长木板应该尽量使其水平
D. 先接通电源,再让小车在橡皮筋的作用下弹出

2. 探究力对原来静止的物体做的功与物体获得的速度的关系,实验装置如图 5-12 所示,实验主要过程如下:

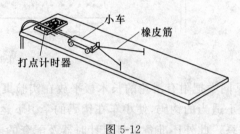

图 5-12

(1) 设法让橡皮筋对小车做的功分别为 $W$、$2W$、$3W$…
(2) 分析打点计时器打出的纸带,求出小车的速度 $v_1$、$v_2$、$v_3$…
(3) 作出 $W$-$v$ 草图。
(4) 分析 $W$-$v$ 图像。如果 $W$-$v$ 图像是一条直线,表明 $W\propto v$;如果不是直线,可考虑是否存在 $W\propto v^2$、$W\propto v^3$、$W\propto\sqrt{v}$ 等关系。

以下关于该实验的说法中有一项不正确,它是_____。

A. 本实验设法让橡皮筋对小车做的功分别为 $W$、$2W$、$3W$…,所采用的方法是选用同样的橡皮筋,并在每次实验中使橡皮筋拉伸的长度保持一致。当用 1 条橡皮筋进行实验时,橡皮筋对小车做的功为 $W$,用 2 条、3 条…橡皮筋并在一起进行第 2 次、第 3 次…实验时,橡皮筋对小车做的功分别是 $2W$、$3W$…
B. 小车运动中会受到阻力,补偿的方法:可以使木板适当倾斜
C. 某同学在一次实验中得到一条记录纸带。纸带上打出的点,两端密、中间疏。出现这种情况的原因可能是没有使木板倾斜或倾角太小
D. 根据记录纸带上打出的点,求小车获得的速度的方法是以纸带上第一点到最后一点的距离来进行计算

3. 在"探究恒力做功与动能改变的关系"的实验中,某实验小组采用如图 5-13 所示的装置。实验步骤如下:
(1) 把纸带的一端固定在小车的后面,另一端穿过打点计时器。
(2) 改变长木板的倾角,以重力的一个分力平衡小车及纸带受到的摩擦力。

(3) 用细线将长木板上的小车通过一个定滑轮与悬吊的砂桶相连。
(4) 接通电源,放开小车,让小车拖着纸带运动,打点计时器就在纸带上打下一系列的点。
(5) 测出 $x$、$x_1$、$x_2$(如图 5-14 所示),已知电磁打点计时器的打点周期为 $T$,则:
判断重力的一个分力是否已与小车及纸带受到的摩擦力平衡的直接证据是_____
_____。
本实验还需直接测量的物理量是_____
_____
(用文字说明并用相应的符号表示)。
探究结果的表达式是_____
(用相应的符号表示)。

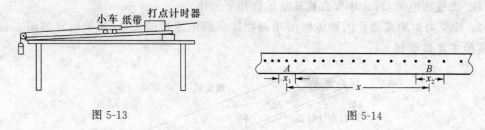

图 5-13    图 5-14

4. [2014·天津卷]某同学把附有滑轮的长木板平放在实验桌上,将细绳一端拴在小车上,另一端绕过定滑轮,挂上适当的钩码,使小车在钩码的牵引下运动,以此定量探究绳拉力做功与小车动能变化的关系。此外还准备了打点计时器及配套的电源、导线、复写纸、纸带、小木块等。组装的实验装置如图 5-15 所示。

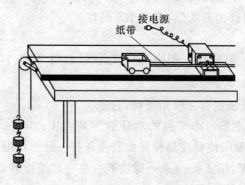

图 5-15

① 若要完成该实验,必需的实验器材还有哪些_____。
② 实验开始时,他先调节木板上定滑轮的高度,使牵引小车的细绳与木板平行。他这样做的目的是下列的哪个_____(填字母代号)。

A. 避免小车在运动过程中发生抖动
B. 可使打点计时器在纸带上打出的点迹清晰
C. 可以保证小车最终能够实现匀速直线运动
D. 可在平衡摩擦力后使细绳拉力等于小车受的合力

③ 平衡摩擦后,当他用多个钩码牵引小车时,发现小车运动过快,致使打出的纸带上点数较少,难以选到合适的点计算小车的速度。在保证所挂钩码数目不变的条件下,请你利用

本实验的器材提出一个解决办法：_____。

④ 他将钩码重力做的功当作细绳拉力做的功，经多次实验发现拉力做功总是要比小车动能增量大一些。这一情况可能是下列哪些原因造成的_____（填字母代号）。

A. 在接通电源的同时释放了小车
B. 小车释放时离打点计时器太近
C. 阻力未完全被小车重力沿木板方向的分力平衡掉
D. 钩码做匀加速运动，钩码重力大于细绳拉力

5. 某实验小组利用拉力传感器和速度传感器探究"动能定理"，如图 5-16 所示，他们将拉力传感器固定在小车上，用不可伸长的细线将其通过一个定滑轮与钩码相连，用拉力传感器记录小车受到的拉力的大小。在水平桌面上相距 50.0 cm 的 $A$、$B$ 两点各安装一个速度传感器记录小车通过 $A$、$B$ 时的速度大小。小车中可以放置砝码。

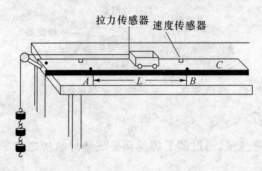

图 5-16

（1）实验主要步骤如下

① 测量_____和拉力传感器的总质量 $M_1$；把细线的一端固定在拉力传感器上，另一端通过定滑轮与钩码相连；正确连接所需电路。

② 将小车停在 $C$ 点，_____，小车在细线拉动下运动，记录细线拉力及小车通过 $A$、$B$ 时的速度。

③ 在小车中增加砝码，或_____，重复②的操作。

（2）表 5-4 是他们测得的一组数据，其中 $M$ 是 $M_1$ 与小车中砝码质量 $m$ 之和；$|v_2^2-v_1^2|$ 是两个速度传感器记录速度的平方差，可以据此计算出动能变化量 $\Delta E$；$F$ 是拉力传感器受到的拉力；$W$ 是 $F$ 在 $A$、$B$ 间所做的功。表 5-4 中 $\Delta E_3 =$ _____，$W_3 =$ _____（结果保留三位有效数字）。

表 5-4

| 次数 | $M$/kg | $|v_2^2-v_1^2|$/m²·s⁻² | $\Delta E$/J | $F$/N | $W$/J |
| --- | --- | --- | --- | --- | --- |
| 1 | 0.500 | 0.760 | 0.190 | 0.400 | 0.200 |
| 2 | 0.500 | 1.65 | 0.413 | 0.840 | 0.420 |
| 3 | 0.500 | 2.40 | $\Delta E_3$ | 1.220 | $W_3$ |
| 4 | 1.000 | 2.40 | 1.20 | 2.420 | 1.21 |
| 5 | 1.000 | 2.84 | 1.42 | 2.860 | 1.43 |

(3) 根据表 5-4,请在图 5-17 中的方格纸上作出 ΔE-W 图像。

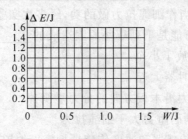

图 5-17

6. [2013·三门峡模拟]某学习小组在"探究功与速度变化关系"的实验中采用了如图 5-18 所示的实验装置。

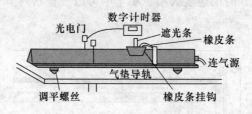

图 5-18

(1) 将气垫导轨接通气泵,通过调平螺丝调整气垫导轨使之水平,检查是否调平的方法是_____。

(2) 如图 5-19 所示,游标卡尺测得遮光条的宽度 $\Delta d=$ _____ cm。实验时,将橡皮条挂在滑块的挂钩上,向后拉伸一定的距离,并做好标记,以保证每次拉伸的距离恒定。现测得挂一根橡皮条时,滑块弹离橡皮条后,经过光电门的时间为 $\Delta t$,则滑块最后匀速运动的速度表达式为_____(用字母表示)。

(3) 逐根增加橡皮条,记录每次遮光条经过光电门的时间,并计算出对应的速度。则画出的 $W$-$v^2$ 图像应是_____。

7. 物体在空中下落的过程中,重力做正功,物体的动能越来越大,为了探究重力做功和物体动能变化的定量关系,特提供如图 5-20 所示的实验装置。

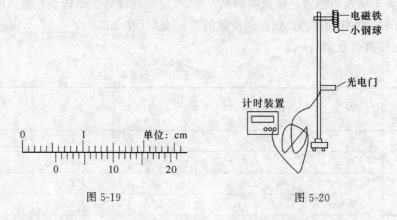

图 5-19                图 5-20

(1) 某同学根据所学的知识结合题图设计了一个本实验情境的命题:

如图 5-20 所示，测量质量为 $m$ 的小球在重力 $mg$ 作用下从开始端自由下落至光电门处发生的①_____，通过光电门时的②_____，探究重力做的功③_____与小球动能变化量④_____的定量关系（请在①②空格处填写物理量的名称和对应符号，在③④空格处填写数学表达式）。

(2) 某同学根据上述命题进行如下操作并测出如下数据（取 $g = 10 \text{ m/s}^2$）：

① 用天平测出小球的质量为 0.50 kg。
② 用游标卡尺测出小球的直径为 10.00 mm。
③ 用刻度尺测出电磁铁下端到光电门的距离为 80.80 cm。
④ 电磁铁先通电，让小球吸在开始端。
⑤ 电磁铁断电时，小球自由下落。
⑥ 在小球经过光电门时，计时装置记下小球经过光电门所用时间为 $2.50 \times 10^{-3}$ s，由此可算出小球经过光电门时的速度为_____ m/s。
⑦ 计算得出重力做的功为_____ J，小球动能变化量为_____ J（结果保留三位有效数字）。

(3) 试根据(2)对本实验得出结论：_____。

# 实验6 验证机械能守恒定律

## 梳理高考本源实验

### 一、实验目的
验证机械能守恒定律。

### 二、实验原理
(1) 在只有重力做功的自由落体运动中,物体的重力势能和动能互相转化,但总的机械能保持不变。若物体某时刻瞬时速度为 $v$,下落高度为 $h$,则重力势能的减少量为 $mgh$,动能的增加量为 $\frac{1}{2}mv^2$,看它们在实验误差允许的范围内是否相等,若相等则验证了机械能守恒定律。

(2) 速度的测量:做匀变速运动的纸带上某点的瞬时速度等于相邻两点之间的平均速度 $v_t = \bar{v}_{2t}$。

计算打第 $n$ 个点速度的方法:测出第 $n$ 个点与相邻前后点间的距离 $x_n$ 和 $x_{n+1}$,由公式 $v_n = \dfrac{x_n + x_{n+1}}{2T}$ 或 $v_n = \dfrac{h_{n+1} - h_{n-1}}{2T}$ 算出,如图 6-1 所示。

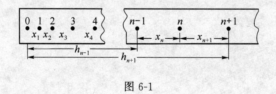

图 6-1

### 三、实验器材
铁架台(含铁夹)、打点计时器、学生电源、纸带、复写纸、导线、毫米刻度尺、重物(带纸带夹)。

### 四、实验步骤
(1) 安装置:按图 6-2 所示,将检查、调整好的打点计时器竖直固定在铁架台上,接好电路。

(2) 打纸带:将纸带的一端用夹子固定在重物上,另一端穿过打点计时器的限位孔,用手提着纸带使重物静止在靠近打点计时器的地方。先接通电源,后松开纸带,让重物带着纸带自由下落。

更换纸带重复做 3～5 次实验。

(3) 选纸带:分两种情况说明

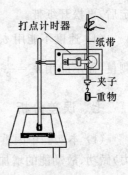

图 6-2

① 用 $\frac{1}{2}mv_n^2 = mgh_n$ 验证时,应选点迹清晰,且第 1、2 两点间距离小于或接近 2 mm 的纸带。若第 1、2 两点间的距离大于 2 mm,这是由于先释放纸带后接通电源造成的。这样,第 1 个点就不是运动的起始点了,这样的纸带不能选。

② 用 $\frac{1}{2}mv_B^2 - \frac{1}{2}mv_A^2 = mg\Delta h$ 验证时,由于重力势能的相对性,处理纸带时,选择适当的点为基准点,这样纸带上打出的第 1、2 两点间的距离是否大于 2 mm 就无关紧要了,所以只要后面的点迹清晰就可选用。

## 五、数据处理

1. 测量计算

在起始点标上 0,在以后各点依次标上 1,2,3…,用刻度尺测出对应下落高度 $h_1,h_2,h_3…$

利用公式 $v_n = \frac{h_{n+1} - h_{n-1}}{2T}$ 计算出点 1,点 2,点 3…的瞬时速度 $v_1,v_2,v_3…$

2. 验证守恒

法一:利用起始点和第 n 点计算。代入 $gh_n$ 和 $\frac{1}{2}v_n^2$,如果在实验误差允许的条件下,$gh_n = \frac{1}{2}v_n^2$,则机械能守恒定律是正确的。

法二:任取两点计算。

① 任取两点 A、B 测出 $h_{AB}$,算出 $gh_{AB}$。

② 算出 $\frac{1}{2}v_B^2 - \frac{1}{2}v_A^2$ 的值。

③ 在实验误差允许的条件下,如果 $gh_{AB} = \frac{1}{2}v_B^2 - \frac{1}{2}v_A^2$,则机械能守恒定律是正确的。

法三:图像法。从纸带上选取多个点,测量从第一点到其余各点的下落高度 $h$,并计算各点速度的平方 $v^2$,然后以 $\frac{1}{2}v^2$ 为纵轴,以 $h$ 为横轴,根据实验数据绘出 $\frac{1}{2}v^2$-$h$ 图像。若在误差允许的范围内图像是一条过原点且斜率为 $g$ 的直线,则验证了机械能守恒。

## 六、注意事项

(1) 打点计时器要稳定地固定在铁架台上,打点计时器平面与纸带限位孔调整到竖直方向,以减小摩擦阻力。

(2) 重物要选用密度大、体积小的物体,这样可以减小空气阻力的影响,从而减小实验误差。

(3) 实验中,需保持提纸带的手不动,且保证纸带竖直,待接通电源,打点计时器工作稳定后,再松开纸带。

(4) 速度不能用 $v_n = gt_n$ 或 $v_n = \sqrt{2gh_n}$ 计算,重物下落的高度 $h$,也只能用刻度尺直接测量,而不能用 $h_n = \frac{1}{2}gt_n^2$ 或 $h_n = \frac{v_n^2}{2g}$ 计算得到。

### 七、误差分析

(1) 本实验中因重物和纸带在下落过程中要克服各种阻力(空气阻力、打点计时器阻力)做功,故动能的增加量 $\Delta E_k$ 稍小于重力势能的减少量 $\Delta E_p$,即 $\Delta E_k < \Delta E_p$,这属于系统误差。改进的办法是调整器材的安装,尽可能地减少阻力。

(2) 本实验的另一个误差来源于长度的测量,属偶然误差。减小误差的办法是测下落距离时都从 O 点量起,一次将各打点对应的下落高度测量完,或者采用多次测量取平均值来减小误差。

# 高考命题实例

**【典例分析1】**

在利用自由落体运动验证机械能守恒定律的实验中,电源的频率为 50 Hz,依次打出的点为 0,1,2,3,4,…,n。则:

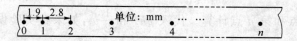

图 6-3

(1) 如用第 2 点到第 6 点之间的纸带来验证,必须直接测量的物理量为_____、_____、_____,必须计算出的物理量为_____、_____,验证的表达式为_____。

(2) 下列实验步骤操作合理的排列顺序是_____(填写步骤前面的字母)。

A. 将打点计时器竖直安装在铁架台上

B. 接通电源,再松开纸带,让重物自由下落

C. 取下纸带,更换新纸带(或将纸带翻个面)重新做实验

D. 将重物固定在纸带的一端,让纸带穿过打点计时器,用手提着纸带

E. 选择一条纸带,用刻度尺测出物体下落的高度 $h_1, h_2, h_3, …, h_n$,计算出对应的瞬时速度 $v_1, v_2, v_3, …, v_n$

F. 分别算出 $\frac{1}{2}mv_n^2$ 和 $mgh_n$,在实验误差范围内看是否相等

[解析] (1) 要验证从第 2 点到第 6 点之间的纸带对应重物的运动过程中机械能守恒,应测出第 2 点到第 6 点的距离 $h_{26}$,要计算第 2 点和第 6 点的速度 $v_2$ 和 $v_6$,必须测出第 1 点到第 3 点之间的距离 $h_{13}$ 和第 5 点到第 7 点之间的距离 $h_{57}$,机械能守恒的表达式为 $mgh_{26} = \frac{1}{2}mv_6^2 - \frac{1}{2}mv_2^2$。

(2) 实验操作顺序为 ADBCEF。

[答案] （1）第 2 点到第 6 点之间的距离 $h_{26}$
第 1 点到第 3 点之间的距离 $h_{13}$
第 5 点到第 7 点之间的距离 $h_{57}$
第 2 点的瞬时速度 $v_2$
第 6 点的瞬时速度 $v_6$
$mgh_{26}=\frac{1}{2}mv_6^2-\frac{1}{2}mv_2^2$

（2）ADBCEF

【典例分析 2】

在"验证机械能守恒定律"的实验中,已知电磁打点计时器所用的电源的频率为 50 Hz,查得当地的重力加速度 $g=9.80$ m/s$^2$,测得所用的重物质量为 1.00 kg。实验中得到一条点迹清晰的纸带(如图 6-4 所示),把第一个点记

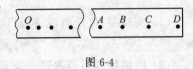

图 6-4

为 $O$,另选连续的四个点 $A,B,C,D$ 作为测量的点,经测量知道 $A,B,C,D$ 各点到 $O$ 点的距离分别为 62.99 cm,70.18 cm,77.76 cm,85.73 cm。

（1）根据以上数据,可知重物由 $O$ 点运动到 $C$ 点,重力势能的减少量等于_____J,动能的增加量等于_____J(取三位有效数字)。

（2）根据以上数据,可知重物下落时的实际加速度 $a=$_____m/s$^2$,$a$_____$g$(填"大于"或"小于"),原因是_____。

[解析]（1）由题意知重物由 $O$ 点运动至 $C$ 点,下落的高度为 $h_C=77.76$ cm$=0.7776$ m,$m=1.00$ kg,$g=9.80$ m/s$^2$,所以重力势能的减少量为
$\Delta E_p=mgh_C=1.00\times 9.80\times 0.7776$ J$=7.62$ J。

重物经过 $C$ 点时的速度 $v_C=\frac{BD}{2T}=\frac{OD-OB}{2T}$

又因为 $T=0.02$ s,$OD=85.73$ cm$=0.8573$ m,$OB=70.18$ cm$=0.7018$ m

所以 $v_C=\frac{0.8573-0.7018}{2\times 0.02}$ m/s$=3.89$ m/s

故重物动能的增加量 $\Delta E_k$ 为
$\Delta E_k=\frac{1}{2}mv_C^2=\frac{1}{2}\times 1.00\times 3.89^2$ J$=7.57$ J

（2）根据 $CD-AB=2aT^2$,$CD=OD-OC$,$AB=OB-OA$,代入数据得 $a=9.75$ m/s$^2<g$。实验中重物受空气阻力,纸带受限位孔或打点计时器振针的阻力作用,导致 $a<g$。

[答案]（1）7.62  7.57 （2）9.75  小于  重物受空气阻力,纸带受限位孔或打点计时器振针的阻力

【典例分析 3】

[2012·江苏重点中学联考]某研究性学习小组利用气垫导轨验证机械能守恒定律,实验装置如图 6-5(a)所示。在气垫导轨上相隔一定距离的两处安装两个光电传感器 $A$、

$B$,滑块 $P$ 上固定一遮光条,若光线被遮光条遮挡,光电传感器会输出高电压,两光电传感器采集数据后与计算机相连。滑块在细线的牵引下向左加速运动,遮光条经过光电传感器 $A$、$B$ 时,通过计算机可以得到如图 6-5(b)所示的电压 $U$ 随时间 $t$ 变化的图像(重力加速度为 $g$)。

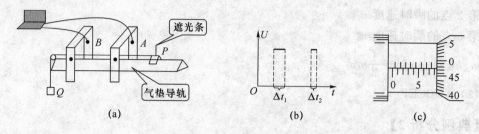

图 6-5

(1) 实验前,接通电源,将滑块(不挂钩码)置于气垫导轨上,轻推滑块,当图 6-5(b)中的 $\Delta t_1$ _____ $\Delta t_2$(选填">""="或"<")时,说明气垫导轨已经水平。

(2) 用螺旋测微器测遮光条宽度 $d$,测量结果如图 6-5(c)所示,则 $d=$ _____ mm。

(3) 滑块 $P$ 用细线跨过气垫导轨左端的定滑轮与质量为 $m$ 的钩码 $Q$ 相连,将滑块 $P$ 由图 6-5(a)所示位置释放,通过计算机得到的图像如图 6-5(b)所示,若 $\Delta t_1$、$\Delta t_2$ 和 $d$ 已知,要验证滑块和钩码组成的系统机械能是否守恒,还应测出 _____ 和 _____(写出物理量的名称及符号)。

(4) 若上述物理量间满足关系式 _____,则表明在上述过程中,滑块和钩码组成的系统机械能守恒。

[解析] (1) 当 $\Delta t_1 = \Delta t_2$ 时,滑块通过光电门 $A$、$B$ 的速度相同,说明气垫导轨已经水平。

(2) $d = 8\,\text{mm} + 0.01\,\text{mm} \times 47.4 = 8.474\,\text{mm}$。

(3)(4) 要验证系统机械能守恒,应验证的关系式为:$mgL = \frac{1}{2}(M+m)\left(\frac{d}{\Delta t_2}\right)^2 - \frac{1}{2}(M+m)\left(\frac{d}{\Delta t_1}\right)^2$。由于 $d$、$\Delta t_1$、$\Delta t_2$ 已知,故要验证此式,必须测量滑块的质量 $M$ 及两光电门间距离 $L$。

[答案] (1)= (2)8.474(8.473~8.475 均算对)
(3)滑块质量 $M$ 两光电门间距离 $L$

(4)$mgL = \frac{1}{2}(M+m)\left(\frac{d}{\Delta t_2}\right)^2 - \frac{1}{2}(M+m)\left(\frac{d}{\Delta t_1}\right)^2$

## 高考链接创新点拨

### 一、本题创新点分析

1. 源于教材——本例中验证机械能守恒定律所使用的气垫导轨、光电传感器优于课本实验器材。

2. 高于教材——本例中将悬挂的钩码 $Q$ 纳入验证机械能守恒的系统,消除了系统误差。

## 二、本实验还可以从以下方面进行改进创新

### (一) 实验器材的创新

1. 本实验可以用一根不可伸长的轻绳、小圆柱、光电门来完成验证。方法是用轻绳拴住小圆柱。让其绕悬点由水平位置向下做圆周运动,在悬点的正下方固定好光电门。测出小圆柱经过光电门的速度,可由 $mgL = \frac{1}{2}mv^2$,验证机械能守恒。

2. 本实验可以用倾斜气垫导轨、光电门相结合来完成。如图 6-6 所示,将气垫导轨倾斜放置在桌面上,测量出 $A$、$B$ 两点的距离 $x$,遮光片的宽度 $d$,$A$、$C$ 两点的间距 $L$,$A$ 点到桌面的高度 $h$,让滑块由 $A$ 点静止释放,记下遮光片经过光电门的时间 $\Delta t$,则验证机械能是否守恒可用下式进行:$mgx \cdot \dfrac{h}{L} = \dfrac{1}{2}m\left(\dfrac{d}{\Delta t}\right)^2$

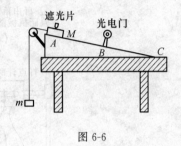

图 6-6

### (二) 数据处理

1. 本实验中的打点计时器,不采用电磁打点计时器,而采用电火花打点计时器,可以避免振针阻力的影响,减小实验的误差。

2. 用高频闪光照相机对自由落体运动的小球拍照,可通过分析小球的闪光照片验证机械能守恒,数据处理方法与处理纸带类似。

3. 利用光电门测小球下落速度的方法验证机械能守恒,可以减小因打点计时器限位孔及振针的阻力对实验精确度的影响。

## 高考真题同步训练

1. 在"验证机械能守恒定律"的实验中,要验证的是重物重力势能的减少等于它动能的增加,以下步骤仅是实验中的一部分,在这些步骤中多余的或错误的有_____。

   A. 用天平称出重物的质量
   B. 把打点计时器固定到铁架台上,并用导线把它和低压交流电源连接起来
   C. 把纸带的一端固定到重物上,另一端穿过打点计时器的限位孔,把重物提升到一定高度
   D. 接通电源,待打点稳定后释放纸带
   E. 用秒表测出重物下落的时间

2. [2012·湖北百校联考]"验证机械能守恒定律"的实验装置可以采用图 6-7 所示的(a)或(b)方案来进行。

   (1) 比较这两种方案,_____(填"a"或"b")方案好些。

   (2) 该同学开始实验时情形如图 6-7(c)所示,接通电源释放纸带。请指出该同学在实验操作中存在的两处明显错误或不当的地方:
   ①_____;②_____。

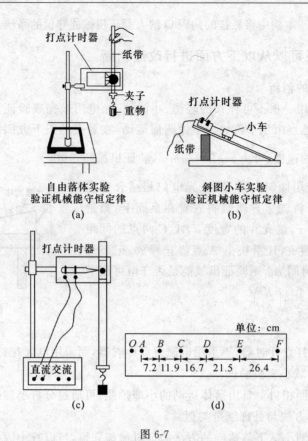

图 6-7

(3) 该实验中得到一条纸带,且测得每两个计数点间的距离如图 6-7(d) 中所示。已知相邻两个计数点之间的时间间隔 $T=0.1$ s。则物体运动的加速度 $a=$ _____;该纸带是采用 _____ (填"a"或"b")实验方案得到的。

3. 某研究性学习小组在做"验证机械能守恒定律"的实验中,已知电磁打点计时器所用电源的频率为 50 Hz,查得当地的重力加速度 $g=9.80$ m/s$^2$。测得所用重物的质量为 1.00 kg。

(1) 下面叙述中正确的是 _____。

A. 应该用天平称出重物的质量

B. 可选用点迹清晰,第一、二两点间的距离接近 2 mm 的纸带来处理数据

C. 操作时应先松开纸带再通电

D. 打点计时器应接在电压为 4～6 V 的交流电源上

(2) 实验中甲、乙、丙三学生分别用同一装置得到三条点迹清晰的纸带,量出各纸带上第一、二两点间的距离分别为 0.18 cm、0.19 cm、0.25 cm,则可肯定 _____ 同学在操作上有错误,错误的原因是 _____。若按实验要求正确地选出纸带进行测量,量得连续三点 $A,B,C$ 到第一个点 $O$ 间的距离分别为 15.55 cm、19.20 cm 和 23.23 cm。则当打点计时器打点 $B$ 时重物的瞬时速度 $v=$ _____ m/s;重物由 $O$ 到 $B$ 过程中,重力势能减少了 _____ J,动能增加了 _____ J(保留 3 位有效数字),根据所测量的数据,还可以求出重物实际下落的加速度为 _____ m/s$^2$,则重物在下落的过程中所受到的阻力为 _____ N。

4. 某同学利用竖直上抛小球的频闪照片验证机械能守恒定律。频闪仪每隔 0.05 s 闪

光一次,图 6-8 中所标数据为实际距离,该同学通过计算得到不同时刻的速度如表 6-1 所示(当地重力加速度取 9.8 m/s²,小球质量 $m=0.2$ kg,计算结果保留三位有效数字)。

图 6-8

表 6-1

| 时刻 | $t_2$ | $t_3$ | $t_4$ | $t_5$ |
| --- | --- | --- | --- | --- |
| 速度/(m/s) | 4.99 | 4.48 | 3.98 | |

(1) 由频闪照片上的数据计算 $t_5$ 时刻小球的速度 $v_5=$ _____ m/s。

(2) 从 $t_2$ 到 $t_5$ 时间内,重力势能增量 $\Delta E_p=$ _____ J,动能减少量 $\Delta E_k=$ _____ J。

(3) 在误差允许的范围内,若 $\Delta E_p$ 与 $\Delta E_k$ 近似相等,从而验证了机械能守恒定律。由上述计算得 $\Delta E_p$ _____ $\Delta E_k$ (选填">""<"或"="),造成这种结果的主要原因是_____。

5. [2013·海南] 某同学用图 6-9(a) 所示的实验装置验证机械能守恒定律。已知打点计时器所用电源的频率为 50 Hz,当地重力加速度为 $g=9.80$ m/s²。实验中该同学得到的一条点迹清晰的完整纸带如图 6-9(b) 所示。纸带上的第一个点记为 $O$,另选连续的三个点 $A$、$B$、$C$ 进行测量,图中给出了这三个点到 $O$ 点的距离 $h_A$、$h_B$ 和 $h_C$ 的值。回答下列问题(计算结果保留 3 位有效数字)。

(1) 打点计时器打 $B$ 点时,重物速度的大小 $v_B=$ _____ m/s。

(2) 通过分析该同学测量的实验数据,他的实验结果是否验证了机械能守恒定律?简要说明分析的依据。

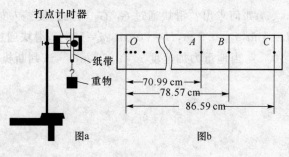

图 6-9

6. [2012·九江模拟]图6-10(a)是验证机械能守恒定律的实验。小圆柱由一根不可伸长的轻绳拴住,轻绳另一端固定。将轻绳拉至水平后由静止释放。在最低点附近放置一组光电门,测出小圆柱运动到最低点的挡光时间 $\Delta t$,再用游标卡尺测出小圆柱的直径 $d$,如图6-10(b)所示,重力加速度为 $g$。则

(1) 小圆柱的直径 $d=$_____ cm。

(2) 测出悬点到圆柱重心的距离 $l$,若等式 $gl=$_____成立,说明小圆柱下摆过程机械能守恒。

(3) 若在悬点 $O$ 安装一个拉力传感器,测出绳子上的拉力 $F$,则要验证小圆柱在最低点的向心力公式还需要测量的物理量是_____(用文字和字母表示),若等式 $F=$_____成立,则可验证小圆柱在最低点的向心力公式。

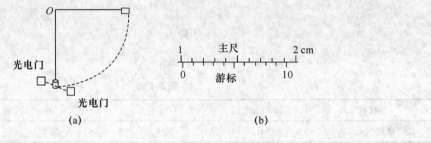

图 6-10

7. 利用气垫导轨装置验证机械能守恒定律时,先非常仔细地把导轨调成水平,然后按如图6-11所示的方式,用垫块把导轨一端垫高 $H$,滑块 $m$ 上面装 $l=3$ cm 的挡光框,使它由轨道上端任一处滑下,测出它通过光电门 $G_1$ 和 $G_2$ 时的速度 $v_1$ 和 $v_2$,就可以算出它由 $G_1$ 到 $G_2$ 这段过程中动能的增加量 $\Delta E_k=\frac{1}{2}m(v_2^2-v_1^2)$,再算出重力势能的减少量 $\Delta E_p=mgh$,比较 $\Delta E_k$ 与 $\Delta E_p$ 的大小,便可验证机械能是否守恒。

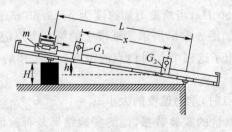

图 6-11

(1) 滑块的速度 $v_1$、$v_2$ 如何求出?滑块通过 $G_1$、$G_2$ 时的高度差 $h$ 如何求出?

(2) 若测得图中 $L=1$ m,$x=0.5$ m,$H=20$ cm,$m=500$ g,滑块通过 $G_1$ 和 $G_2$ 的时间分别为 $5\times10^{-2}$ s 和 $2\times10^{-2}$ s,当地重力加速度 $g=9.80$ m/s$^2$,试判断机械能是否守恒。

# 实验 7　测定金属的电阻率
## （练习使用螺旋测微器）

## 高考本源实验梳理

### 一、实验目的

（1）掌握电流表、电压表和滑动变阻器的使用方法。
（2）掌握螺旋测微器的使用方法和读数方法。
（3）学会利用伏安法测电阻，进一步测出金属丝的电阻率。

### 二、实验原理

由 $R=\rho\dfrac{l}{S}$ 得 $\rho=\dfrac{RS}{l}$，因此，只要测出金属丝的长度 $l$、横截面积 $S$ 和金属丝的电阻 $R$，即可求出金属丝的电阻率 $\rho$。

（1）把金属丝接入电路中，用伏安法测金属丝的电阻 $R$（$R=\dfrac{U}{I}$）。电路原理如图 7-1 所示。

（2）用毫米刻度尺测量金属丝的长度 $l$，用螺旋测微器量得金属丝的直径，算出横截面积 $S$。

（3）将测量的数据代入公式 $\rho=\dfrac{RS}{l}$，求金属丝的电阻率。

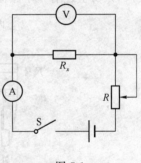

图 7-1

### 三、实验器材

被测金属丝、螺旋测微器、毫米刻度尺、电池组、电流表、电压表、滑动变阻器、开关、导线若干。

### 四、螺旋测微器、游标卡尺的使用

1. 螺旋测微器的构造原理及读数
（1）螺旋测微器的构造

如图 7-2 所示是常用的螺旋测微器。它的测砧 $A$ 和固定刻度 $B$ 固定在尺架 $C$ 上。旋钮 $D$、微调旋钮 $D'$ 和可动刻度 $E$、测微螺杆 $F$ 连在一起，通过精密螺纹套在 $B$ 上。

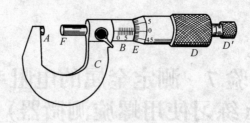

图 7-2

(2) 螺旋测微器的原理

测微螺杆 F 与固定刻度 B 之间的精密螺纹的螺距为 0.5 mm，即旋钮 D 每旋转一周，F 前进或后退 0.5 mm，而可动刻度 E 上的刻度为 50 等分，每转动一小格，F 前进或后退 0.01 mm，即螺旋测微器的精确度为 0.01 mm。读数时估读到毫米的千分位上，因此，螺旋测微器又叫千分尺。

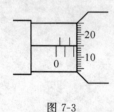

图 7-3

(3) 读数：测量时被测物体长度的整毫米数由固定刻度读出，小数部分由可动刻度读出。

测量值(mm) = 固定刻度数(mm)(注意半毫米刻度线是否露出) + 可动刻度数(估读一位)×0.01(mm)

如图 7-3 所示，固定刻度示数为 2.0 mm，不足半毫米而从可动刻度上读的示数为 15.0，最后的读数为：2.0 mm + 15.0×0.01 mm = 2.150 mm。

2. 游标卡尺（如图 7-4 所示）

(1) 构造：主尺、游标尺（主尺和游标尺上各有一个内外测量爪）、游标尺上还有一个深度尺，尺身上还有一个紧固螺钉。

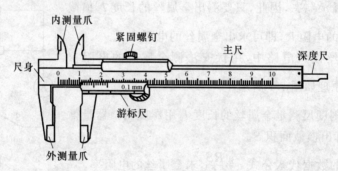

图 7-4

(2) 用途：测量厚度、长度、深度、内径、外径。

(3) 原理：利用主尺的最小分度与游标尺的最小分度的差值制成。

不管游标尺上有多少个小等分刻度，它的刻度部分的总长度比主尺上的同样多的小等分刻度少 1 mm。常见的游标卡尺的游标尺上小等分刻度有 10 个的、20 个的、50 个的，如表 7-1 所示。

表 7-1

| 刻度格数（分度） | 刻度总长度 | 每小格与 1 mm 的差值 | 精确度（可准确到） |
| --- | --- | --- | --- |
| 10 | 9 mm | 0.1 mm | 0.1 mm |
| 20 | 19 mm | 0.05 mm | 0.05 mm |
| 50 | 49 mm | 0.02 mm | 0.02 mm |

(4) 读数：若用 $x$ 表示由主尺上读出的整毫米数，$K$ 表示从游标尺上读出与主尺上某一刻线对齐的游标的格数，则记录结果表达为 $(x+K\times 精确度)$ mm。

## 五、伏安法测电阻

1. 电流表的内接法和外接法的比较（如表 7-2 所示）

表 7-2

| | 内接法 | 外接法 |
|---|---|---|
| 电路图 | 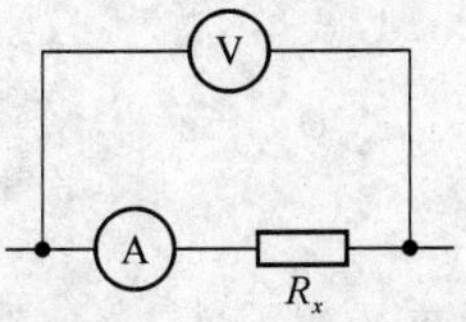 | 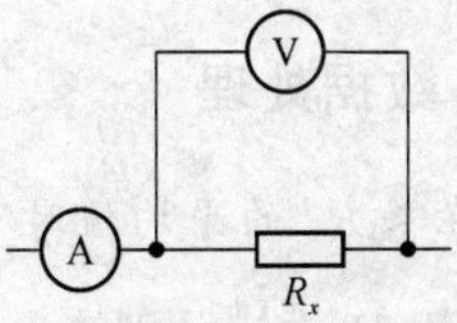 |
| 误差原因 | 电流表分压 $U_{测}=U_x+U_A$ | 电压表分流 $I_{测}=I_x+I_V$ |
| 电阻测量值 | $R_{测}=\dfrac{U_{测}}{I_{测}}=R_x+R_A>R_x$<br>测量值大于真实值 | $R_{测}=\dfrac{U_{测}}{I_{测}}=\dfrac{R_xR_V}{R_x+R_V}<R_x$<br>测量值小于真实值 |
| 适用条件 | $R_A\ll R_x$ | $R_V\gg R_x$ |
| 适用于测量 | 大阻值电阻 | 小阻值电阻 |

2. 两种电路的选择

(1) 阻值比较法：先将待测电阻的估计值与电压表、电流表内阻进行比较，若 $R_x$ 较小，宜采用电流表外接法；若 $R_x$ 较大，宜采用电流表内接法。简单概括为"大内偏大，小外偏小"。

(2) 临界值计算法：

$R_x<\sqrt{R_VR_A}$ 时，用电流表外接法；$R_x>\sqrt{R_VR_A}$ 时，用电流表内接法。

(3) 实验试探法：按图 7-5 所示接好电路，让电压表一根接线柱 $P$ 先后与 $a$、$b$ 处接触一下，如果电压表的示数有较大的变化，而电流表的示数变化不大，则可采用电流表外接法；如果电流表的示数有较大的变化，而电压表的示数变化不大，则可采用电流表内接法。

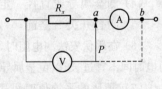

图 7-5

## 六、实验步骤

1. 直径测定

用螺旋测微器在被测金属导线上的三个不同位置各测一次直径，求出其平均值 $d$，计算出导线的横截面积 $S=\dfrac{\pi d^2}{4}$。

2. 电路连接

按如图 7-6 所示的原理电路图连接好用伏安法测电阻的实验电路。

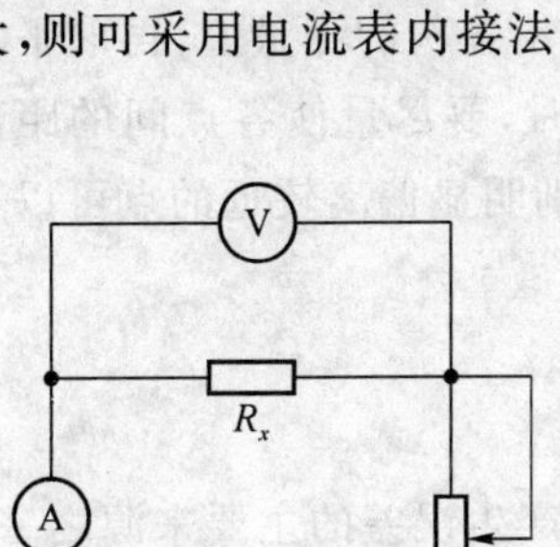

图 7-6

3．长度测量

用毫米刻度尺测量接入电路中的被测金属导线的有效长度,反复测量 3 次,求出其平均值 $l$。

4．$U$、$I$ 测量

把滑动变阻器的滑动片调节到使接入电路中的电阻值最大的位置,电路经检查确认无误后,闭合开关 S,改变滑动变阻器滑动片的位置,读出几组相应的电流表、电压表的示数 $I$ 和 $U$ 的值,记入表格内,断开开关 S。

5．拆去实验线路,整理好实验器材

## 七、数据处理

1．在求 $R_x$ 的平均值时可用两种方法

（1）用 $R_x = \dfrac{U}{I}$ 分别算出各次的数值,再取平均值。

（2）用 $U$-$I$ 图像的斜率求出。

2．计算电阻率

将记录的数据 $R_x$、$l$、$d$ 的值代入电阻率计算式 $\rho = R_x \dfrac{S}{l} = \dfrac{\pi d^2 U}{4lI}$。

## 八、注意事项

（1）本实验中被测金属导线的电阻值较小,因此实验电路一般采用电流表外接法。

（2）实验连线时,应先从电源的正极出发,依次将电源、开关、电流表、待测金属导线、滑动变阻器连成主干线路(闭合电路),然后再把电压表并联在待测金属导线的两端。

（3）测量被测金属导线的有效长度,是指测量待测导线接入电路的两个端点之间的长度,亦即电压表两端点间的待测导线长度,测量时应将导线拉直,反复测量三次,求其平均值。

（4）测金属导线直径一定要选三个不同部位进行测量,求其平均值。

（5）闭合开关 S 之前,一定要使滑动变阻器的滑片处在有效电阻值最大的位置。

（6）在用伏安法测电阻时,通过待测导线的电流强度 $I$ 不宜过大(电流表用 0～0.6 A 量程),通电时间不宜过长,以免金属导线的温度明显升高,造成其电阻率在实验过程中逐渐增大。

（7）求 $R$ 的平均值时可用两种方法:第一种是用 $R=U/I$ 算出各次的测量值,再取平均值;第二种是用图像($U$-$I$ 图像)来求出。若采用图像法,在描点时,要尽量使各点间的距离拉大一些,连线时要尽可能地让各点均匀分布在直线的两侧,个别明显偏离较远的点可以不予考虑。

## 九、误差分析

（1）金属丝的横截面积是利用直径计算而得,直径的测量是产生误差的主要来源之一。

（2）采用伏安法测量金属丝的电阻时,由于采用的是电流表外接法,测量值小于真实值,使电阻率的测量值偏小。

（3）金属丝的长度测量、电流表和电压表的读数等会带来偶然误差。

（4）由于金属丝通电后发热升温,会使金属丝的电阻率变大,造成测量误差。

# 高考命题实例

**【典例分析1】**

[2011·天津高考]某同学测量阻值约为 25 kΩ 的电阻 $R_x$，现备有下列器材：

A. 电流表(量程 100 μA，内阻约 2 kΩ)

B. 电流表(量程 500 μA，内阻约 300 Ω)

C. 电压表(量程 15 V，内阻约 100 kΩ)

D. 电压表(量程 50 V，内阻约 500 kΩ)

E. 直流电源(20 V，允许最大电流 1 A)

F. 滑动变阻器(最大阻值 1 kΩ，额定功率 1 W)

G. 电键和导线若干

电流表应选_____，电压表应选_____(填字母代号)。

该同学正确选择仪器后连接了如图 7-7 所示的电路，为保证实验顺利进行，并使测量误差尽量减小，实验前请你检查该电路，指出电路在接线上存在的问题。

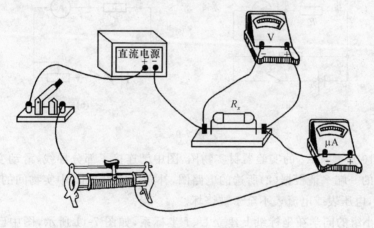

图 7-7

① _____ ；

② _____ 。

[解析] 直流电源的电压为 20 V，为了提高读数准确度应该选择电压表 C，因此待测电阻两端电压不得超过 15 V，则通过的电流不超过 $I=\dfrac{U}{R_x}=\dfrac{15\text{ V}}{25\text{ kΩ}}=600\ \mu\text{A}$，电流表应该选 B。为了减小误差，电流表应采用内接法，因为滑动变阻器的阻值远小于待测电阻的阻值，若串联，限流效果不明显，应该采用分压接法接入电路。

[答案] B C ①电流表应采用内接法 ②滑动变阻器应采用分压式接法

**【典例分析2】**

[2012·北京高考]在"测定金属的电阻率"实验中，所用测量仪器均已校准。待测金属

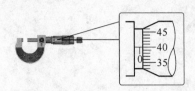

丝接入电路部分的长度约为 50 cm。

(1) 用螺旋测微器测量金属丝的直径,其中某一次测量结果如图 7-8 所示,其读数应为 _____ mm(该值接近多次测量的平均值)。

图 7-8

(2) 用伏安法测金属丝的电阻 $R_x$。实验所用器材为:电池组(电动势 3 V,内阻约 1 Ω)、电流表(内阻约 0.1 Ω)、电压表(内阻约 3 kΩ)、滑动变阻器 $R$(0~20 Ω,额定电流 2 A)、开关、导线若干。某小组同学利用以上器材正确连接好电路,进行实验测量,记录数据如表 7-3 所示。

表 7-3

| 次数 | 1 | 2 | 3 | 4 | 5 | 6 | 7 |
| --- | --- | --- | --- | --- | --- | --- | --- |
| U/V | 0.10 | 0.30 | 0.70 | 1.00 | 1.50 | 1.70 | 2.30 |
| I/A | 0.020 | 0.060 | 0.160 | 0.220 | 0.340 | 0.460 | 0.520 |

由以上实验数据可知,他们测量 $R_x$ 是采用图 7-9 中的 _____ 图(选填"a"或"b")。

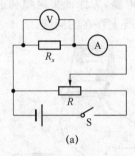

图 7-9

(3) 图 7-10 是测量 $R_x$ 的实验器材实物图,图中已连接了部分导线,滑动变阻器的滑片 P 置于变阻器的一端。请根据(2)所选的电路图,补充完成图 7-10 中实物间的连线,并使闭合开关的瞬间,电压表或电流表不至于被烧坏。

(4) 这个小组的同学在坐标纸上建立 U、I 坐标系,如图 7-11 所示,图中已标出了与测量数据对应的 4 个坐标点。请在图中标出第 2、4、6 次测量数据的坐标点,并描绘出 U-I 图像。由图像得到金属丝的阻值 $R_x$ = _____ Ω(保留两位有效数字)。

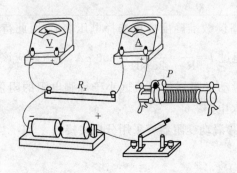

图 7-10

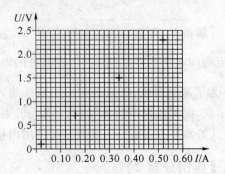

图 7-11

(5)根据以上数据可以估算出金属丝电阻率约为_____(填选项前的符号)。

A. $1×10^{-2}$ Ω·m　B. $1×10^{-3}$ Ω·m　C. $1×10^{-6}$ Ω·m　D. $1×10^{-8}$ Ω·m

(6)任何实验测量都存在误差。本实验所用测量仪器均已校准。下列关于误差的说法中正确的选项是_____(有多个正确选项)。

A. 用螺旋测微器测量金属丝直径时,由于读数引起的误差属于系统误差

B. 由于电流表和电压表内阻引起的误差属于偶然误差

C. 若将电流表和电压表的内阻计算在内,可以消除由测量仪表引起的系统误差

D. 用 U-I 图像处理数据求金属丝电阻可以减小偶然误差

[解析]　(1)螺旋测微器的读数为 0 mm+39.7×0.01 mm=0.397 mm。

(2)通过给定的数据发现电压接近从 0 开始,故滑动变阻器采用的是分压式接法。

(3)对滑动变阻器的分压式接法,连线时应使测量电路在开始时分到的电压为 0。

(4)图像应过原点,且使大多数点在一条直线上,不在直线上的点均匀分布在直线两侧。图像的斜率反映了金属丝的电阻,所以 $R_x$=4.5 Ω。

(5)由 $R=ρl/S, S=π(d/2)^2$,取 $d=4×10^{-4}$ m、$l=0.5$ m、$R=4.5$ Ω,解出 $ρ≈1×10^{-6}$ Ω·m。

(6)由于读数引起的误差属于偶然误差,选项 A 错误;由于电流表、电压表内阻引起的误差为系统误差,若将电流表和电压表的内阻计算在内,则可以消除系统误差,选项 B 错误,选项 C 正确;利用 U-I 图像处理数据,相当于多次测量取平均值,可以减小偶然误差,选项 D 正确。

[答案]　(1)0.397(0.395~0.399 均可)　(2)甲　(3)如图 7-12(a)所示

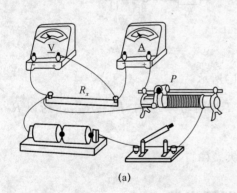
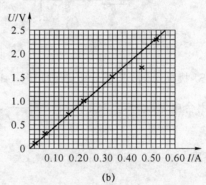

图 7-12

(4)如图(b)所示　4.5(4.3~4.7 均可)　(5)C　(6)CD

## 【典例分析 3】

[2012·广东高考]某同学测量一个圆柱体的电阻率,需要测量圆柱体的尺寸和电阻。

(1)分别使用游标卡尺和螺旋测微器测量圆柱体的长度和直径,某次测量的示数如图 7-13(a)和(b)所示,长度为_____cm,直径为_____mm。

(2)按图 7-13(c)连接电路后,实验操作如下:

①将滑动变阻器 $R_1$ 的阻值置于最_____处(填"大"或"小");将 $S_2$ 拨向接点 1,闭合 $S_1$,调节 $R_1$,使电流表示数为 $I_0$。

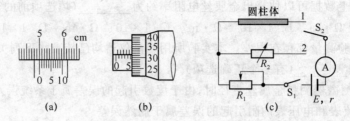

图 7-13

② 将电阻箱 $R_2$ 的阻值调至最_____（填"大"或"小"），将 $S_2$ 拨向接点 2；保持 $R_1$ 不变，调节 $R_2$，使电流表示数仍为 $I_0$，此时 $R_2$ 阻值为 1 280 Ω。

(3) 由此可知，圆柱体的电阻为_____Ω。

[解析]（1）游标卡尺的精度为 0.1 mm，所以 $L=(50+1\times0.1)$ mm＝5.01 cm，螺旋测微器的读数为 $d=(5+31.5\times0.01)$ mm＝5.315 mm。

(2) ① 为了保护电流表，在接通电路之前，要使电路中的总电阻尽可能大，然后慢慢减小电路中的电阻。

② 为使电路电流较小，使电流表示数逐渐变大，电阻箱阻值也应先调至最大。

(3) 将 $S_1$ 闭合，$S_2$ 拨向接点 1 时，其等效电路图如图 7-14(a)所示。

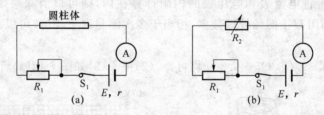

图 7-14

当 $S_2$ 拨向 2 时，其等效电路图如图 7-14(b)所示。

由闭合电路欧姆定律知 $I=\dfrac{E}{R_1+R+r}$，当 $I$ 相同均为 $I_0$ 时，$R_2=R_{圆柱体}$，所以 $R_{圆柱体}=$ 1 280 Ω。

[答案]（1）5.01  5.315  （2）①大  ②大  （3）1 280

## 高考链接创新点拨

### 一、本题创新点分析

1. 源于教材——本例同样是运用电阻率公式，测出金属的电阻、长度以及直径（横截面积），来进一步确定金属材料的电阻率，都使用了螺旋测微器测量金属的直径。

2. 高于教材——本实验与教材原实验有所不同，主要体现在以下几个方面：

① 原实验测量的是金属丝的电阻率而本实验测量的是圆柱体金属的电阻率；

② 原实验在测量金属长度时使用直尺，而本实验使用游标卡尺，这样一起考查了游标卡尺的读数问题；

③ 原实验在测量金属电阻时使用的电路原理是伏安法,而本实验题运用了等效替代的方法,考查了等效替代法的实验原理、操作方法及注意事项等。

## 二、本实验还可以从以下方面进行改进创新

### (一) 数据处理

1. 如果要测圆桶形薄片的电阻率,实验应如何改进?

提示:要测量圆桶形薄片的电阻率,可将圆桶展开,相当于测量薄的长方体的电阻率。

2. 要想测量液体的电阻率,则该实验如何操作?

提示:要测量液体的电阻率,可将液体装入长方体或圆柱体的容器,进行测量。

### (二) 实验原理的创新

本实验还可以用什么方法测量金属的电阻值?

提示:测量电阻时还可以使用半偏法、多用电表直接测量、电桥法、双电流表法、双电压表法等。

### (三) 实验器材的创新

如果没有螺旋测微器而只给直尺,应如何测量电阻丝的直径?

提示:可将电阻丝紧密的缠绕在圆柱形铅笔上 30~50 匝,测量总长度;然后求出直径。

## 高考真题同步训练

1. 在"探究决定导线电阻的因素"的实验中,以下操作中错误的是( )

A. 用米尺测量金属丝的全长,且测量三次,算出其平均值,然后再将金属丝接入电路中

B. 用螺旋测微器在金属丝三个不同部位各测量一次直径,算出其平均值

C. 用伏安法测电阻时采用电流表内接法,多次测量后算出平均值

D. 实验中应保持金属丝的温度不变

2. [2015·海南卷 11]某同学利用游标卡尺和螺旋测微器分别测量一圆柱体工件的直径和高度,测量结果如图 7-15(a)和(b)所示。该工件的直径为_____ cm,高度为_____ mm。

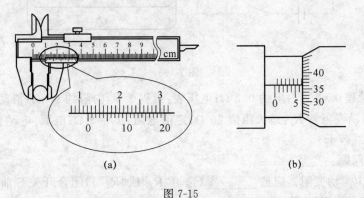

图 7-15

3. [2012·安徽模拟]待测电阻 $R_x$ 的阻值约为 20 Ω,现要测量其阻值,实验室提供器材如下:

A. 电流表 $A_1$(量程 150 mA,内阻约为 10 Ω)

B. 电流表 $A_2$(量程 20 mA,内阻 $r_2$=30 Ω)

C. 电压表 V(量程 15 V,内阻约为 3 000 Ω)

D. 定值电阻 $R_0$=100 Ω

E. 滑动变阻器 $R_1$,最大阻值为 5 Ω,额定电流为 1.0 A

F. 滑动变阻器 $R_2$,最大阻值为 5 Ω,额定电流为 0.5 A

G. 电源 $E$,电动势 $E$=4 V(内阻不计)

H. 电键 S 及导线若干

(1) 为了使电表调节范围较大,测量准确,测量时电表读数不得小于其量程的 1/3,请从所给的器材中选择合适的实验器材_____(均用器材前对应的序号字母填写)。

(2) 根据你选择的实验器材,请你在虚线框内画出测量 $R_x$ 的最佳实验电路图并标明元件符号。

(3) 待测电阻的表达式为 $R_x$=_____,式中各符号的物理意义为_____
_____。

4. [2014·山东卷 22]实验室购买了一捆标称长度为 100 m 的铜导线,某同学想通过实验测定其实际长度。该同学首先测得导线横截面积为 1.0 mm²,查得铜的电阻率为 $1.7×10^{-8}$ Ω·m,再利用图 7-16(a)所示电路测出铜导线的电阻 $R_x$,从而确定导线的实际长度。

可供使用的器材有:

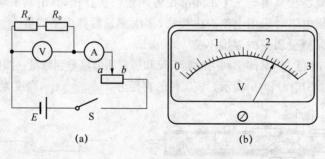

图 7-16

电流表:量程 0.6 A,内阻约 0.2 Ω;电压表:量程 3 V,内阻约 9 kΩ;滑动变阻器 $R_1$:最大阻值 5 Ω;滑动变阻器 $R_2$:最大阻值 20 Ω;定值电阻:$R_0$=3 Ω;电源:电动势 6 V,内阻可不计;开关、导线若干。

回答下列问题:

(1) 实验中滑动变阻器应选_____(选填"$R_1$"或"$R_2$"),闭合开关 S 前应将滑片移至_____端(选填"$a$"或"$b$")。

(2) 在实物图 7-17 中,已正确连接了部分导线,请根据图 7-16(a)电路完成剩余部分的连接。

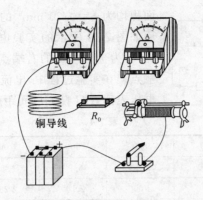

图 7-17

(3) 调节滑动变阻器,当电流表的读数为 0.50 A 时,电压表示数如图 7-16(b)所示,读数为_____V。

(4) 导线实际长度为_____m(保留 2 位有效数字)。

5. [2012·浙江调研]用伏安法测量金属丝的电阻(阻值在 3～9 Ω 之间),现提供图 7-18(a)所示的实验器材。实验要求获得多组数据,且金属丝上所加的电压须从零开始。

(1) 请在图(a)中选择必要的器材,并进行连线。

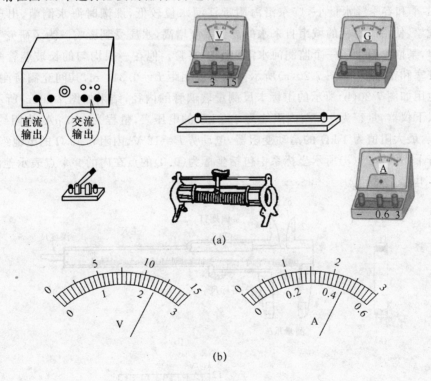

图 7-18

(2) 某次实验测量时,两表均选用小量程。表面刻度及指针如图 7-18(b)所示,则该金属丝的电阻值为_____。

6. 在"探究导体电阻与其影响因素的定量关系"实验中,为了探究 3 根材料未知,横截

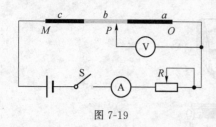

图 7-19

面积均为 $S=0.20 \text{ mm}^2$ 的金属丝 $a$、$b$、$c$ 的电阻率,采用如图 7-19 所示的实验电路。$M$ 为金属丝 $c$ 的左端点,$O$ 为金属丝 $a$ 的右端点,$P$ 是金属丝上可移动的接触点。在实验过程中,电流表读数始终为 $I=1.25$ A。电压表读数 $U$ 随 $OP$ 间距离 $x$ 的变化如表 7-4 所示。

表 7-4

| $x$/mm | 600 | 700 | 800 | 900 | 1 000 | 1 200 | 1 400 |
|---|---|---|---|---|---|---|---|
| $U$/V | 3.95 | 4.50 | 5.10 | 5.90 | 6.50 | 6.65 | 6.82 |
| $x$/mm | 1 600 | 1 800 | 2 000 | 2 100 | 2 200 | 2 300 | 2 400 |
| $U$/V | 6.93 | 7.02 | 7.15 | 7.85 | 8.50 | 9.05 | 9.75 |

(1) 绘出电压表读数 $U$ 随 $OP$ 间距离 $x$ 变化的图像。
(2) 求出金属丝的电阻率 $\rho$,并进行比较。

7. 冬季和春季降水量小,广东沿海附近江河水位较低,涨潮时海水倒灌,出现所谓的"咸潮"现象,使沿海地区的城市自来水的离子浓度增高,水质受到影响。为了研究"咸潮"出现的规律,某同学设计了一个监测河水电阻率的实验。他在一根均匀的长玻璃管两端装上两个橡胶塞和铂电极,如图 7-20(a)所示。两电极相距 $L=0.314$ m,其间充满待测的河水。安装前他用如图 7-20(b)所示的游标卡尺测量玻璃管的内径,结果如图 7-20(c)所示。他还选用了以下仪器:量程为 15 V、内阻约为 300 kΩ 的电压表,量程为 300 μA、内阻约为 50 Ω 的电流表,最大阻值为 1 kΩ 的滑动变阻器,电动势 $E=12$ V、内阻 $r=6$ Ω 的电池组,开关以及导线若干。图 7-20(d)所示坐标系中包括坐标为 (0,0) 的点在内的 9 个点表示他测得的 9 组电流 $I$、电压 $U$ 的值。

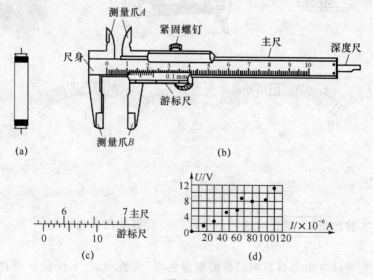

图 7-20

根据以上材料完成下列问题。

(1) 测量玻璃管的内径时，应用图 7-20(b) 所示的游标卡尺的 $A$、$B$、$C$ 三部分中的 _____ 部分与玻璃管内壁接触（填代号）。

(2) 由图 7-20(c) 可知，玻璃管的内径 $d=$ _____ mm。

(3) 待测河水的电阻率 $\rho$ 为多大？（写出推导和计算过程，结果保留两位有效数字）

(4) 如图 7-21 所示的仪器已部分连线，请将其他部分连接成能测出图 7-20(d) 中数据的实物连接图。

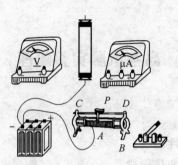

图 7-21

(5) 开关闭合前滑动变阻器的滑片应先滑至 _____ 端。

# 实验 8　描绘小电珠的伏安特性曲线

## 高考本源实验梳理

### 一、实验目的

(1) 描绘小电珠的伏安特性曲线。
(2) 分析伏安特性曲线的变化规律。

### 二、实验原理

用电流表测出流过小电珠的电流,用电压表测出小电珠两端的电压,测出多组$(U,I)$值,在 $U$-$I$ 坐标系中描出各对应点,用一条平滑的曲线将这些点连起来。

### 三、实验器材

小电珠(3.8 V,0.3 A)或(2.5 V,0.6 A)一个、电压表(0～3 V～15 V)与电流表(0～0.6 A～3 A)各一个、滑动变阻器(最大阻值 20 Ω)一个、学生低压直流电源(或电池组)、开关一个、导线若干、坐标纸、铅笔。

### 四、滑动变阻器的限流接法和分压接法

1. 两种接法比较(如表 8-1 所示)

表 8-1

| 内容 \ 方式 | 限流接法 | 分压接法 | 对比说明 |
| --- | --- | --- | --- |
| 两种接法电路图 | 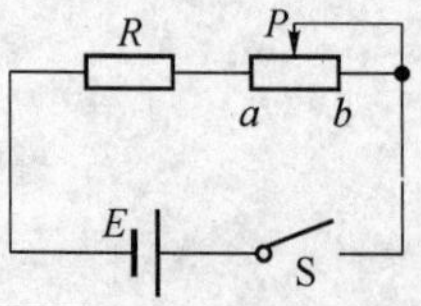 (电路图) | 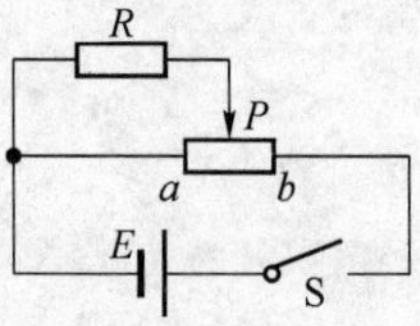 (电路图) | 串、并联关系不同 |
| 负载 $R$ 上电压调节范围 | $\dfrac{RE}{R+R_0}\leqslant U\leqslant E$ | $0\leqslant U\leqslant E$ | 分压电路调节范围大 |
| 负载 $R$ 上电流调节范围 | $\dfrac{E}{R+R_0}\leqslant I\leqslant \dfrac{E}{R}$ | $0\leqslant I\leqslant \dfrac{E}{R}$ | 分压电路调节范围大 |
| 闭合 S 前触头位置 | $b$ 端 | $a$ 端 | 都是为了保护电路元件 |

由表 8-1 可以看出：滑动变阻器的分压式接法中，电压和电流的调节范围很大，限流式接法较节能。

2．两种接法的选择

(1) 选择不同接法的原则
- 安全性原则
  - 不超量程
  - 在允许通过的最大电流以内
  - 电表、电源不接反
- 方便性原则
  - 便于调节
  - 便于读数
- 经济性原则：损耗能量最小

(2) 两种接法的适用条件

限流式接法适合测量阻值小的电阻（跟滑动变阻器的总电阻相比相差不多或比滑动变阻器的总电阻还小）。

分压式接法适合测量阻值较大的电阻（一般比滑动变阻器的总电阻要大）。

如果 $R_x$ 很小，限流式接法中滑动变阻器分得电压较大，调节范围也比较大。$R_x$ 很大时，分压式接法中 $R_x$ 几乎不影响电压的分配，滑片移动时，电压变化接近线性关系，便于调节。

① 若采用限流式接法不能控制电流满足实验要求，即若滑动变阻器阻值调到最大时，待测电阻上的电流（或电压）仍超过电流表（或电压表）的量程，或超过待测电阻的额定电流（或电压），则必须选用分压式接法。

② 若待测电阻的阻值比滑动变阻器总电阻大得多，以致在限流电路中，滑动变阻器的滑片从一端滑到另一端时，待测电阻上的电流或电压变化范围不够大，此时，应改用分压电路。

③ 若实验中要求电压从零开始调节，则必须采用分压式电路。

④ 两种电路均可使用的情况下，应优先采用限流式接法，因为限流式接法电路简单、耗能低。

## 五、实验步骤

(1) 确定电流表、电压表的量程，采用电流表外接法，滑动变阻器采用分压式接法，按图 8-1 中的原理图连接好实验电路。

(2) 把滑动变阻器的滑片调节到图 8-1 中最左端，接线经检查无误后，闭合开关 S。

(3) 移动滑动变阻器滑片位置，测出 12 组左右不同的电压值 $U$ 和电流值 $I$，并将测量数据填入表 8-2 中，断开开关 S。

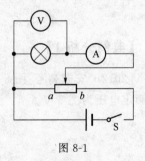

图 8-1

表 8-2

| $U$(V) | 0 | 0.2 | 0.4 | 0.6 | 0.8 | 1.0 | 1.2 |
|---|---|---|---|---|---|---|---|
| $I$(A) | | | | | | | |
| $U$(V) | 1.6 | 2.0 | 2.4 | 2.8 | 3.2 | 3.6 | 3.8 |
| $I$(A) | | | | | | | |

(4) 拆除电路，整理仪器。

## 六、数据处理

(1) 在坐标纸上以 $U$ 为横轴,以 $I$ 为纵轴,建立坐标系。

(2) 在坐标纸上描出各组数据所对应的点(坐标系纵轴和横轴的标度要适中,以使所描图像充分占据整个坐标纸为宜)。

(3) 将描出的点用平滑的曲线连接起来,就得到小电珠的伏安特性曲线。

## 七、注意事项

(1) 电路的连接方式

① 电流表应采用外接法:因为小电珠(3.8 V,0.3 A)的电阻很小,与 0～0.6 A 的电流表串联时,电流表的分压影响很大。

② 滑动变阻器应采用分压式连接:目的是使小电珠两端的电压能从零开始连续变化。

(2) 闭合开关 S 前,滑动变阻器的触头应移到使小电珠分得电压为零的一端,使开关闭合时小电珠的电压从零开始变化,同时也是为了防止开关刚闭合时因小电珠两端电压过大而烧坏灯丝。

(3) $I$-$U$ 图像在 $U_0=1.0$ V 左右将发生明显弯曲,故在 $U=1.0$ V 左右绘点要密,以防出现较大误差。

(4) 当小电珠的电压接近额定值时要缓慢增加,到额定值记录 $I$ 后马上断开开关。

(5) 误差较大的点要舍去,$I$-$U$ 图像应是平滑曲线而非折线。

## 八、误差分析

(1) 由于电压表、电流表不是理想电表,电表内阻对电路的影响会带来误差。

(2) 电流表、电压表的读数带来误差,要严格按照读数规则读数。

(3) 在坐标纸上描点、作图带来操作误差。

# 高考命题实例

## 【典例分析 1】

[2012·安徽高考]图 8-2 为"测绘小灯泡伏安特性曲线"实验的实物电路图,已知小灯泡额定电压为 2.5 V。

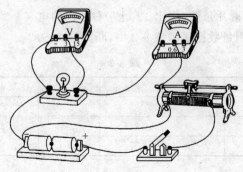

图 8-2

(1) 完成下列实验步骤：

① 闭合开关前，调节滑动变阻器的滑片，_____。

② 闭合开关后，逐渐移动变阻器的滑片，_____。

③ 断开开关，……根据实验数据作出小灯泡灯丝的伏安特性曲线。

(2) 在虚线框中画出与实物电路相应的电路图。

[解析] （1）①滑动变阻器在最左端时，小灯泡电压最小，为了保护小灯泡不被烧坏，因此在闭合开关前，滑动变阻器的滑片应处在最左端。②在调节滑动变阻器时，应注意电压表的示数，不能超过小灯泡的额定电压。

[答案] （1）① 使它靠近变阻器左端的接线柱

② 增加小灯泡两端的电压，记录电流表和电压表的多组读数，直至电压达到额定电压

(2) 如图 8-3 所示

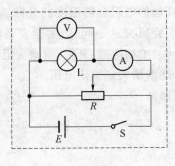

图 8-3

**【典例分析 2】**

[2015·浙江卷] 图 8-4(a)是小红同学在做"描绘小灯泡的伏安特性曲线"实验的实物连接图。

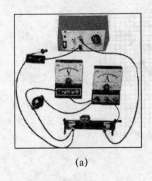
(a)

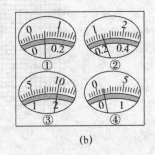
(b)

图 8-4

(1) 根据图(a)画出实验电路图。

(2) 调节滑动变阻器得到了两组电流表与电压表的示数如图(b)中的①、②、③、④所示，电流表量程为0.6 A，电压表量程为3 V。所示读数为：①_____，②_____，③_____，④_____。两组数据得到的电阻分别为_____和_____。

[答案] (1) 如图8-5所示

(2) ①0.10 A  ②0.24 A  ③2.00 V  ④0.27 V  (8.3±0.1)Ω  (2.7±0.1)Ω

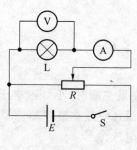

图8-5

**【典例分析3】**

[2012·丹东调研]小灯泡灯丝的电阻会随温度的升高而变大，因而引起功率变化。一研究性学习小组在实验室通过实验研究这一问题，实验室备有的器材是：电压表(0～3 V，约3 kΩ)、电流表(0～0.6 A，约0.1 Ω)、电池、开关、滑动变阻器、待测小灯泡、导线若干。实验时，要求小灯泡两端电压从0逐渐增大到额定电压。

(1) 在虚线框内画出实验电路图。

(2) 根据实验测得数据描绘出如图8-6所示的 $U$-$I$ 图像，小灯泡电压随电流变化曲线，由此可知，小灯泡电阻 $R$ 随温度的升高而_____(填：变大、不变、变小)。

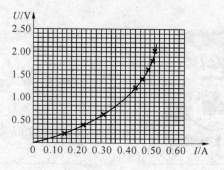

图8-6

(3) 如果一电池的电动势为2 V，内阻为2.5 Ω。请你根据上述实验的结果，确定小灯泡接在该电池的两端，小灯泡的实际功率是_____W。

[解析] 根据题目要求,小灯泡两端电压从 0 逐渐增大到额定电压,应该设计成分压电路;由于小灯泡电阻不大,电流表外接。由小灯泡电压随电流变化曲线可知,图像上点的纵横坐标比值随电流的增大而增大,说明小灯泡的电阻 $R$ 随电流的增大而增大。而电流增大则导致灯丝温度升高,所以小灯泡的电阻 $R$ 随温度 $T$ 升高而增大。在题给的小灯泡电压随电流变化曲线上作出电池的伏安特性曲线,该曲线与小灯泡电压随电流变化曲线的交点对应的纵横坐标值(0.40,1.10)即为小灯泡的电压和电流,小灯泡的实际功率是 $P=UI=1.10\times 0.40$ W$=0.44$ W,如图 8-7 所示。

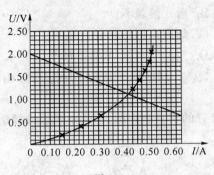

图 8-7

[答案] (1)实验电路图如图 8-8 所示。

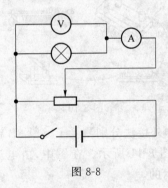

图 8-8

(2)变大 (3)0.44 (0.39~0.48 都得分)

## 高考链接创新点拨

### 一、本题创新点分析

1. 源于教材——本例所用的器材和实验电路图与教材实验是相同的。
2. 高于教材——本例的实验目的不是描绘小灯泡的伏安特性曲线,而是研究功率的变化规律。

### 二、本实验还可以从以下方面进行改进创新,实验器材的创新

如何测定和描绘一只标有"220 V,40 W"的白炽灯丝的伏安特性曲线?
**提示**:可以利用交流电及可调变压器来进行测定。

## 高考真题同步训练

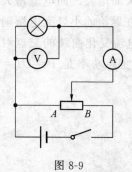

图 8-9

1. 在描绘小灯泡的伏安特性曲线时,采用如图 8-9 所示的电路,实验中发现移动滑动变阻器的滑片时,电流表的示数变化而电压表的指针不动,下列原因可能的是(　　)

A. 灯泡中灯丝已烧断
B. 滑片接触不良
C. 灯泡内部短路
D. 滑动变阻器 A 端接触不良

2. [2014·浙江卷 22]小明对 2B 铅笔芯的导电性能感兴趣,于是用伏安法测量其电阻值。

(1) 图 8-10 是部分连接好的实物电路图,请用电流表外接法完成接线并在图中画出。

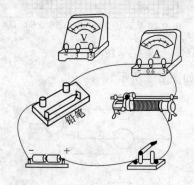

图 8-10

(2) 小明用电流表内接法和外接法分别测量了一段 2B 铅笔芯的伏安特性,并将得到的电流、电压数据描到 U-I 图上,图 8-11 所示。在图中,由电流表外接法得到的数据点是用_____(选填"○"或"×")表示的。

(3) 请你选择一组数据点,在图 8-11 上用作图法作图,并求出这段铅笔芯的电阻为_____Ω。

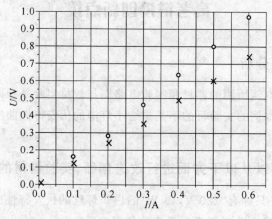

图 8-11

3. [2011·广东高考]在"描绘小电珠的伏安特性曲线"实验中,所用器材有:小电珠(2.5 V,0.6 W)、滑动变阻器、多用电表、电流表、学生电源、开关、导线若干。

(1)粗测小电珠的电阻,应选择多用电表_____倍率的电阻挡(请填写"×1""×10"或"×100");调零后,将表笔分别与小电珠的两极连接,示数如图8-12(a)所示,结果为_____Ω。

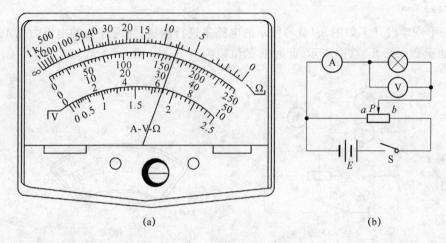

图 8-12

(2)实验中使用多用电表测量电压,请根据实验原理图 8-12(b)完成实物图 8-13 中的连线。

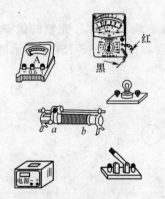

图 8-13

(3)开关闭合前,应将滑动变阻器的滑片 P 置于_____端。为使小电珠亮度增加,P 应由中点向_____端滑动。

(4)表 8-3 为电压等间隔变化测得的数据,为了获得更准确的实验图像,必须在相邻数据点_____间多测几组数据(请填写"ab""bc""cd""de"或"ef")。

表 8-3

| 数据点 | a | b | c | d | e | f |
| --- | --- | --- | --- | --- | --- | --- |
| U/V | 0.00 | 0.50 | 1.00 | 1.50 | 2.00 | 2.50 |
| I/A | 0.000 | 0.122 | 0.156 | 0.185 | 0.216 | 0.244 |

4. [2012·四川高考]某学习小组的同学拟探究小灯泡 L 的伏安特性曲线,可供选用的器材如下:

小灯泡 L,规格"4.0 V,0.7 A";电流表 $A_1$,量程 3 A,内阻约为 0.1 Ω;电流表 $A_2$,量程 0.6 A,内阻 $r_2=0.2$ Ω;电压表 V,量程 3 V,内阻 $r_V=9$ kΩ;标准电阻 $R_1$,阻值 1 Ω;标准电阻 $R_2$,阻值 3 kΩ;滑动变阻器 R,阻值范围 0~10 Ω;学生电源 E,电动势 6 V,内阻不计;开关 S 及导线若干。

(1) 甲同学设计了如图 8-14(a)所示的电路来进行测量,当通过 L 的电流为 0.46 A 时,电压表的示数如图 8-14(b)所示,此时 L 的电阻为_____ Ω。

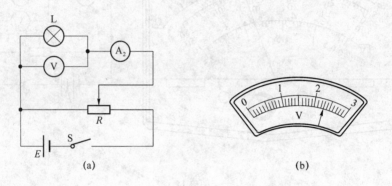

图 8-14

(2) 乙同学又设计了如图 8-15(a)所示的电路来进行测量,电压表指针指在最大刻度时,加在 L 上的电压值是_____ V。

(3) 学习小组认为要想更准确地描绘出 L 完整的伏安特性曲线,需要重新设计电路。请你在乙同学的基础上利用所供器材,在图 8-15(b)所示的虚线框内补画出实验电路图。并在图上标明所选器材代号。

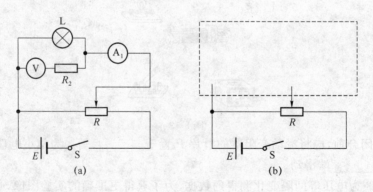

图 8-15

5. [2015·广东卷]某实验小组研究两个未知元件 X 和 Y 的伏安特性,使用的器材包括电压表(内阻约为 3 kΩ)、电流表(内阻约为 1 Ω)、定值电阻等。

① 使用多用电表粗测元件 X 的电阻。选择"×1"欧姆挡测量,示数如图 8-16(a)所示,读数为_____ Ω。据此应选择图 8-16 中的_____(填"b"或"c")电路进行实验。

② 连接所选电路,闭合 S;滑动变阻器的滑片 P 从左向右滑动,电流表的示数逐渐

_____(填"增大"或"减小");依次记录电流及相应的电压;将元件 X 换成元件 Y,重复实验。

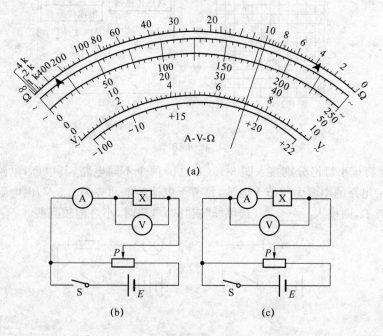

图 8-16

③ 图 8-17(a)是根据实验数据作出的 U-I 图像,由图可判断元件_____(填"X"或"Y")是非线性元件。

④ 该小组还借助 X 和 Y 中的线性元件和阻值 $R=21$ Ω 的定值电阻,测量待测电池的电动势 $E$ 和内阻 $r$,电路如图 8-17(b)所示。闭合 $S_1$ 和 $S_2$,电压表读数为 3.00 V;断开 $S_2$,读数为 1.00 V。利用图 8-17(a)可算得 $E=$_____V,$r=$_____Ω(结果均保留两位有效数字,视电压表为理想电压表)。

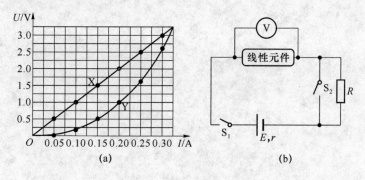

图 8-17

6. [2013·郑州模拟]如图 8-18(a)所示为某同学实验得到的小灯泡灯丝电阻的 $U$-$I$ 关系曲线图。

(1) 在图 8-18(b)中画出实验电路图(根据该电路图可得到 $U$-$I$ 关系的完整曲线),可用的器材有:电压传感器、电流传感器、滑动变阻器(变化范围 0~50 Ω)、电动势为 6 V 的电源(不计内阻)、小灯泡、电键、导线若干。

85

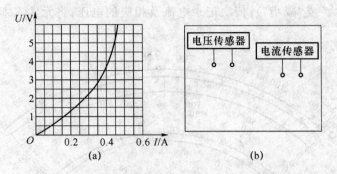

图 8-18

(2)如果将该小灯泡分别接入图 8-19(a)、(b)两个不同电路,其中(a)电路的电源为一节干电池,(b)电路的电源为三节干电池,每节干电池的电动势为 1.5 V,内电阻为 1.5 Ω,定值电阻 $R=18$ Ω,则接入_____(选填"a"或"b")电路时,小灯泡较亮些。

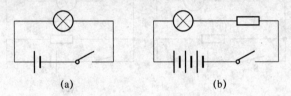

图 8-19

(3)在电路 8-19(b)中,小灯泡消耗的电功率为_____ W。

(4)若将电路 8-19(b)中的电阻 $R$ 替换为另一个完全相同的小灯泡,其他条件不变,则此时电源内部的发热功率为_____ W。

# 实验9　测定电源电动势和内阻

## 高考本源实验梳理

### 一、实验目的
(1)掌握用电压表和电流表测量电源电动势和内阻的方法。
(2)学会用图像法求电源的电动势和内阻。

### 二、实验原理
1. 实验依据
闭合电路欧姆定律。
2. 实验电路
如图9-1所示。
3. $E$ 和 $r$ 的求解

由 $U=E-Ir$，得：$\begin{cases} U_1=E-I_1r \\ U_2=E-I_2r \end{cases}$，解得：$\begin{cases} E=\dfrac{I_1U_2-I_2U_1}{I_1-I_2} \\ r=\dfrac{U_2-U_1}{I_1-I_2} \end{cases}$

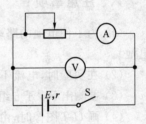

图9-1

4. 作图法数据处理
如图9-2所示。

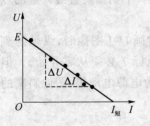

图9-2

(1)图像与纵轴交点为 $E$。

(2)图像与横轴交点为 $I_{短}=\dfrac{E}{r}$。

(3)图像的斜率绝对值表示 $r=\left|\dfrac{\Delta U}{\Delta I}\right|$。

### 三、实验器材
电池(被测电源)、电压表、电流表、滑动变阻器、开关、导线、坐标纸、刻度尺、铅笔等。

### 四、实验步骤
(1)电流表用0.6 A量程,电压表用3 V量程,按图连接好电路。

(2) 把变阻器的滑片移动到使阻值最大的一端。

(3) 闭合开关,调节变阻器,使电流表有明显示数并记录一组数据($I_1$,$U_1$)。用同样方法测量出多组 $I$,$U$ 值。填入表 9-1 中。

表 9-1

|  | 第1组 | 第2组 | 第3组 | 第4组 | 第5组 | 第6组 |
|---|---|---|---|---|---|---|
| $U/V$ |  |  |  |  |  |  |
| $I/A$ |  |  |  |  |  |  |

(4) 断开开关,拆除电路,整理好器材。

### 五、数据处理

本实验中数据的处理方法:一是联立方程求解的公式法,二是描点画图法。

方法一:联立六组对应的 $U$、$I$ 数据,数据满足关系式 $U_1=E-I_1r, U_2=E-I_2r, U_3=E-I_3r\cdots$ 让第 1 式和第 4 式联立方程,第 2 式和第 5 式联立方程,第 3 式和第 6 式联立方程,这样解得三组 $E$、$r$,取其平均值作为电池的电动势 $E$ 和内阻 $r$ 的大小。

方法二:在坐标纸上以路端电压 $U$ 为纵轴、干路电流 $I$ 为横轴建立 $U$-$I$ 坐标系,在坐标平面内描出各组 $(I,U)$ 值所对应的点,然后尽量多地通过这些点作一条直线,不在直线上的点大致均匀分布在直线两侧,则直线与纵轴交点的纵坐标值即是电池电动势的大小(一次函数的纵轴截距),直线的斜率绝对值即为电池的内阻 $r$,即 $r=\left|\dfrac{\Delta U}{\Delta I}\right|$。

### 六、注意事项

(1) 为了使电池的路端电压变化明显,电池的内阻宜大些(选用已使用过一段时间的干电池)。

(2) 在实验时,电流不能过大,通电时间不能太长,以免对 $E$ 与 $r$ 产生较大影响。

(3) 要测出不少于 6 组的 $(I,U)$ 数据,且变化范围要大些,然后用方程组求解,并求平均值。

(4) 画 $U$-$I$ 图像时,由于读数的偶然误差,描出的点不在一条直线上,在作图时应使图像通过尽可能多的点,并使不在直线上的点均匀分布在直线的两侧,个别偏离直线太远的点可舍去。这样就可使偶然误差得到部分抵消,从而提高精确度。

(5) 由于干电池的内阻较小,路端电压 $U$ 的变化也较小,这时画 $U$-$I$ 图像时,纵轴的刻度可以不从零开始,而是根据测得的数据从某一恰当值开始(横坐标 $I$ 必须从零开始)。但这时图像和横轴的交点不再是短路电流,而图像与纵轴的截距仍为电源电动势,图像斜率的绝对值仍为内阻。

### 七、误差分析

1. 偶然误差

(1) 由读数不准和电表线性不良引起误差。

(2) 用图像法求 $E$ 和 $r$ 时,由于作图不准确造成的误差。

(3) 测量过程中通电时间过长或电流过大,都会引起 $E$、$r$ 变化。

## 2. 系统误差

由于电压表和电流表内阻影响而导致的误差。

(1) 如图 9-3(a)所示,在理论上 $E=U+(I_V+I_A)r$,其中电压表示数 $U$ 是准确的电源两端电压。而实验中忽略了通过电压表的电流 $I_V$ 而形成误差,而且电压表示数越大,$I_V$ 越大。

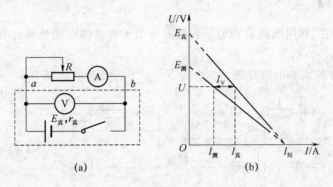

图 9-3

结论:

① 当电压表示数为零时,$I_V=0$,$I_A=I_短$,短路电流测量值=真实值。

② $E_测 < E_真$。

③ 因为 $r_测 = \dfrac{E_测}{I_短}$,所以 $r_测 < r_真$。从电路的角度看,电压表应看成内电路的一部分,故实际测出的是电池和电压表这一整体的等效内阻和电动势($r_测$ 和 $E_测$),如图 9-3(b)所示,因为电压表和电池并联,所以 $r_测$ 小于电池内阻 $r_真$,因为外电阻 $R$ 断开时,$a$、$b$ 两点间电压 $U_{ab}$ 等于电动势 $E_测$,此时电源与电压表构成回路,所以 $U_{ab} < E_真$,即 $E_测 < E_真$。

(2) 若采用如图 9-4(a)所示的电路,$I_A$ 为电源电流真实值,理论上有 $E=U+U_A+I_A r$,其中 $U_A$ 不可知,而造成误差,而且电流表示数越大,$U_A$ 越大,当电流为零时,$U_A=0$,电压为准确值,等于 $E$。

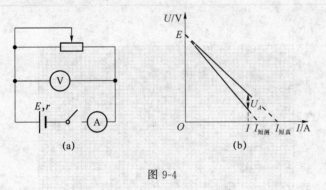

图 9-4

结论:

① $E$ 为真实值。

② $I_{短测} < I_{短真}$。

③ 因为 $r_测 = \dfrac{E}{I_{短测}}$,所以 $r_测 > r_真$,$r_测$ 为 $r_真$ 和 $R_A$ 的串联值,由于通常情况下电池的内阻较小,所以这时 $r_测$ 的测量误差非常大。

# 高考命题实例

## 【典例分析1】

[2014·北京卷]利用电流表和电压表测定一节干电池的电动势和内电阻。要求尽量减小实验误差。

(1) 应该选择的实验电路是图9-5中的_____(选填"a"或"b")。

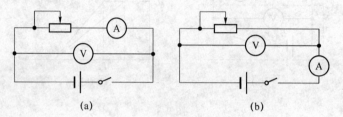

图 9-5

(2) 现有电流表(0～0.6 A)、开关和导线若干,以及以下器材:

A. 电压表(0～15 V)　　　　B. 电压表(0～3 V)
C. 滑动变阻器(0～50 Ω)　　D. 滑动变阻器(0～500 Ω)

实验中电压表应选用_____;滑动变阻器应选用_____(选填相应器材前的字母)。

(3) 某位同学记录的6组数据如表9-2所示,其中5组数据的对应点已经标在图9-6的坐标纸上,请标出余下一组数据的对应点,并画出$U$-$I$图像。

表 9-2

| 序号 | 1 | 2 | 3 | 4 | 5 | 6 |
|---|---|---|---|---|---|---|
| 电压 $U$(V) | 1.45 | 1.40 | 1.30 | 1.25 | 1.20 | 1.10 |
| 电流 $I$(A) | 0.060 | 0.120 | 0.240 | 0.260 | 0.360 | 0.480 |

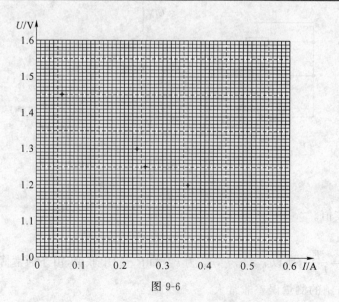

图 9-6

(4) 根据(3)中所画图像可得出干电池的电动势 $E=$ _____ V,内电阻 $r=$ _____ Ω。

(5) 实验中,随着滑动变阻器滑片的移动,电压表的示数 $U$ 及干电池的输出功率 $P$ 都会发生变化。图9-7的各示意图中正确反映 $P$-$U$ 关系的是 _____。

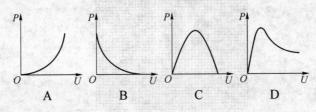

图 9-7

[答案] (1) a (2) B C (3) 略 (4) 1.50(1.49～1.51) 0.83(0.81～0.85) (5) C

[解析] 第(1)问考查电流表的内外接法;第(2)问考查仪器的选择;第(3)问考查作图、数据处理;第(4)问考查图像;第(5)问考查输出功率。

(1) 根据 $U=E-Ir$ 测量电源电动势和内阻时,需要测出多组对应的路端电压 $U$ 和干路电流 $I$,电压表和电流表内阻影响会造成实验误差。电源内阻较小,所以电流表分压影响较大,因此应选择 a 电路。

(3) 略。

(4) 根据 $U$-$I$ 图像,电源的电动势等于纵轴的截距,内阻为斜率的绝对值。

(5) 电源输出功率 $P=UI=U\left(\dfrac{E-U}{r}\right)=-\dfrac{1}{r}U^2+\dfrac{E}{r}U$,$P$-$U$ 图像为开口向下的二次函数,应选 C。

**【典例分析 2】**

[2015·江苏卷] 小明利用如图9-8所示的实验装置测量一干电池的电动势和内阻。

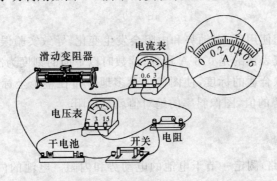

图 9-8

(1) 图9-8中电流表的示数为 _____ A。

(2) 调节滑动变阻器,电压表和电流表的示数记录如表9-3所示。

表 9-3

| $U$(V) | 1.45 | 1.36 | 1.27 | 1.16 | 1.06 |
| --- | --- | --- | --- | --- | --- |
| $I$(A) | 0.12 | 0.20 | 0.28 | 0.36 | 0.44 |

请根据表9-3中的数据,在图9-9上作出 $U$-$I$ 图像。

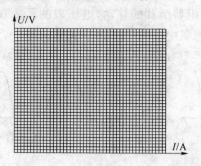

图 9-9

由图像求得:电动势 $E=$ _____ V;内阻 $r=$ _____ Ω。

(3) 实验时,小明进行了多次测量,花费了较长时间,测量期间一直保持电路闭合。其实,从实验误差考虑,这样的操作不妥,因为 _____。

[答案] (1) 0.44

(2) $U$-$I$ 图像如图 9-10 所示  1.60(1.58~1.62 都算对), 1.2(1.18~1.26 都算对)

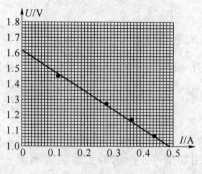

图 9-10

(3) 干电池长时间使用后,电动势和内阻会发生变化,导致实验误差增大。

[解析] (1) 电流表选的是 0.6 A 量程,读数时以下面的刻度为准,故读数为 0.44 A。

(2) 在方格纸上取合适的标度,使图像尽量多地分布在整个坐标纸上。图像与纵轴的交点对应读数为电动势的值,图像斜率的绝对值就是内阻。

## 【触类旁通】

用图 9-11 所示电路,测定一节干电池的电动势和内阻。电池的内阻较小,为了防止在调节滑动变阻器时造成短路,电路中用一个定值电阻 $R_0$ 起保护作用。除电池、开关和导线外,可供使用的实验器材还有:

A. 电流表(量程 0.6 A、3 A)

B. 电压表(量程 3 V、15 V)

C. 定值电阻(阻值 1 Ω、额定功率 5 W)

D. 定值电阻(阻值 10 Ω、额定功率 10 W)

E. 滑动变阻器(阻值范围 0~10 Ω、额定电流 2 A)

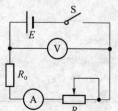

图 9-11

F. 滑动变阻器(阻值范围0～100 Ω、额定电流1 A)

那么:

(1) 要正确完成实验,电压表的量程应选择_____V,电流表的量程应选择_____A;$R_0$应选择_____Ω的定值电阻,R应选择阻值范围是_____Ω的滑动变阻器。

(2) 引起该实验系统误差的主要原因是_____。

[解析] 由于一节干电池的电动势为1.5 V,故选量程为3 V的电压表;估算电流时,考虑到干电池的内阻一般几欧左右,加上保护电阻,最大电流在0.5 A左右,所以选量程为0.6 A的电流表;由于电池内阻很小,所以保护电阻不宜太大,否则会使得电流表、电压表取值范围小,造成的误差大;滑动变阻器的最大阻值一般比电池内阻大几倍就好了,取0～10 Ω能很好地控制电路中的电流和电压,若取0～100 Ω会出现开始几乎不变最后突然变化的现象。

系统误差一般是由测量工具和测量方法造成的,一般具有倾向性,总是偏大或者偏小。本实验中由于电压表的分流作用造成电流表读数总是比测量值小,造成$E_{测}<E_{真}$,$r_{测}<r_{真}$。

[答案] (1)3  0.6  1  0～10 (2)由于电压表的分流作用造成电流表读数总是比电池实际输出电流小

**【典例分析3】**

[2012·福建高考]某研究性学习小组欲测定一块电池的电动势$E$。

(1) 先直接用多用电表测定该电池电动势。在操作无误的情况下,多用电表表盘示数如图9-12所示,其示数为_____V。

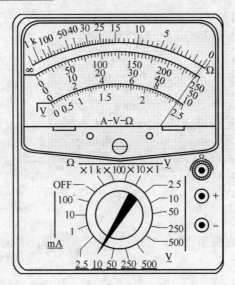

图9-12

(2) 然后,用电压表V、电阻箱R、定值电阻$R_0$、开关S、若干导线和该电池组成电路,测定该电池电动势。

① 根据如图9-13(b)所示的电路图,用笔画线代替导线,将实物图连接成完整电路。

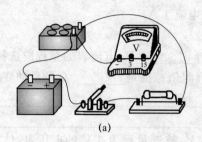
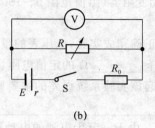

(a)                (b)

图 9-13

② 闭合开关 S，调整电阻箱阻值 R，读出电压表 V 相应示数 U。该学习小组测出大量数据，分析筛选出表 9-4 所示的 R、U 数据，并计算出相应的 $\frac{1}{R}$ 与 $\frac{1}{U}$ 的值。请用表中数据在坐标纸上描点，并作出 $\frac{1}{U}$-$\frac{1}{R}$ 图像。

表 9-4

| $R(\Omega)$ | 166.7 | 71.4 | 50.0 | 33.3 | 25.0 | 20.0 |
|---|---|---|---|---|---|---|
| $U(V)$ | 8.3 | 5.9 | 4.8 | 4.2 | 3.2 | 2.9 |
| $\frac{1}{R}(\times 10^{-2}\Omega^{-1})$ | 0.60 | 1.40 | 2.00 | 3.00 | 4.00 | 5.00 |
| $\frac{1}{U}(V^{-1})$ | 0.12 | 0.17 | 0.21 | 0.24 | 0.31 | 0.35 |

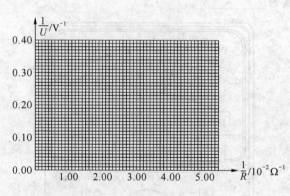

图 9-14

③ 从图像中可求得 E = _____ V。

[解析]（1）多用电表使用 10 V 电压挡，刻度盘上每小格对应的示数为 0.2 V，所以读数为 9.4 V。

（2）由电路图可知 $E = U + \frac{U}{R}(R_0 + r)$，所以 $\frac{1}{U} = \frac{R_0 + r}{E} \cdot \frac{1}{R} + \frac{1}{E}$，故 $\frac{1}{U}$ 轴上的截距为 $\frac{1}{E}$，由图像可求得 E 的值。

[答案]（1）9.4

(2) ① 连线如图 9-15 所示
② 所作图像如图 9-16 所示

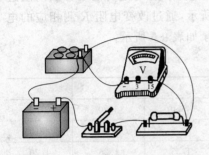

图 9-15

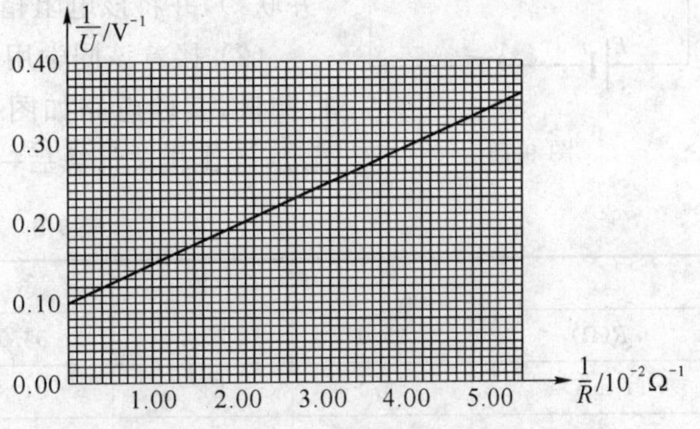

图 9-16

③ 10.0(9.5~11.1 V 均正确)

# 高考链接创新点拨

## 一、本题创新点分析

1. 源于教材——本题的实验目的是测定电池的电动势。

2. 高于教材——教材中的实验是采用伏安法来测定电源电动势和内阻,而本实验先用多用电表粗测电池的电动势,然后应用电压表和电阻箱组合来测定电池电动势,并采用$\frac{1}{U}$-$\frac{1}{R}$图像处理数据。

## 二、本实验还可以从以下方面进行改进创新

### (一) 实验目的创新
如果要测水果电池或果汁电池的电动势和内阻,应如何操作?

提示:操作方法与本实验相似,要注意水果电池的内阻相对较大,设计电路时要注意电流表的接法。

### (二) 实验原理的创新
本实验还可以用电流表和电阻箱组合来测定。说出实验原理及方法。

提示:用一个电流表和电阻箱测量,电路如图 9-17 所示,测量原理为:$E=I_1(R_1+r)$,$E=I_2(R_2+r)$,由此可求出 $E$ 和 $r$,此种方法使测得的电动势无偏差,但内阻偏大。

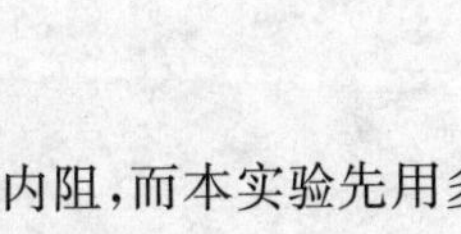

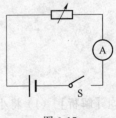

图 9-17

## 【典例分析 4】

[2015·安徽卷]某同学为了测量一节电池的电动势和内阻,从实验室找到以下器材:一个满偏电流为 100 μA、内阻为 2 500 Ω 的表头、一个开关、两个电阻箱(0~999.9 Ω)和若干导线。

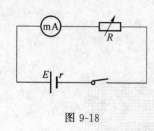

图9-18

(1) 由于表头量程偏小,该同学首先需将表头改装成量程为50 mA的电流表,则应将表头与电阻箱_____(填"串联"或"并联"),并将该电阻箱阻值调为_____Ω。

(2) 接着该同学用改装的电流表对电池的电动势及内阻进行测量,实验电路如图9-18所示,通过改变电阻 $R$ 测相应的电流 $I$,且作相关计算后一并记录如表9-5所示。

表9-5

|  | 1 | 2 | 3 | 4 | 5 | 6 |
| --- | --- | --- | --- | --- | --- | --- |
| $R(\Omega)$ | 95.0 | 75.0 | 55.0 | 45.0 | 35.0 | 25.0 |
| $I$(mA) | 15.0 | 18.7 | 24.8 | 29.5 | 36.0 | 48.0 |
| $IR$(V) | 1.42 | 1.40 | 1.36 | 1.33 | 1.26 | 1.20 |

① 根据表9-5中数据,图9-19中已描绘出四个点,请将第5、6两组数据也描绘在图9-19中,并画出 $IR$-$I$ 图像。

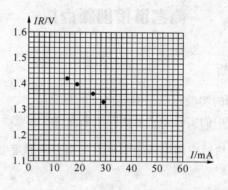

图9-19

② 根据图像可得电池的电动势 $E$ 是_____V,内阻 $r$ 是_____Ω。

[答案] (1) 并联  5.0  (2) ① 如图9-20所示  ② 1.53  2.0

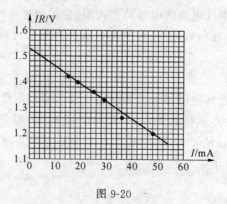

图9-20

[解析] (1) 将小量程表头改装成更大量程的电流表,需给表头"并联"一个合适阻值的分流电阻;已知表头的满偏电流 $I_g = 100$ μA,表头内阻 $R_g = 2\,500$ Ω,改装后电流表量程 $I_A = 50$ mA,设分流电阻为 $R_x$,由 $I_g R_g = (I_A - I_g) R_x$ 解得 $R_x \approx 5.0$ Ω。

(2) ① 将表中第5、6两组数据描入坐标纸,分析电路并由闭合电路的欧姆定律可得 $E=I(R+R_A+r)$,变形得 $IR=-(R_A+r)\cdot I+E$,可知 $IR$-$I$ 图像为一条直线,故应用一条直线拟合各数据点,如图9-20所示。

② 由上述分析知,$IR$-$I$ 图像的纵轴截距为电池电动势,由图知 $E=1.53$ V($1.52\sim1.54$ V);图9-20中直线斜率的绝对值为 $R_A+r$,则 $R_A+r=7.0$ Ω,所以,电池内阻 $r=7.0$ Ω$-R_A=2.0$ Ω。

本实验还可以用两个电压表测电源的电动势。说出实验原理及方法。

**提示**:用两个电压表可测得电源的电动势,电路如图9-21所示。测量方法为:断开 S,测得 $V_1$、$V_2$ 的示数分别为 $U_1$、$U_2$,此时,$E=U_1+U_2+\dfrac{U_1}{R_V}r$,$R_V$ 为 $V_1$ 的内阻;再闭合 S,$V_1$ 的示数为 $U_1'$,此时 $E=U_1'+\dfrac{U_1'}{R_V}r$,解方程组可求得 $E$。

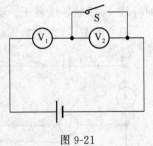

图 9-21

## 高考真题同步训练

1. 某同学利用电压表和电阻箱测定干电池的电动势和内阻,使用的器材还包括定值电阻($R_0=5$ Ω)一个、开关两个、导线若干,实验原理图如图9-22(a)所示。

(1) 在图9-22(b)的实物图中,已正确连接了部分电路,请完成余下电路的连接。

(2) 请完成下列主要实验步骤:

① 检查并调节电压表指针指零;调节电阻箱,示数如图9-22(c)所示,读得电阻值是_____。

② 将开关 $S_1$ 闭合,开关 $S_2$ 断开,电压表的示数是 1.49 V。

③ 将开关 $S_2$ _____,电压表的示数是 1.16 V;断开开关 $S_1$。

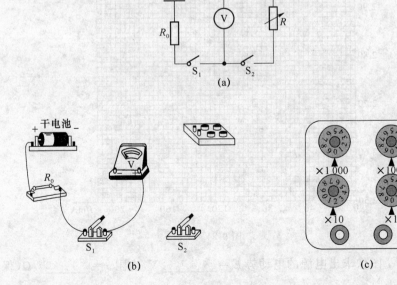

图 9-22

(3) 使用测得的数据,计算出干电池的内阻是_____(计算结果保留两位有效数字)。

(4) 由于所用电压表不是理想电压表,所以测得的电动势比实际值偏_____(填"大"或"小")。

2. [2014·全国卷]现要测量某电源的电动势和内阻。可利用的器材有:电流表 A,内阻为 $1.00\ \Omega$;电压表 V;阻值未知的定值电阻 $R_1$、$R_2$、$R_3$、$R_4$、$R_5$;开关 S;一端连有鳄鱼夹 P 的导线 1,其他导线若干。某同学设计的测量电路如图 9-23(a)所示。

(1) 按图(a)在实物图(b)中画出连线,并标出导线 1 和其 P 端。

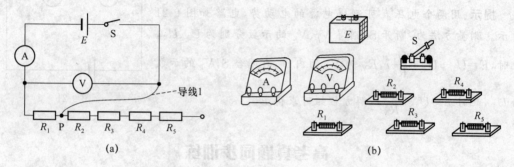

图 9-23

(2) 测量时,改变鳄鱼夹 P 所夹的位置,使 $R_1$、$R_2$、$R_3$、$R_4$、$R_5$ 依次串入电路,记录对应的电压表的示数 U 和电流表的示数 I,数据如表 9-6 所示。根据表中数据,在图 9-24 中的坐标纸上将所缺数据点补充完整,并画出 U-I 图像。

表 9-6

| $I$(mA) | 193 | 153 | 111 | 69 | 30 |
|---|---|---|---|---|---|
| $U$(V) | 2.51 | 2.59 | 2.68 | 2.76 | 2.84 |

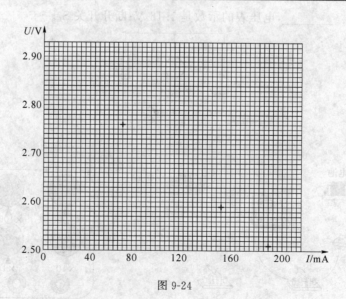

图 9-24

(3) 根据 U-I 图像求出电源的电动势 $E=$ _____ V,内阻 $r=$ _____ $\Omega$(保留 2 位有效数字)。

3. [2013·新课浙江]采用如图 9-25 所示的电路"测定电池的电动势和内阻"。

(1) 除了选用图 9-26 中的部分器材外，_____（填选项）。

A. 还需要电压表　　　　　　B. 还需要电流表
C. 还需要学生电源　　　　　D. 不再需要其他器材

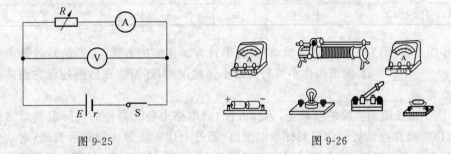

图 9-25　　　　　　　　　图 9-26

(2) 测量所得数据如表 9-7 所示。

表 9-7

| 物理量 \ 测量次数 | 1 | 2 | 3 | 4 | 5 | 6 |
| --- | --- | --- | --- | --- | --- | --- |
| $R/\Omega$ | 1.2 | 1.0 | 0.8 | 0.6 | 0.4 | 0.2 |
| $I/A$ | 0.60 | 0.70 | 0.80 | 0.89 | 1.00 | 1.20 |
| $U/V$ | 0.90 | 0.78 | 0.74 | 0.67 | 0.62 | 0.43 |

用作图法求得电池的内阻 $r=$ _____。

(3) 根据第 5 次所测得的实验数据，求得电流表内阻 $R_A=$ _____。

4. [2014·福建卷 I]某研究性学习小组利用伏安法测定某一电池组的电动势和内阻，实验原理如图 9-27 所示，其中，虚线框内为用灵敏电流计 G 改装的电流表 A，V 为标准电压表，E 为待测电池组，S 为开关，R 为滑动变阻器，$R_0$ 是标称值为 4.0 Ω 的定值电阻。

① 已知灵敏电流计 G 的满偏电流 $I_g=100\ \mu A$，内阻 $r_g=2.0\ k\Omega$，若要改装后的电流表满偏电流为 200 mA，应并联一只阻值为 _____ Ω（保留一位小数）的定值电阻 $R_1$。

② 根据图(a)，用笔画线代替导线将图(b)连接成完整电路。

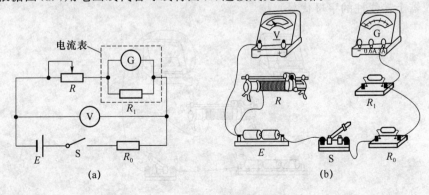

图 9-27

③ 某次实验的数据如表 9-8 所示。

表 9-8

| 测量次数 | 1 | 2 | 3 | 4 | 5 | 6 | 7 | 8 |
|---|---|---|---|---|---|---|---|---|
| 电压表 V 读数 $U$/V | 5.26 | 5.16 | 5.04 | 4.94 | 4.83 | 4.71 | 4.59 | 4.46 |
| 改装表 A 读数 $I$/mA | 20 | 40 | 60 | 80 | 100 | 120 | 140 | 160 |

该小组借鉴"研究匀变速直线运动"实验中计算加速度的方法(逐差法),计算出电池组的内阻 $r=$ _____ Ω(保留两位小数);为减小偶然误差,逐差法在数据处理方面体现出的主要优点是_____。

④ 该小组在前面实验的基础上,为探究图(a)电路中各元器件的实际阻值对测量结果的影响,用一已知电动势和内阻的标准电池组,通过上述方法多次测量后发现:电动势的测量值与已知值几乎相同,但内阻的测量值总是偏大。若测量过程无误,则内阻测量值总是偏大的原因是_____(填选项前的字母)。

A. 电压表内阻的影响  
B. 滑动变阻器的最大阻值偏小  
C. $R_1$ 的实际阻值比计算值偏小  
D. $R_0$ 的实际阻值比标称值偏大

5. [2015·天津卷]用电流表和电压表测定由三节干电池串联组成的电池组(电动势约 4.5 V,内电阻约 1 Ω)的电动势和内电阻,除待测电池组、电键、导线外,还有下列器材供选用:

A. 电流表:量程 0.6 A,内电阻约 1 Ω  
B. 电流表:量程为 3 A,内电阻约 0.2 Ω  
C. 电压表:量程 3 V,内电阻约 30 kΩ  
D. 电压表:量程 6 V,内电阻约 60 kΩ  
E. 滑动变阻器:0~1 000 Ω,额定电流 0.5 A  
F. 滑动变阻器:0~20 Ω,额定电流 2 A

① 为了使测量结果尽量准确,电流表应选用_____,电压表应选用_____,滑动变阻器应选用_____(均填仪器的字母代号)。

② 图 9-28 为正确选择仪器后,连好的部分电路。为了使测量误差尽可能小,还需在电路中用导线将_____和_____相连、_____和_____相连、_____和_____相连(均填仪器上接线柱的字母代号)。

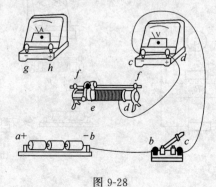

图 9-28

③ 实验时发现电流表坏了,于是不再使用电流表,剩余仪器中仅用电阻箱替换掉滑动变阻器,重新连接电路,仍能完成实验。实验中读出几组电阻箱的阻值 $R$ 和对应电压表的示数 $U$。用图像法处理采集到的数据,为在直角坐标系中得到的函数图像是一条直线,则可以_____为纵坐标,以_____为横坐标。

6. [2015·四川卷]用实验测一电池的内阻 $r$ 和一待测电阻的阻值 $R_x$。已知电池的电动势约 6 V,电池内阻和待测电阻阻值都为数十欧。可选用的实验器材有:

电流表 $A_1$(量程 0~30 mA);电流表 $A_2$(量程 0~100 mA);电压表 V(量程 0~6 V);滑动变阻器 $R_1$(阻值 0~5 Ω);滑动变阻器 $R_2$(阻值 0~300 Ω);开关 S 一个,导线若干条。

某同学的实验过程如下:

(1) 设计如图 9-29 所示的电路图,正确连接电路。

(2) 将 $R$ 的阻值调到最大,闭合开关,逐次调小 $R$ 的阻值,测出多组 $U$ 和 $I$ 的值,并记录。以 $U$ 为纵轴,$I$ 为横轴,得到如图 9-30 所示的图像。

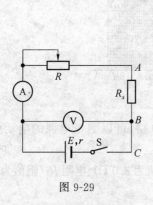

图 9-29

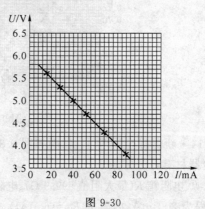

图 9-30

(3) 断开开关,将 $R_x$ 改接在 B、C 之间,A 与 B 直接相连,其他部分保持不变。重复(2)的步骤,得到另一条 U-I 图像,图像与横轴 I 的交点坐标为 $(I_0,0)$,与纵轴 U 的交点坐标为 $(0,U_0)$。

回答下列问题:

① 电流表应选用_____,滑动变阻器应选用_____。

② 由图 9-30 的图像,得电源内阻 $r=$_____ Ω。

③ 用 $I_0$、$U_0$ 和 $r$ 表示待测电阻的关系式 $R_x=$_____,代入数值可得 $R_x$。

④ 若电表为理想电表,$R_x$ 接在 B、C 之间与接在 A、B 之间,滑动变阻器滑片都从最大阻值位置调到某同一位置,两种情况相比,电流表示数变化范围_____,电压表示数变化范围_____(均选填"相同"或"不同")。

7. [2012·重庆高考]某中学生课外科技活动小组利用铜片、锌片和家乡盛产的柑橘制作了果汁电池,他们测量这种电池的电动势 $E$ 和内阻 $r$,并探究电极间距对 $E$ 和 $r$ 的影响。实验器材如图 9-31 所示。

(1) 测量 $E$ 和 $r$ 的实验方案为:调节滑动变阻器,改变电源两端的电压 $U$ 和流过电源的电流 $I$,依据公式_____,利用测量数据作出 U-I 图像,得出 $E$ 和 $r$。

(2) 将电压表视为理想表,要求避免电流表分压作

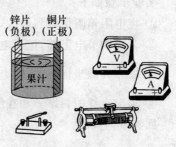

图 9-31

用对测量结果的影响,请在题图9-31中用笔画线代替导线连接电路。

(3)实验中依次减小铜片与锌片的间距,分别得到相应果汁电池的$U$-$I$图像如图9-32中$(a)$、$(b)$、$(c)$、$(d)$所示,由此可知:

在该实验中,随电极间距的减小,电源电动势_____(填"增大""减小"或"不变"),电源内阻_____(填"增大""减小"或"不变")。

曲线$(c)$对应的电源电动势$E=$_____V,内阻$r=$_____Ω。当外电路总电阻为2 500 Ω时,该电源的输出功率$P=$_____mW(均保留三位有效数字)。

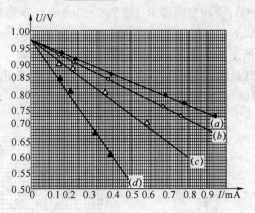

图9-32

8. [2014·新课标全国卷Ⅰ]利用如图9-33所示电路,可以测量电源的电动势和内阻,所用的实验器材有:

待测电源、电阻箱$R$(最大阻值999.9 Ω)、电阻$R_0$(阻值为3.0 Ω)、电阻$R_1$(阻值为3.0 Ω)、电流表A(量程为200 mA,内阻为$R_A=6.0$ Ω)、开关S。

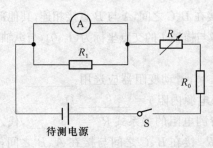

图9-33

实验步骤如下:

① 将电阻箱阻值调到最大,闭合开关S。

② 多次调节电阻箱,记下电流表的示数$I$和电阻值箱相应的阻值$R$。

③ 以$\frac{1}{I}$为纵坐标,$R$为横坐标,作$\frac{1}{I}$-$R$图像(用直线拟合)。

④ 求出直线的斜率$k$和在纵轴上的截距$b$。

回答下列问题:

(1)分别用$E$和$r$表示电源的电动势和内阻,则$\frac{1}{I}$与$R$的关系式为_____。

(2) 实验得到的部分数据如表 9-9 所示,其中电阻 $R=3.0\ \Omega$ 时电流表的示数如图 9-34 所示,读出数据,完成表 9-9。答:① _____ ,② _____ 。

表 9-9

| $R/\Omega$ | 1.0 | 2.0 | 3.0 | 4.0 | 5.0 | 6.0 | 7.0 |
|---|---|---|---|---|---|---|---|
| $I/\text{A}$ | 0.143 | 0.125 | ① | 0.100 | 0.091 | 0.084 | 0.077 |
| $I^{-1}/\text{A}^{-1}$ | 6.99 | 8.00 | ② | 10.0 | 11.0 | 11.9 | 13.0 |

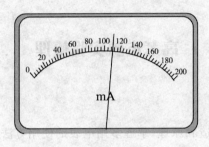

图 9-34

(3) 在图 9-35 的坐标纸上将所缺数据点补充完整并作图,根据图像求得斜率 $k=$ _____ $\text{A}^{-1}\Omega^{-1}$,截距 $b=$ _____ $\text{A}^{-1}$。

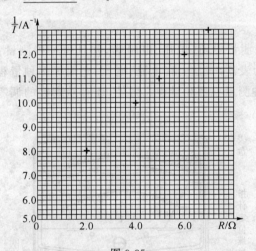

图 9-35

(4) 根据图像求得电源电动势 $E=$ _____ V,内阻 $r=$ _____ $\Omega$。

# 实验10 练习使用多用电表

## 高考本源实验梳理

### 一、实验目的

(1) 了解多用电表的构造和原理,掌握多用电表的使用方法。
(2) 会使用多用电表测电压、电流及电阻。
(3) 会用多用电表探索黑箱中的电学元件。

### 二、实验原理

(1) 表盘

多用电表可以用来测量电流、电压、电阻等,并且每一种测量都有几个量程。外形如图10-1所示。上半部为表盘,表盘上有电流、电压、电阻等多种量程的刻度;下半部为选择开关,它的四周刻有各种测量项目和量程。另外,还有欧姆表的调零旋钮、指针定位螺丝和测试笔的插孔。

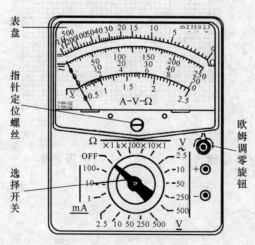

图 10-1

由于多用电表的测量项目和量程比较多,而表盘的空间有限,所以并不是每个项目的量程都有专门的标度,有些标度就属于共用标度,如图中的第二行就是交、直流电流和直流电压共用的标度。

(2) 多用电表的内部构造

多用电表是由一个小量程的电流表与若干元件组成的,每进行一种测量时,只使用其中一部分电路,其他部分不起作用。

将多用电表的选择开关旋转到电流挡,多用电表内的电流表电路就被接通;选择开关旋转到电压挡或电阻挡,表内的电压表电路或欧姆表电路就被接通。如图10-2所示,其中1、2为电流测量端,3、4为电压测量端,5为电阻测量端,测量时,黑表笔插入"-"插孔,红表笔插入"+"插孔,并通过转换开关接入与待测量相对应的测量端。

(3) 多用电表测电阻阻值的原理

欧姆表测电阻的原理是闭合电路欧姆定律,欧姆表内部电路结构如图10-3所示。$R$为调零电阻,红黑表笔短接,进行欧姆调零时,指针满偏。根据闭合电路欧姆定律有$I_g = \dfrac{E}{R_g + R + r}$,当红黑表笔之间接有未知电阻$R_x$时,有$I = \dfrac{E}{R_g + R + r + R_x}$,故每一个未知电阻都对应一个电流值$I$。我们在刻度盘上直接算出$I$对应的$R_x$的值,所测电阻$R_x$即可从表盘上直接读出。由于$I$与$R$的非线性关系,表盘上电流刻度是均匀的,其对应的电阻刻度却是不均匀的,电阻的零刻度在电流满偏处。当$R_x = R_g + R + r$时,$I = \dfrac{I_g}{2}$,指针半偏,所以欧姆表的内阻等于中值电阻。

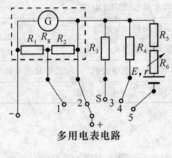

图10-2

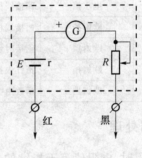

图10-3

### 三、实验器材

多用电表、电学黑箱、直流电源、开关、导线若干、小灯泡、二极管、定值电阻(大、中、小)三个。

### 四、实验步骤

(1) 观察多用电表的外形,认识选择开关对应的测量项目及量程。

(2) 检查多用电表的指针是否停在表盘刻度左端的零位置。若不指零,则可用小螺丝刀进行机械调零。

(3) 将红、黑表笔分别插入"+""-"插孔。

(4) 按如图10-4(a)所示连好电路,将多用电表选择开关置于直流电压挡,测小灯泡两端的电压。

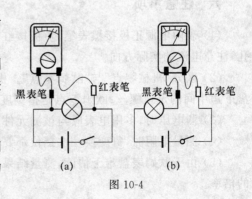

图10-4

(5) 按如图 10-4(b)所示连好电路，将选择开并置于直流电流挡，测量通过小灯泡的电流。

(6) 用多用电表测电阻。

① 调整定位螺丝，使指针指向电流的零刻度。

② 选择开并置于"Ω"挡的"×1"，短接红、黑表笔，调节欧姆调零旋钮，然后断开表笔，再使指针指向∞。

③ 将两表笔分别接触阻值为几十欧的定值电阻两端，读出指示的电阻值，然后断开表笔，再与标定值进行比较。

④ 选择开关改置"×100"挡，重新进行欧姆调零。

⑤ 再将两表笔分别接触标定值为几千欧的电阻两端，读出指示的电阻值，然后断开表笔，与标定值进行比较。

⑥ 测量完毕，将选择开关置于交流电压最高挡或"OFF"挡。

(7) 探索黑箱内的电学元件

如表 10-1 所示。

表 10-1

| 判断目的 | 应用挡位 | 现象 |
| --- | --- | --- |
| 电源 | 电压挡 | 两接线柱正、反接时均无示数说明无电源 |
| 电阻 | 欧姆挡 | 两接线柱正、反接时示数相同 |
| 二极管 | 欧姆挡 | 正接时示数很小，反接时示数很大 |
| 电容器 | 欧姆挡 | 指针先指向某一小阻值，后逐渐增大到"∞"，且指针摆动越来越慢 |
| 电感线圈 | 欧姆挡 | 示数由"∞"逐渐减小到某一较小固定示数 |

## 五、数据处理

(1) 测电阻时，电阻值等于指针的示数与倍率的乘积。指针示数的读数一般读两位有效数字。

(2) 测电压和电流时，如果所读表盘的最小刻度为 1、0.1、0.001 等，读数时应读到最小刻度的下一位，若表盘的最小刻度为 0.2、0.02、0.5、0.05 等，读数时只读到与最小刻度位数相同即可。

## 六、注意事项

(1) 表内电源正极接黑表笔，负极接红表笔，但是红表笔插入"+"孔，黑表笔插入"−"孔，注意电流的实际方向。

(2) 区分"机械零点"与"欧姆零点"。机械零点是表盘刻度左侧的"0"位置，调整的是表盘下边中间的定位螺丝；欧姆零点是指刻度盘右侧的"0"位置，调整的是欧姆挡的调零旋钮。

(3) 测电压时，多用电表应与被测元件并联；测电流时，多用电表应与被测元件串联。

(4) 测量电阻时，每变换一次挡位都要重新进行欧姆调零。

(5) 由于欧姆表盘难于估读，测量结果只需取两位有效数字，读数时注意乘以相应量程的倍率。

(6) 使用多用电表时,手不能接触测试笔的金属杆,特别是在测电阻时,更应注意不要用手接触测试笔的金属杆。

(7) 测量电阻时待测电阻要与其他元件和电源断开,否则不但影响测量结果,甚至可能损坏电表。

(8) 如果长期不用欧姆表,应把表内电池取出。

(9) 在研究二极管的单向导电性时,切记在二极管正向导通的情况下电路中必须连有灯泡或其他用电器,不能只连接一个二极管,否则极易烧坏二极管。

### 七、误差分析

(1) 电池用旧后,电动势会减小,内电阻会变大,致使电阻测量值偏大,要及时更换新电池。

(2) 欧姆表的表盘刻度不均匀,估读时易带来误差,要注意其左密右疏特点。

(3) 由于欧姆表刻度的非线性,表头指针偏转过大或过小都会使误差增大,因此要选用恰当挡位,使指针指中值附近。

(4) 测电流、电压时,由于电表内阻的影响,测得的电流、电压值均小于真实值。

(5) 读数时的观测易形成偶然误差,要垂直表盘正对指针读数。

## 高考命题实例

**【典例分析1】**

[2013·新课标全国Ⅱ]某同学用量程为 1 mA、内阻为 120 Ω 的表头按图 10-5(a)所示电路改装成量程分别为 1 V 和 1 A 的多用电表。图中 $R_1$ 和 $R_2$ 为定值电阻,S 为开关。回答下列问题:

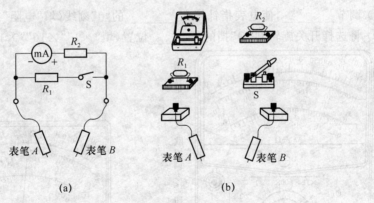

图 10-5

(1) 根据图(a)所示的电路,在图(b)所示的实物图上连线。

(2) 开关 S 闭合时,多用电表用于测量_____(填"电流""电压"或"电阻");开关 S 断开时,多用电表用于测量_____(填"电流""电压"或"电阻")。

(3) 表笔 A 应为_____色(填"红"或"黑")。

(4) 定值电阻的阻值 $R_1$ =_____Ω,$R_2$ =_____Ω(结果取 3 位有效数字)。

[**答案**] （1）连线如图10-6所示

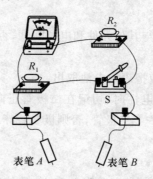

图 10-6

（2）电流　电压　（3）黑　（4）1.00　880

[**解析**]（1）根据电路图连接实物图，注意两表笔与表头的正负接线柱。

（2）根据"串联分压，并联分流"可知，当S断开时，多用电表测量电压；当S闭合时，多用电表测量电流。

（3）电流从红表笔流进多用电表，从黑表笔流出。从电路图中表头和表笔的接法可知电流从表笔A流出，所以A为黑表笔。

（4）当S断开时为电压表，此时 $R_2 = \dfrac{1\ \text{V}}{10^{-3}\ \text{A}} - 120\ \Omega = 880\ \Omega$；当S闭合时为电流表，此时 $R_1 = \dfrac{10^{-3}\ \text{A} \times (120\ \Omega + 880\ \Omega)}{1\ \text{A} - 10^{-3}\ \text{A}} \approx 1.00\ \Omega$。

【**触类旁通**】

[2012·山东调研]如图10-7(a)为多用电表的示意图，现用它测量一个阻值约为20 Ω的电阻，测量步骤如下：

（1）调节_____，使电表指针停在_____的"0"刻线（填"电阻"或"电流"）。

（2）将选择开关旋转到"Ω"挡的_____位置（填"×1""×10""×100"或"×1 k"）。

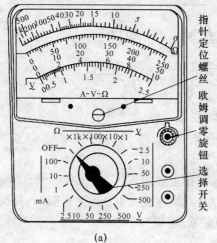

(a)

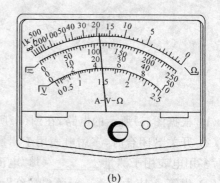

(b)

图 10-7

(3) 将红、黑表笔分别插入"＋""－"插孔，并将两表笔短接，调节_____，使电表指针对准_____的"0"刻线（填"电阻"或"电流"）。

(4) 将红、黑表笔分别与待测电阻两端相接触，若电表读数如图(b)所示，该电阻的阻值为_____Ω。

(5) 测量完毕，将选择开关旋转到"OFF"位置。

[解析] 使用多用电表欧姆挡，先机械调零。中值电阻为15 Ω，测量20 Ω的电阻时，要使用×1的倍率，然后进行欧姆调零；由刻度盘和倍率可知，测量电阻的阻值为19 Ω。

[答案] (1)指针定位螺丝　电流　(2)×1　(3)欧姆调零旋钮　电阻　(4)19

【典例分析2】

使用多用电表测量电阻时，多用电表内部的电路可以等效为一个直流电源（一般为电池）、一个电阻和一表头相串联，两个表笔分别位于此串联电路的两端。现需要测量多用电表内电池的电动势，给定的器材有：待测多用电表、量程为60 mA的电流表、电阻箱、导线若干。实验时，将多用电表调至×1 Ω挡，调好零点；电阻箱置于适当数值。完成下列填空：

(1) 仪器连线如图10-8所示（$a$和$b$是多用电表的两个表笔）。若两电表均正常工作，则表笔$a$为_____（填"红"或"黑"）色。

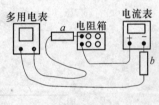

图10-8

(2) 若适当调节电阻箱后，图10-8中多用电表、电流表与电阻箱的示数分别如图10-9(a)、(b)、(c)所示，则多用电表的读数为_____Ω，电流表的读数为_____mA，电阻箱的读数为_____Ω。

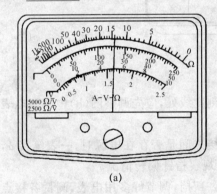

(a)

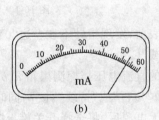

(b)

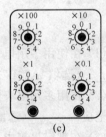

(c)

图10-9

(3) 将图10-8中多用电表的两表笔短接，此时流过多用电表的电流为_____mA（保留3位有效数字）。

(4) 计算得到多用电表内电池的电动势为_____V（保留3位有效数字）。

[解析] (1)根据所有电器"红进黑出"的一般原则，对多用电表有，电流从红表笔进入多用电表，电流从黑表笔流出多用电表，由于设计电路图中$a$表笔接在电流表的正极，故电流经过多用电表从$a$表笔流出，故$a$表笔为多用电表的黑表笔。

(2)欧姆表读数为$R=14$ Ω；电流表读数为$I=53.0$ mA；电阻箱读数为$4×1$ Ω$+6×0.1$ Ω$=4.6$ Ω。

(3) 由题意,多用电表的表盘实际是一表头,看电流刻度,此时对应 26 格,电流为 53.0 mA,两表笔短接时,表头对应 50 格,则电流 $I=\dfrac{50\times53.0}{26}$ mA≈102 mA。

(4) 设多用电表内阻为 $r$,已知外电路电阻为 $R=14\ \Omega$,多用电表接外电路时:$E=I(r+R)$,多用电表两表笔短接时:$E=I_0r$,联立解得多用电表内的电池电动势 $E=1.54$ V。

[答案] (1)黑 (2)14 53.0 4.6 (3)102 (4)1.54

**【典例分析3】**

[2012·江苏高考]如图 10-10(a)所示的黑箱中有三只完全相同的电学元件,小明使用多用电表对其进行探测。

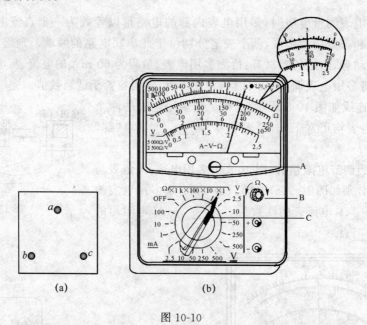

图 10-10

(1) 在使用多用电表前,发现指针不在左边"0"刻度线处,应先调整图(b)中多用电表的_____(选填"A""B"或"C")。

(2) 在用多用电表的直流电压挡探测黑箱 $a$、$b$ 接点间是否存在电源时,一表笔接 $a$,另一表笔应_____(选填"短暂"或"持续")接 $b$,同时观察指针偏转情况。

(3) 在判定黑箱中无电源后,将选择开关旋至"×1"挡,调节好多用电表,测量各接点间的阻值。测量中发现,每对接点间正反向阻值均相等,测量记录如下表。两表笔分别接 $a$、$b$ 时,多用电表的示数如图(b)所示。

请将表 10-2 补充完整,并在黑箱图中画出一种可能的电路。

表 10-2

| 两表笔接的接点 | 多用电表的示数 |
| --- | --- |
| $a$,$b$ | _____ Ω |
| $a$,$c$ | 10.0 Ω |
| $b$,$c$ | 15.0 Ω |

110

[解析] （1）使用多用电表前应先调整"指针定位螺丝"A，使指针指到左边的"0"刻度线处。
（2）为保护多用电表的内部元件，在测量黑箱中是否存在电源时，应短暂接触接点 $b$。
（3）欧姆表的读数为 $5×1\ \Omega=5\ \Omega$；每对接点间正反向电阻均相同，说明黑箱中没有二极管元件，根据表格中两接点间电阻的数值，可设计的电路图如图 10-11 所示。

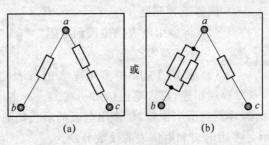

图 10-11

[答案]．（1）A　（2）短暂　（3）5.0　见解析图

## 高考链接创新点拨

### 一、本题创新点分析

1. 源于教材——本例同样考查了多用电表的使用方法。
2. 高于教材——本例进一步考查了用多用电表探测黑箱内的电学元件。

### 二、本实验还可以从以下方面进行改进创新，实验目的的创新

1. 应用多用电表还可以检测电路故障，判定电路是否发生断路或短路，则该实验应如何操作？
   提示：
   （1）如果电压表示数为零，说明电压表上无电流通过，则可能电压表所在支路有断路，或并联路段内有短路。
   （2）如果电压表有示数，说明电压表上有电流通过，则在并联路段之外无断路，或并联路段内无短路。
   （3）用电流表同样可按上述方法检测电路故障，因为无论是应用电压表还是应用电流表，目的是检测电路的通与断。
2. 用多用电表鉴别电阻、电容器和电感器，应如何操作？
   提示：将多用电表选择开关旋到欧姆挡，用两表笔接触电学元件，若发现指针示数稳定，则说明元件为电阻；若发现指针迅速向右摆动，而后慢慢转到表盘左端，则说明元件为电容器；若发现指针从左端慢慢转到右端，则说明元件为电感器。

## 高考真题同步训练

1. ［2013·新课标全国Ⅰ］某学生实验小组利用图 10-12 所示电路，测量多用电表内电

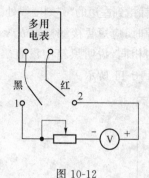

图 10-12

池的电动势和电阻"×1 k"挡内部电路的总电阻。使用的器材有：

多用电表；电压表：量程 5 V，内阻十几千欧；滑动变阻器：最大阻值 5 kΩ；导线若干。

回答下列问题：

(1) 将多用电表挡位调到电阻"×1 k"挡，再将红表笔和黑表笔_____，调零点。

(2) 将图 10-12 中多用电表的红表笔和_____（填"1"或"2"）端相连，黑表笔连接另一端。

(3) 将滑动变阻器的滑片调到适当位置，使多用电表的示数如图 10-13(a)所示，这时电压表的示数如图(b)所示。多用电表和电压表的读数分别为_____ kΩ 和_____ V。

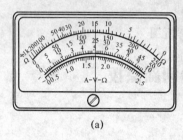
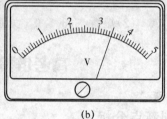

图 10-13

(4) 调节滑动变阻器的滑片，使其接入电路的阻值为零。此时多用电表和电压表的读数分别为 12.0 kΩ 和 4.00 V。从测量数据可知，电压表的内阻为_____ kΩ。

(5) 多用电表电阻挡内部电路可等效为由一个无内阻的电池、一个理想电流表和一个电阻串联而成的电路，如图 10-14 所示。根据前面的实验数据计算可得，此多用电表内电池的电动势为_____ V，电阻"×1 k"挡内部电路的总电阻为_____ kΩ。

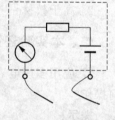

图 10-14

2.[2014·天津卷]现要测量一个未知电阻 $R_x$ 的阻值，除 $R_x$ 外可用的器材有：

多用电表（仅可使用欧姆挡）；一个电池组 $E$（电动势 6 V）；一个滑动变阻器 $R$（0～20 Ω，额定电流 1 A）；两个相同的电流表 G（内阻 $R_g=1\ 000\ \Omega$，满偏电流 $I_g=100\ \mu A$）；两个标准电阻（$R_1=29\ 000\ \Omega$，$R_2=0.1\ \Omega$）；一个电键 S，导线若干。

① 为了设计电路，先用多用电表的欧姆挡粗测未知电阻，采用"×10"挡，调零后测量该电阻，发现指针偏转非常大，最后几乎紧挨满偏刻度停下来，下列判断和做法正确的是_____（填字母代号）。

A. 这个电阻阻值很小，估计只有几欧姆
B. 这个电阻阻值很大，估计有几千欧姆
C. 如需进一步测量可换"×1"挡，调零后测量
D. 如需进一步测量可换"×1 k"挡，调零后测量

② 根据粗测的判断，设计一个测量电路，要求测量尽量准确并使电路能耗较小，画出实验电路图，并将各元件字母代码标在该元件的符号旁。

3. [2011·北京高考]用如图 10-15 所示的多用电表测量电阻,要用到选择开关 K 和两个部件 S、T。请根据下列步骤完成电阻测量:

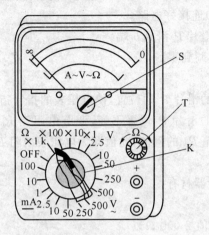

图 10-15

(1) 旋动部件_____,使指针对准电流的"0"刻线。

(2) 将 K 旋转到电阻挡"×100"位置。

(3) 将插入"＋""－"插孔的表笔短接,旋动部件_____,使指针对准电阻的_____(填"0 刻线"或"∞刻线")。

(4) 将两表笔分别与待测电阻相接,发现指针偏转角度过小。为了得到比较准确的测量结果,请从下列选项中挑出合理的步骤,并按_____的顺序进行操作,再完成读数测量。

A. 将 K 旋转到电阻挡"×1 k"的位置

B. 将 K 旋转到电阻挡"×10"的位置

C. 将两表笔的金属部分分别与被测电阻的两根引线相接

D. 将两表笔短接,旋动合适部件,对电表进行校准

4. [2014·安徽卷]某同学为了测量一个量程为 3 V 的电压表的内阻,进行了如下实验。

(1) 他先用多用表进行了正确的测量,测量时指针位置如图 10-16(a)所示,得出电压表的内阻为 $3.00\times10^3$ Ω,此时电压表的指针也偏转了。已知多用表欧姆挡表盘中央刻度值为"15",表内电池电动势为 1.5 V,则电压表的示数应为_____V(结果保留两位有效数字)。

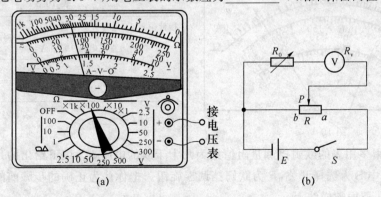

图 10-16

(2)为了更准确地测量该电压表的内阻 $R_V$,该同学设计了如图 10-16(b)所示的电路图,实验步骤如下:

① 断开开关 S,按图(b)连接好电路。

② 把滑动变阻器 R 的滑片 P 滑到 b 端。

③ 将电阻箱 $R_0$ 的阻值调到零。

④ 闭合开关 S。

⑤ 移动滑动变阻器 R 的滑片 P 的位置,使电压表的指针指到 3 V 位置。

⑥ 保持滑动变阻器 R 的滑片 P 位置不变,调节电阻箱 $R_0$ 的阻值使电压表指针指到 1.5 V 位置,读出此时电阻箱 $R_0$ 的阻值,此值即为电压表内阻 $R_V$ 的测量值。

⑦ 断开开关 S。

实验中可供选择的实验器材有:

a. 待测电压表

b. 滑动变阻器:最大阻值 2 000 Ω

c. 滑动变阻器:最大阻值 10 Ω

d. 电阻箱:最大阻值 9 999.9 Ω,阻值最小改变量为 0.1 Ω

e. 电阻箱:最大阻值 999.9 Ω,阻值最小改变量为 0.1 Ω

f. 电池组:电动势约 6 V,内阻可忽略

g. 开关,导线若干

按照这位同学设计的实验方法,回答下列问题:

① 要使测量更精确,除了选用电池组、导线、开关和待测电压表外,还应从提供的滑动变阻器中选用_____(填"b"或"c"),电阻箱中选用_____(填"d"或"e")。

② 电压表内阻 $R_V$ 的测量值 $R_{测}$ 和真实值 $R_{真}$ 相比,$R_{测}$ _____ $R_{真}$(填">"或"<");若 $R_V$ 越大,则 $\dfrac{|R_{测}-R_{真}|}{R_{真}}$ 越_____(填"大"或"小")。

5.[人教版课本]用多用电表进行了几次测量,指针分别处于 a 和 b 的位置,如图 10-17 所示。若多用电表的选择开关处于下面表格中所指的挡位,a 和 b 的相应读数是多少?请填在表 10-3 中。

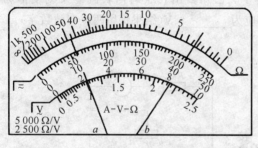

表 10-3

| 指针位置 | 选择开关所处挡位 | 读数 |
| --- | --- | --- |
| a | 直流电流 100 mA | _____ mA |
| | 直流电压 2.5 V | _____ V |
| b | 电阻×100 | _____ Ω |

图 10-17

6.(1)用多用表的欧姆挡测量阻值约为几十千欧的电阻 $R_x$,以下给出的是可能的实验操作步骤,其中 S 为选择开关,P 为欧姆挡调零旋钮。把你认为正确的步骤前的字母按合理的顺序填写在下面的横线上。

a. 将两表笔短接,调节 P 使指针对准刻度盘上欧姆挡的 0 刻度,断开两表笔

b. 将两表笔分别连接到被测电阻的两端,读出 $R_x$ 的阻值后,断开两表笔

c. 旋转 S 使其尖端对准欧姆挡×1 k

d. 旋转 S 使其尖端对准欧姆挡×100

e. 旋转 S 使其尖端对准交流 500 V 挡,并拔出两表笔

_____。

根据图 10-18 所示指针位置,此被测电阻的阻值约为_____Ω。

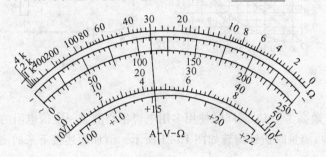

图 10-18

(2) 下述关于用多用电表欧姆挡测电阻的说法中正确的是_____。

A. 测量电阻时,如果指针偏转过大,应将选择开关 S 拨至倍率较小的挡位,重新调零后测量

B. 测量电阻时,如果红、黑表笔分别插在负、正插孔,则会影响测量结果

C. 测量电路中的某个电阻,应该把该电阻与电路断开

D. 测量阻值不同的电阻时,都必须重新调零

7. [2015·广东卷]某实验小组研究两个未知元件 X 和 Y 的伏安特性,使用的器材包括电压表(内阻约为 3 kΩ)、电流表(内阻约为 1 Ω)、定值电阻等。

① 使用多用电表粗测元件 X 的电阻。选择"×1"欧姆挡测量,示数如图 10-19(a)所示,读数为_____Ω。据此应选择图 10-19 中的_____(填"b"或"c")电路进行实验。

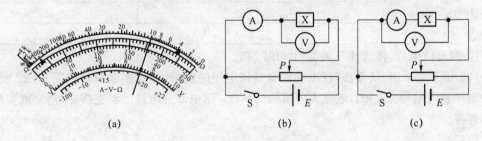

图 10-19

② 连接所选电路,闭合 S;滑动变阻器的滑片 P 从左向右滑动,电流表的示数逐渐_____(填"增大"或"减小");依次记录电流及相应的电压;将元件 X 换成元件 Y,重复实验。

③ 图 10-20(a)是根据实验数据作出的 U-I 图像,由图可判断元件_____(填"X"或"Y")是非线性元件。

④ 该小组还借助 X 和 Y 中的线性元件和阻值 R=21 Ω 的定值电阻,测量待测电池的电动势 E 和内阻 r,电路如图 10-20(b)所示。闭合 $S_1$ 和 $S_2$,电压表读数为 3.00 V;断开 $S_2$,

115

读数为 1.00 V。利用图(a)可算得 $E=$ _____ V,$r=$ _____ Ω(结果均保留两位有效数字,视电压表为理想电压表)。

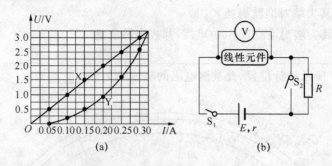

图 10-20

8. [2011·安徽高考](1) 某同学使用多用电表粗略测量一定值电阻的阻值,先把选择开关旋到"×1 k"挡位,测量时指针偏转如图 10-21 所示。请你简述接下来的测量操作过程:

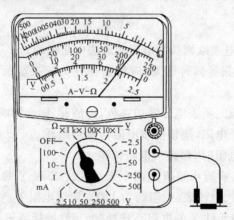

图 10-21

① _____。
② _____。
③ _____。
④ 测量结束后,将选择开关旋到"OFF"挡。

(2) 接下来采用"伏安法"较准确地测量该电阻的阻值,所用实验器材如图 10-22 所示。其中电压表内阻约为 5 kΩ,电流表内阻约为 5 Ω。图中部分电路已经连接好,请完成实验电路的连接。

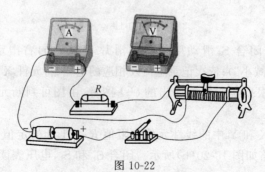

图 10-22

(3) 图 10-23 是一个多量程多用电表的简化电路图,测量电流、电压和电阻各有两个量程。当转换开关 S 旋到位置 3 时,可用来测量_____;当 S 旋到位置_____时,可用来测量电流,其中 S 旋到位置_____时量程较大。

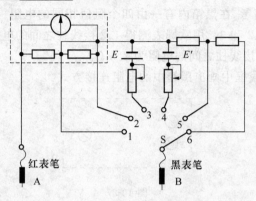

图 10-23

9. 用多用电表探测图 10-24 所示黑箱发现:用直流电压挡测量,$E$、$G$ 两点间和 $F$、$G$ 两点间均有电压,$E$、$F$ 两点间无电压;用欧姆挡测量,黑表笔(与电表内部电源的正极相连)接 $E$ 点,红表笔(与电表内部电源的负极相连)接 $F$ 点,阻值很小,但反接阻值很大。那么,该黑箱内元件的接法可能是图 10-25 中的( )

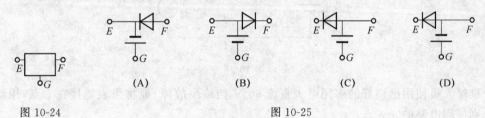

图 10-24           图 10-25

10. 在测定金属电阻率的实验中,某同学连接电路如图 10-26 所示,闭合开关后,发现电路有故障(已知电源、电表和导线均完好,电源电动势为 $E$)。

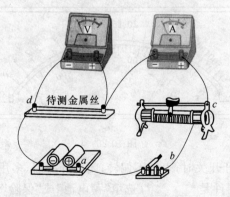

图 10-26

(1) 若电流表示数为零、电压表示数为 $E$,则发生故障的是_____(填"待测金属丝""滑动变阻器"或"开关")。

(2) 若电流表、电压表示数均为零,该同学利用多用电表检查故障。先将选择开关旋至

_____挡(填"欧姆×100""直流电压10 V"或"直流电流2.5 mA"),再将_____(填"红"或"黑")表笔固定在 $a$ 接线柱,把另一支表笔依次接 $b$、$c$、$d$ 接线柱。

(3)若只有滑动变阻器断路,则多用电表的示数依次是_____、_____、_____。

11. [2012·全国高考]在黑箱内有一由四个阻值相同的电阻构成的串并联电路,黑箱面板上有三个接线柱 1、2 和 3。用欧姆表测得 1、2 接线柱之间的电阻为 1 Ω,2、3 接线柱之间的电阻为 1.5 Ω,1、3 接线柱之间的电阻为 2.5 Ω。

(1)在图 10-27 虚线框中画出黑箱中的电阻连接方式:

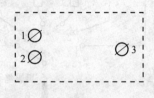

图 10-27

(2)如果将 1、3 接线柱用导线连接起来,1、2 接线柱之间的电阻为_____ Ω。

12. [2014·重庆卷](1)某照明电路出现故障,其电路如图 10-28 所示,该电路用标称值为 12 V 的蓄电池为电源,导线及其接触完好。

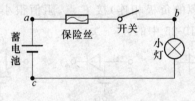

图 10-28

维修人员使用已调好的多用电表直流 50 V 挡检测故障,他将黑表笔接在 $c$ 点,用红表笔分别探测电路的 $a$、$b$ 点。

① 断开开关,红表笔接 $a$ 点时多用电表指示图 10-29 所示,读数为_____ V,说明_____正常(选填"蓄电池"或"保险丝"或"开关"或"小灯")。

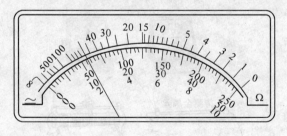

图 10-29

② 红表笔接 $b$ 点,断开开关时,表针不偏转,闭合开关后,多用电表指示仍然和图 10-29 相同,可判定发生故障的器件是_____(选填"蓄电池"或"保险"或"开关"或"小灯")。

# 实验 11　传感器的简单应用

## 高考本源实验梳理

### 一、实验目的

(1) 认识热敏电阻、光敏电阻等传感器的特性。
(2) 了解传感器的简单应用。

### 二、实验原理

(1) 传感器能够将感受到的物理量(力、热、光、声等)转换成便于测量的量(一般是电学量)。
(2) 其工作过程如图 11-1 所示。

图 11-1

### 三、实验器材

热敏电阻、光敏电阻、多用电表、铁架台、烧杯、冷水、热水、小灯泡、学生电源、继电器、滑动变阻器、开关、导线等。

### 四、实验过程

1. 研究热敏电阻的热敏特性
(1) 实验步骤
① 按图 11-2 所示连接好电路,将热敏电阻绝缘处理。
② 把多用电表置于"欧姆"挡,并选择适当的量程测出烧杯中没有热水时热敏电阻的阻值,并记下温度计的示数。
③ 向烧杯中注入少量的冷水,使热敏电阻浸没在冷水中,记下温度计的示数和多用电表测量的热敏电阻的阻值。

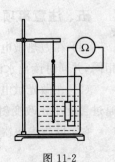

图 11-2

④ 将热水分几次注入烧杯中，测出不同温度下热敏电阻的阻值，并记录。

(2) 数据处理

① 根据记录数据，把测量到的温度、电阻值填入表 11-1 中，分析热敏电阻的特性。

表 11-1

| 待测量 \ 次数 | | | | |
|---|---|---|---|---|
| 温度(℃) | | | | |
| 电阻(Ω) | | | | |

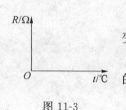

图 11-3

② 在图 11-3 所示的坐标系中，粗略画出热敏电阻的阻值随温度变化的图像。

③ 根据实验数据和 $R$-$t$ 图像，得出结论：热敏电阻的阻值随温度的升高而减小，随温度的降低而增大。

2．研究光敏电阻的光敏特性

(1) 实验步骤

① 将光敏电阻、多用电表、灯泡、滑动变阻器按如图 11-4 所示电路连接好，其中多用电表置于"×100"挡。

② 先测出在室内自然光的照射下光敏电阻的阻值，并记录数据。

③ 接通电源，让小灯泡发光，调节滑动变阻器使小灯泡的亮度逐渐变亮，观察表盘指针显示电阻阻值的情况，并记录。

④ 用手掌(或黑纸)遮住光，观察光敏电阻的阻值又是多少，并记录。

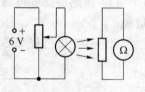

图 11-4

(2) 数据处理

把记录的结果填入表 11-2 中，根据记录数据分析光敏电阻的特性。

表 11-2

| 光照强度 | 弱 | 中 | 强 | 无光照射 |
|---|---|---|---|---|
| 阻值(Ω) | | | | |

结论：光敏电阻的阻值被光照射时发生变化，光照增强电阻变小，光照减弱电阻变大。

### 五、注意事项

(1) 在做热敏电阻实验时，加开水后要等一会儿再测其阻值，以使电阻温度与水的温度相同，并同时读出水温。

(2) 在做光敏电阻实验中，如果效果不明显，可将电阻部分电路放入带盖的纸盒中，并通过盖上小孔改变射到光敏电阻上的光的多少。

(3) 欧姆表每次换挡后都要重新调零。

## 高考命题实例

**【典例分析1】**

热敏电阻是传感电路中常用的电子元件,现用伏安法研究电阻在不同温度下的伏安特性曲线,要求特性曲线尽可能完整。已知常温下待测热敏电阻的阻值约4～5 Ω。将热敏电阻和温度计插入带塞的保温杯中,杯内有一定量的冷水,其他备用的仪表和器具有:盛有热水的热水瓶(图中未画出)、电源(3 V、内阻可忽略)、直流电流表(内阻约1 Ω)、直流电压表(内阻约5 kΩ)、滑动变阻器(0～20 Ω)、开关、导线若干。

(1) 画出实验电路图。
(2) 根据电路图,在图 11-5 所示的实物图上连线。
(3) 简要写出完成接线后的主要实验步骤。

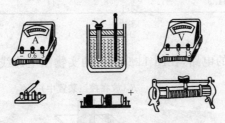

图 11-5

[解析] 常温下待测热敏电阻的阻值(约4～5 Ω)较小,应该选用安培表外接法。热敏电阻的阻值随温度的升高而减小,热敏电阻两端的电压由零逐渐增大,滑动变阻器选用分压式。

(1) 实验电路如图 11-6 所示。
(2) 根据电路图,连接实物图如图 11-7 所示。

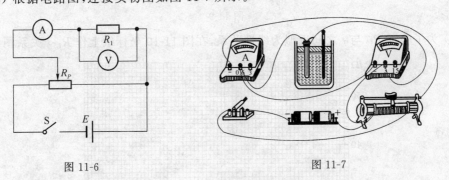

图 11-6　　　　　　图 11-7

(3) 完成接线后的主要实验步骤:①往保温杯里加一些热水,待温度计稳定时读出温度计值;②调节滑动变阻器,快速测出几组电压表和电流表的值;③重复①和②,测量不同温度下的数据;④绘出各测量温度下的热敏电阻的伏安特性曲线。

[答案] 见解析

## 【典例分析2】

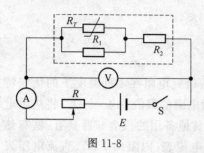

图 11-8

[2010·新课标卷]用对温度敏感的半导体材料制成的某热敏电阻 $R_T$，在给定温度范围内，其阻值随温度的变化是非线性的。某同学将 $R_T$ 和两个适当的固定电阻 $R_1$、$R_2$ 连成图 11-8 虚线框内所示的电路，以使该电路的等效电阻 $R_L$ 的阻值随 $R_T$ 所处环境温度的变化近似为线性的，且具有合适的阻值范围。为了验证这个设计，他采用伏安法测量在不同温度下 $R_L$ 的阻值，测量电路如图 11-8 所示，图中的电压表内阻很大。$R_L$ 的测量结果如表 11-3 所示。

表 11-3

| 温度 $t$(℃) | 30.0 | 40.0 | 50.0 | 60.0 | 70.0 | 80.0 | 90.0 |
|---|---|---|---|---|---|---|---|
| 阻值 $R_L$(Ω) | 54.3 | 51.5 | 48.3 | 44.7 | 41.4 | 37.9 | 34.7 |

回答下列问题：

(1) 根据图 11-9 所示的电路，在图 11-9 所示的实物图上连线。

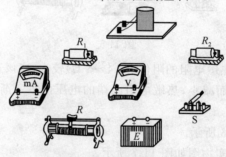

图 11-9

(2) 为了验证 $R_L$ 与 $t$ 之间近似为线性关系，在图 11-10 坐标纸上作 $R_L$-$t$ 关系图像。

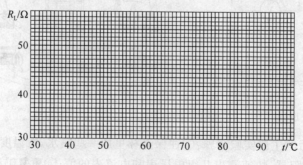

图 11-10

(3) 在某一温度下，电路中的电流表、电压表的示数如图 11-11 所示。电流表的读数为_____，电压表的读数为_____。此时等效电阻 $R_L$ 的阻值为_____；热敏电阻所处环境的温度约为_____。

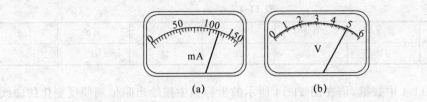

图 11-11

[解析] (1)根据电路图连接实物图,如图 11-12 所示。

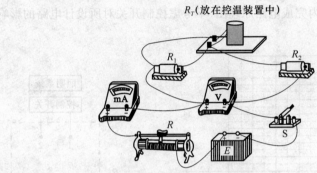

图 11-12

(2)根据数据描出点,作出直线,如图 11-13 所示。

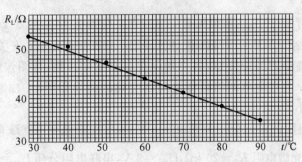

图 11-13

(3)电流表读数:$I=115$ mA。

电压表读数:$U=5.00$ V。

$R_L=\dfrac{U}{I}=\dfrac{5.00}{115\times 10^{-3}}\Omega\approx 43.5\ \Omega$,

对照图找出相应温度约为 64.0 ℃。

[答案] (1)见解析图 (2)见解析图 (3)115 mA 5.00 V 43.5 Ω 64.0 ℃

【触类旁通】

为了节能和环保,一些公共场所使用光控开关控制照明系统。光控开关可采用光敏电阻来控制,光敏电阻是阻值随着光的照度而发生变化的元件(照度可以反映光的强弱,光越强照度越大,照度单位为 lx)。某光敏电阻 $R_P$ 在不同照度下的阻值如表 11-4 所示。

表 11-4

| 照度(lx) | 0.2 | 0.4 | 0.6 | 0.8 | 1.0 | 1.2 |
|---|---|---|---|---|---|---|
| 电阻(kΩ) | 75 | 40 | 28 | 23 | 20 | 18 |

(1) 根据表 11-4 中数据,请在图 11-14 所示的坐标系中描绘出阻值随照度变化的曲线,并说明阻值随照度变化的特点。

(2) 如图 11-15 所示,当 1、2 两端所加电压上升至 2 V 时,控制开关自动启动照明系统。请利用下列器材设计一个简单电路,给 1、2 两端提供电压,要求当天色渐暗照度降低至 1.0 lx 时启动照明系统,在虚线框内完成电路原理图(不考虑控制开关对所设计电路的影响)。

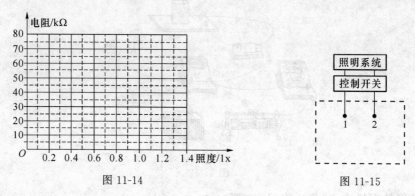

图 11-14　　　　　　　图 11-15

提供的器材如下:

光敏电阻 $R_P$(符号 ─[▨]─,阻值见表 11-4);直流电源 $E$(电动势 3 V,内阻不计);定值电阻:$R_1=10$ kΩ,$R_2=20$ kΩ,$R_3=40$ kΩ(限选其中之一并在图中标出);开关 S 及导线若干。

[解析] (1) 描绘图像应注意:各点均匀分布在图像两侧,且图像应用平滑曲线,而不能成为各点的连线。光敏电阻的阻值随光照度变化的曲线如图 11-16 所示,电阻的阻值随光照度的增大而减小。

(2) 根据串联电阻的正比分压关系,$E=3$ V,当照度降低至 1.0 lx 时,其电压升至 2 V,由图像知,此时光敏电阻 $R_P=20$ kΩ,$U_{RP}=2$ V,串联电阻分压 $U_R=1$ V,由 $\dfrac{U_{RP}}{U_R}=\dfrac{R_P}{R}=2$

得:$R=\dfrac{R_P}{2}=10$ kΩ,故选定值电阻 $R_1$,电路原理图如图 11-17 所示。

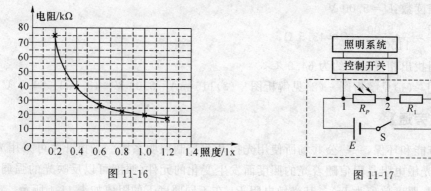

图 11-16　　　　　　　图 11-17

[答案] 见解析

## 高考链接创新点拨

**【典例分析3】**

[2010·上海卷]电动机的自动控制电路如图 11-18 所示,其中 $R_H$ 为热敏电阻,$R_L$ 为光敏电阻,当温度升高时,$R_H$ 的阻值远小于 $R_1$;当光照射 $R_L$ 时,其阻值远小于 $R_2$,为使电动机在温度升高或受到光照时能自动启动,电路中虚线框内应选_____门逻辑电路;若要提高光照时电动机启动的灵敏度。可以_____$R_2$ 的阻值(填"增大"或"减小")。

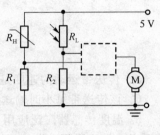

图 11-18

[解析]　为使电动机在温度升高或受到光照时能自动启动,即热敏电阻或光敏电阻的电阻值小时,输入为1,输出为1,所以是"或门"。因为若要提高光照时电动机启动的灵敏度,需要在光照较小即光敏电阻较大时输入为1,输出为1,所以要增大 $R_2$。

[答案]　或　增大

## 高考真题同步训练

1. [2011·江苏高考]美国科学家 Willard S. Boyle 与 George E. Smith 因电荷耦合器件(CCD)的重要发明荣获 2009 年度诺贝尔物理学奖。CCD 是将光学量转变成电学量的传感器。下列器件可作为传感器的有(　　)

　　A. 发光二极管　　　　　　　B. 热敏电阻
　　C. 霍尔元件　　　　　　　　D. 干电池

2. 2007 年度诺贝尔物理学奖授予了法国和德国的两位科学家,以表彰他们发现"巨磁电阻效应"。基于巨磁电阻效应开发的用于读取硬盘数据的技术,被认为是纳米技术的第一次真正应用。在下列有关其他电阻应用的说法中,错误的是(　　)

　　A. 热敏电阻可应用于温度测控装置中
　　B. 光敏电阻是一种光电传感器
　　C. 电阻丝可应用于电热设备中
　　D. 电阻在电路中主要起到通过直流、阻碍交流的作用

3. [2013·聊城模拟]如图 11-19 所示,$R_1$、$R_2$ 为定值电阻,L 为小灯泡,$R_3$ 为光敏电阻,当照射光强度增大时(　　)

　　A. 电压表的示数增大
　　B. $R_2$ 中电流减小
　　C. 小灯泡的功率增大
　　D. 电路的路端电压增大

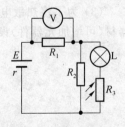

图 11-19

4. 利用光敏电阻制作的光传感器,记录了传送带上工作的输送情况,如图 11-20(a)所示为某工厂成品包装车间的光传感记录器,光传感器 B 能接收到发光元件 A 发出的光,每当工件挡住 A 发出的光时,光传感器输出一个

电信号,并在屏幕上显示出电信号与时间的关系,如图 11-20(b)所示,若传送带始终匀速运动,每两个工件间的距离为 0.2 m,则下述说法正确的是( )

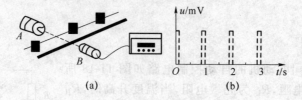

图 11-20

A. 传送带运动的速度是 0.1 m/s　　B. 传送带运动的速度是 0.2 m/s
C. 该传送带每小时输送 3 600 个工件　　D. 该传送带每小时输送 7 200 个工件

5. 温度传感器广泛应用于室内空调、电冰箱等家用电器中,它是利用热敏电阻的阻值随温度变化的特性工作的。如图 11-21(a)所示,电源的电动势 $E=9.0$ V,内电阻不计;G 为灵敏电流计,内阻 $R_g$ 保持不变;R 为热敏电阻,其电阻值与温度的变化关系如图 11-21(b)所示。闭合开关 S,当 R 的温度等于 20 ℃时,电流表示数 $I_1=2$ mA;当电流表的示数 $I_2=3.6$ mA 时,热敏电阻的温度是_____℃。

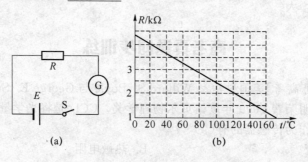

图 11-21

6. 利用负温度系数热敏电阻制作的热传感器,一般体积很小,可以用来测量很小范围内的温度变化,反应快,而且精确度高。

(1) 如果将负温度系数热敏电阻与电源、电流表和其他元件串联成一个电路,其他因素不变,只要热敏电阻所处区域的温度降低,电路中电流将变_____(填"大"或"小")。

(2) 上述电路中,我们将电流表中的电流刻度换成相应的温度刻度,就能直接显示出热敏电阻附近的温度。如果刻度盘正中的温度为 20 ℃,如图 11-22(a)所示,则 25 ℃的刻度应在 20 ℃的刻度的_____(填"左"或"右")侧。

(3) 为了将热敏电阻放置在某蔬菜大棚内检测大棚内温度变化,请用图 11-22(b)中的器材(可增加元件)设计一个电路。

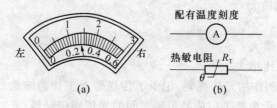

图 11-22

7. [2010·全国2卷]如图11-23所示,一热敏电阻 $R_T$ 放在控温容器 $M$ 内;A 为毫安表,量程 6 mA,内阻为数十欧姆;$E$ 为直流电源,电动势约为 3 V,内阻很小;$R$ 为电阻箱,最大阻值为 999.9 Ω,S 为开关。已知 $R_T$ 在 95 ℃ 时的阻值为 150 Ω,在 20 ℃ 时的阻值约为 550 Ω。现要求在降温过程中测量在 20~95 ℃ 之间的多个温度下 $R_T$ 的阻值。

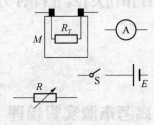

图 11-23

(1) 在图中画出连线,完成实验原理电路图。

(2) 完成下列实验步骤中的填空:

① 依照实验原理电路图连线。

② 调节控温容器 $M$ 内的温度,使得 $R_T$ 的温度为 95 ℃。

③ 将电阻箱调到适当的初值,以保证仪器安全。

④ 闭合开关。调节电阻箱,记录电流表的示数 $I_0$,并记录_____。

⑤ 将 $R_T$ 的温度降为 $T_1$(20 ℃<$T_1$<95 ℃);调节电阻箱,使得电流表的读数_____,记录_____。

⑥ 温度为 $T_1$ 时热敏电阻的电阻值 $RT_1$ =_____。

⑦ 逐步降低 $T_1$ 的数值,直到 20 ℃ 为止;在每一温度下重复步骤⑤⑥。

# 实验 12　用油膜法估测分子的大小

## 高考本源实验梳理

### 一、实验目的
（1）估测油酸分子的大小。
（2）学会间接测量微观量的原理和方法。

### 二、实验原理

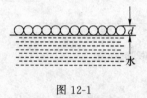

图 12-1

利用油酸酒精溶液在平静的水面上形成单分子油膜（如图 12-1 所示），将油酸分子看作球形，测出一定体积油酸酒精溶液在水面上形成的油膜面积，用 $d=V/S$ 计算出油膜的厚度，其中 $V$ 为一滴油酸酒精溶液中纯油酸的体积，$S$ 为油膜面积。这个厚度就近似等于油酸分子的直径。

### 三、实验器材

清水、盛水浅盘、滴管（或注射器）、试剂瓶、坐标纸、玻璃板、痱子粉（或石膏粉）、油酸酒精溶液、量筒、彩笔。

### 四、实验步骤

（1）取 1 mL（1 cm³）的油酸溶于酒精中，制成 200 mL 的油酸酒精溶液。

（2）往边长约为 30～40 cm 的浅盘中倒入约 2 cm 深的水，然后将痱子粉或石膏粉均匀地撒在水面上。

（3）用滴管（或注射器）向量筒中滴入 $n$ 滴配制好的油酸酒精溶液，使这些溶液的体积恰好为 1 mL，算出每滴油酸酒精溶液的体积 $V_0=\dfrac{1}{n}$ mL。

（4）用滴管（或注射器）向水面上滴入一滴配制好的油酸酒精溶液，油酸就在水面上慢慢散开，形成单分子油膜。

（5）待油酸薄膜形状稳定后，将准备好的玻璃板盖在浅盘上，用彩笔将油酸薄膜的形状画在玻璃板上。

(6) 将画有油酸薄膜轮廓的玻璃板放在坐标纸上,算出油酸薄膜的面积。方法是计算轮廓范围内正方形的个数,不足半个的舍去,多于半个的算一个,把正方形的个数乘以单个正方形的面积就是油膜的面积。

(7) 据油酸酒精溶液的浓度,算出一滴溶液中纯油酸的体积 $V$,利用一滴油酸的体积 $V$ 和薄膜的面积 $S$,算出油酸薄膜的厚度 $d=\dfrac{V}{S}$,即为油酸分子的直径。比较算出的分子直径,看其数量级(单位为 m)是否为 $10^{-10}$,若不是 $10^{-10}$ 需重做实验。

## 五、数据处理

根据上面记录的数据,完成表 12-1 和表 12-2。

表 12-1

| 实验次数 | 量筒内增加 1 mL 溶液时的滴数 | 轮廓内的小格子数 | 轮廓面积 $S$ |
|---|---|---|---|
| 1 | | | |
| 2 | | | |

表 12-2

| 实验次数 | 一滴溶液中纯油酸的体积 $V$ | 分子的大小(m) | 平均值 |
|---|---|---|---|
| 1 | | | |
| 2 | | | |

## 六、注意事项

(1) 油酸酒精溶液配制后不宜长时间放置,以免改变浓度,产生误差。

(2) 油酸酒精溶液的浓度应小于 $\dfrac{1}{1\,000}$ 为宜。

(3) 痱子粉的用量不要太大,否则不易成功。

(4) 测 1 滴油酸酒精溶液的体积时,滴入量筒中的油酸酒精溶液的体积应为整毫升数,应多滴几毫升,数出对应的滴数,这样求平均值误差较小。

(5) 浅盘里水离盘口面的距离应较小,并要水平放置,以便准确地画出薄膜的形状,画线时视线应与板面垂直。

(6) 要待油膜形状稳定后,再画轮廓。

(7) 本实验只要求估算分子的大小,实验结果的数量级符合即可。

(8) 做完实验后,把水从盘的一侧边缘倒出,并用少量酒精清洗,然后用脱脂棉擦去,最后用水冲洗,以保持盘的清洁。

## 七、误差分析

(1) 油酸酒精溶液配制后长时间放置,溶液的浓度会改变,会给实验带来较大误差。

(2) 纯油酸体积的计算误差。

(3) 油膜面积的测量误差

① 油膜形状的画线误差；

② 数格子法本身是一种估算的方法，自然会带来误差。

# 高考命题实例

【典例分析1】

[2011·全国高考]在"油膜法估测油酸分子的大小"实验中，有下列实验步骤：

① 往边长约为40 cm的浅盘里倒入约2 cm深的水，待水面稳定后将适量的痱子粉均匀地撒在水面上。

② 用注射器将事先配好的油酸酒精溶液滴一滴在水面上，待薄膜形状稳定。

③ 将画有油膜形状的玻璃板平放在坐标纸上，计算出油膜的面积，根据油酸的体积和面积计算出油酸分子直径的大小。

④ 用注射器将事先配好的油酸酒精溶液一滴一滴地滴入量筒中，记下量筒内每增加一定体积时的滴数，由此计算出一滴油酸酒精溶液的体积。

⑤ 将玻璃板放在浅盘上，然后将油膜的形状用彩笔描绘在玻璃板上。

完成下列填空：

(1) 上述步骤中，正确的顺序是_____（填写步骤前面的数字）。

(2) 将1 cm³的油酸溶于酒精，制成300 cm³的油酸酒精溶液；测得1 cm³的油酸酒精溶液有50滴。现取一滴该油酸酒精溶液滴在水面上，测得所形成的油膜的面积是0.13 m²。由此估算出油酸分子的直径为_____m（结果保留1位有效数字）。

[解析]（1）根据实验原理易知操作步骤正确的顺序为④①②⑤③。

(2) 根据实验原理可知油酸分子直径为 $d=\dfrac{V}{S}=\dfrac{1\times 10^{-6}}{300\times 50\times 0.13}$ m $\approx 5\times 10^{-10}$ m。

[答案]（1）④①②⑤③ （2）$5\times 10^{-10}$

【典例分析2】

[2011·江苏高考]某同学在进行"用油膜法估测分子的大小"的实验前，查阅数据手册得知：油酸的摩尔质量 $M=0.283$ kg·mol$^{-1}$，密度 $\rho=0.895\times 10^3$ kg·m$^{-3}$。若100滴油酸的体积为1 mL，则1滴油酸所能形成的单分子油膜的面积约是多少（取 $N_A=6.02\times 10^{23}$ mol$^{-1}$，球的体积V与直径D的关系为 $V=\dfrac{1}{6}\pi D^3$，结果保留一位有效数字）？

[解析] 一个油酸分子的体积 $V=\dfrac{M}{\rho N_A}$

由球的体积与直径的关系得分子直径 $D=\sqrt[3]{\dfrac{6M}{\pi\rho N_A}}$

最大面积 $S=\dfrac{1\times 10^{-8}\text{ m}^3}{D}$，解得 $S=1\times 10^1$ m²。

[答案] $1\times 10^1$ m²

## 高考真题同步训练

1. "用油膜法估测分子的大小"实验的科学依据是（　　）
   A. 将油酸形成的膜看成单分子油膜
   B. 不考虑各油酸分子间的间隙
   C. 考虑了各油酸分子间的间隙
   D. 将油酸分子看成球形

2. 一滴油酸酒精溶液含质量为 $m$ 的纯油酸,滴在液面上扩散后形成的最大面积为 $S$。已知纯油酸的摩尔质量为 $M$、密度为 $\rho$,阿伏伽德罗常量为 $N_A$,下列表达式中正确的有（　　）
   A. 油酸分子的直径 $d=\dfrac{M}{\rho S}$
   B. 油酸分子的直径 $d=\dfrac{m}{\rho S}$
   C. 油酸所含的分子数 $n=\dfrac{m}{M}N_A$
   D. 油酸所含的分子数 $n=\dfrac{M}{m}N_A$

3. 某学生在做"用油膜法估测分子的大小"的实验时,计算结果偏大,可能是由于（　　）
   A. 油酸未完全散开
   B. 油酸溶液浓度低于实际值
   C. 计算油膜面积时,舍去了所有不足一格的方格
   D. 求每滴体积时,1 mL 的溶液的滴数多记了 10 滴

4. 利用油膜法估测油酸分子的大小,实验器材有:浓度为 0.05%(体积分数)的油酸酒精溶液、最小刻度为 0.1 mL 的量筒、盛有适量清水的规格为 30 cm×40 cm 的浅盘、痱子粉、橡皮头滴管、玻璃板、彩笔、坐标纸。

   (1) 下面是实验步骤,请填写所缺的步骤③。
   ① 用滴管将浓度为 0.05% 的油酸酒精溶液一滴一滴地滴入量筒中,记下滴入 1 mL 油酸酒精溶液时的滴数 $N$。
   ② 将痱子粉均匀地撒在浅盘内的水面上,用滴管吸取浓度为 0.05% 的油酸酒精溶液,从靠近水面处向浅盘中央一滴一滴地滴入油酸酒精溶液,直到油酸薄膜有足够大的面积且不与器壁接触为止,记下滴入的滴数 $n$。
   ③ _____。
   ④ 将画有油酸薄膜轮廓的玻璃板放在坐标纸上,以坐标纸上边长为 1 cm 的正方形为单位,计算轮廓内正方形的个数,算出油酸薄膜的面积 $S$。

   (2) 用已给的和测得的物理量表示单个油酸分子的大小_____(单位:cm)。

5. 某学生在做"用油膜法估测分子的大小"的实验时,计算结果偏大,可能是由于（　　）
   A. 油酸未完全散开
   B. 油酸溶液浓度低于实际值
   C. 计算油膜面积时,舍去了所有不足一格的方格
   D. 求每滴体积时,1 mL 的溶液的滴数多记了 10 滴

6. [2012·江苏三校联考]将 1 mL 的纯油酸配成 500 mL 的油酸酒精溶液,待均匀溶解后,用滴管向量筒内滴加 200 滴上述溶液,量筒中的溶液体积增加了 1 mL,则每滴油酸酒精溶液体积为_____mL。现在让其中一滴落到盛水的浅盘内,待油膜充分展开后,测得

油膜的面积为 200 cm²,则估算油酸分子的直径是_____m(保留一位有效数字)。

7. 在"用油膜法估测分子大小"实验中所用的油酸酒精溶液的浓度为 1 000 mL 溶液中有纯油酸 0.6 mL,用注射器测得 1 mL 上述溶液为 80 滴,把 1 滴该溶液滴入盛水的浅盘内,让油膜在水面上尽可能散开,测得油酸薄膜的轮廓形状和尺寸如图 12-2 所示,图中每一小方格的边长为 1 cm,试求:

(1) 油酸薄膜的面积是_____cm²。

(2) 实验测出油酸分子的直径是_____m(结果保留两位有效数字)。

(3) 实验中为什么要让油膜尽可能散开?

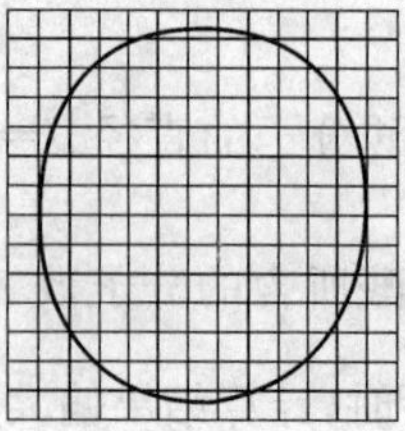

图 12-2 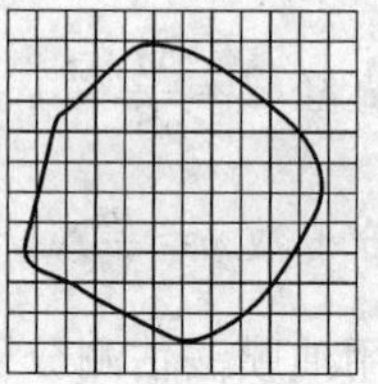          图 12-3

8. 油酸酒精溶液的浓度为每 1 000 mL 油酸酒精溶液中有油酸 0.6 mL,现用滴管向量筒内滴加 50 滴上述溶液,量筒中的溶液体积增加了 1 mL,若把一滴这样的油酸酒精溶液滴入足够大盛水的浅盘中,由于酒精溶于水,油酸在水面展开,稳定后形成的油膜的形状如图 12-3 所示。若每一小方格的边长为 25 mm,试问:

(1) 这种估测方法是将每个油酸分子视为_____模型,让油酸尽可能地在水面上散开,则形成的油膜可视为_____油膜,这层油膜的厚度可视为油酸分子的_____。图 12-3 中油酸膜的面积为_____m²;每一滴油酸酒精溶液中含有纯油酸体积是_____m³;根据上述数据,估测出油酸分子的直径是_____m(结果保留两位有效数字)。

(2) 某同学在实验过程中,在距水面约 2 cm 的位置将一滴油酸酒精溶液滴入水面形成油膜,实验时观察到,油膜的面积会先扩张后又收缩了一些,这是为什么呢?

请写出你分析的原因:_____
_____。

# 实验13 探究单摆的运动——用单摆测定重力加速度

## 高考本源实验梳理

### 一、实验目的
(1) 学会用单摆测定当地的重力加速度。
(2) 能正确熟练地使用秒表。

### 二、实验原理
单摆在摆角小于10°时，其振动周期跟摆角的大小和摆球的质量无关，单摆的周期公式是 $T=2\pi\sqrt{\dfrac{l}{g}}$，由此得 $g=\dfrac{4\pi^2 l}{T^2}$，因此测出单摆的摆长 $l$ 和振动周期 $T$，就可以求出当地的重力加速度值。

### 三、实验器材
带孔小钢球一个、细丝线一条(长约1 m)、毫米刻度尺一把、秒表、游标卡尺、带铁夹的铁架台。

### 四、实验步骤

1. **做单摆**
取约1 m长的细丝线穿过带孔的小钢球，并打一个比小孔大一些的结，然后把线的另一端用铁夹固定在铁架台上，并把铁架台放在实验桌边，使铁夹伸到桌面以外，让摆球自然下垂。

2. **测摆长**
用米尺量出摆线长 $l$(精确到毫米)，用游标卡尺测出小球直径 $D$(也精确到毫米)，则单摆的摆长 $l'=l+\dfrac{D}{2}$。

3. **测周期**
将单摆从平衡位置拉开一个角度(小于10°)，然后释放小球，记下单摆做30～50次全振动的总时间，算出平均每一次全振动的时间，即为单摆的振动周期。反复测量三次，再算出测得周期数值的平均值。

4. 改变摆长,重做几次实验。

## 五、数据处理

1. 公式法

将测得的几次的周期 $T$ 和摆长 $l$ 代入公式 $g=\dfrac{4\pi^2 l}{T^2}$ 中算出重力加速度 $g$ 的值,再算出 $g$ 的平均值,即为当地的重力加速度的值。

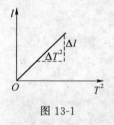

图 13-1

2. 图像法

由单摆的周期公式 $T=2\pi\sqrt{\dfrac{l}{g}}$ 可得 $l=\dfrac{g}{4\pi^2}T^2$,因此以摆长 $l$ 为纵轴、以 $T^2$ 为横轴作出的 $l$-$T^2$ 图像是一条过原点的直线,如图 13-1 所示,求出斜率 $k$,即可求出 $g$ 值。$g=4\pi^2 k$,$k=\dfrac{l}{T^2}=\dfrac{l}{\Delta T^2}$。

## 六、注意事项

(1)选择材料时应选择细、轻又不易伸长的线,长度一般在 1 m 左右,小球应选用密度较大的金属球,直径应较小,最好不超过 2 cm。

(2)单摆悬线的上端不可随意卷在铁夹的杆上,应夹紧在铁夹中,以免摆动时发生摆线下滑、摆长改变的现象。

(3)注意摆动时控制摆线偏离竖直方向不超过 10°,可通过估算振幅的办法掌握。

(4)摆球振动时,要使之保持在同一个竖直平面内,不要形成圆锥摆。

(5)计算单摆的振动次数时,应从摆球通过最低位置时开始计时,为便于计时,可在摆球平衡位置的正下方作一标记。以后摆球每次从同一方向通过最低位置时进行计数,且在数"零"的同时按下秒表,开始计时计数。

## 七、误差分析

1. 系统误差

主要来源于单摆模型本身是否符合要求。即:悬点是否固定,摆球是否可看作质点,球、线是否符合要求,摆动是圆锥摆还是在同一竖直平面内振动以及测量哪段长度作为摆长等。只要注意了上面这些问题,就可以使系统误差减小到远小于偶然误差而达到忽略不计的程度。

2. 偶然误差

主要来自时间(即单摆周期)的测量上。因此,要注意测准时间(周期)。要从摆球通过平衡位置开始计时,并采用倒计时计数的方法,即 4,3,2,1,0,1,2,…在数"零"的同时按下秒表开始计时。不能多计或漏计振动次数。为了减小偶然误差,应进行多次测量后取平均值。

# 高考命题实例

**【典例分析 1】**

[2015·北京卷]用单摆测定重力加速度的实验装置如图 13-2 所示。

① 组装单摆时，应在下列器材中选用_____（选填选项前的字母）。

A. 长度为 1 m 左右的细线
B. 长度为 30 cm 左右的细线
C. 直径为 1.8 cm 的塑料球
D. 直径为 1.8 cm 的铁球

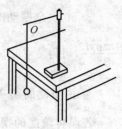

图 13-2

② 测出悬点 O 到小球球心的距离（摆长）L 及单摆完成 n 次全振动所用的时间 t，则重力加速度 g=_____（用 L、n、t 表示）。

③ 表 13-1 表示某同学记录的 3 组实验数据，并做了部分计算处理。

表 13-1

| 组次 | 1 | 2 | 3 |
|---|---|---|---|
| 摆长 L/cm | 80.00 | 90.00 | 100.00 |
| 50 次全振动时间 t/s | 90.0 | 95.5 | 100.5 |
| 振动周期 T/s | 1.80 | 1.91 | |
| 重力加速度 g/(m·s⁻²) | 9.74 | 9.73 | |

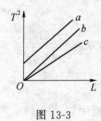

图 13-3

请计算出第 3 组实验中的 T=_____ s，g=_____ m/s²。

④ 用多组实验数据作出 $T^2$-L 图像，也可以求出重力加速度 g。$T^2$-L 图像的示意图如图 13-3 中的 a、b、c 所示，其中 a 和 b 平行，b 和 c 都过原点，图像 b 对应的 g 值最接近当地重力加速度的值。则相对于图像 b，下列分析正确的是_____（选填选项前的字母）。

A. 出现图像 a 的原因可能是误将悬点到小球下端的距离记为摆长 L
B. 出现图像 c 的原因可能是误将 49 次全振动记为 50 次
C. 图像 c 对应的 g 值小于图像 b 对应的 g 值

⑤ 某同学在家里测重力加速度。他找到细线和铁锁，制成一个单摆，如图 13-4 所示，由于家里只有一根量程为 30 cm 的刻度尺，于是他在细线上的 A 点做了一个标记使得悬点 O 到 A 点间的细线长度小于刻度尺量程。保持该标记以下的细线长度不变，通过改变 O、A 间细线长度以改变摆长。实验中，当 O、A 间细线的长度分别为 $l_1$、$l_2$ 时，测得相应单摆的周期为 $T_1$、$T_2$。由此可得重力加速度 g=_____（用 $l_1$、$l_2$、$T_1$、$T_2$ 表示）。

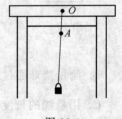

图 13-4

[答案] ①AD ②$\dfrac{4\pi^2 n^2 L}{t^2}$ ③2.01  9.76 ④B ⑤$\dfrac{4\pi^2(l_1-l_2)}{T_1^2-T_2^2}$

[解析] ① 做"用单摆测重力加速度"的实验时摆线要选择尽可能长一些的，摆球要选择质量大些、体积小些的，所以选择 A 和 D。

② 由单摆周期 $T=2\pi\sqrt{\dfrac{L}{g}}$，可得 $g=\dfrac{4\pi^2 L}{T^2}$；n 次全振动的时间为 t，则单摆周期为 $T=\dfrac{t}{n}$。由以上两式可得 $g=\dfrac{4\pi^2 n^2 L}{t^2}$。

③ 50次全振动的时间为100.5 s,则周期 $T=\dfrac{t}{n}=2.01$ s。将题目所给数据代入 $g=\dfrac{4\pi^2n^2L}{t^2}$,可得 $g=9.76$ m/s²。

④ 由单摆周期 $T=2\pi\sqrt{\dfrac{l}{g}}$ 可得 $T^2=\dfrac{4\pi^2}{g}l$。

若误将单摆的摆长记为悬点到小球下端的距离 $L$,则单摆的实际摆长 $l=L-r$,其中 $r$ 为小球半径。由以上两式可得 $T^2=\dfrac{4\pi^2}{g}(L-r)$,变形得 $T^2=\dfrac{4\pi^2}{g}L-\dfrac{4\pi^2r}{g}$。斜率 $\dfrac{4\pi^2}{g}$ 大于零,纵截距 $-\dfrac{4\pi^2r}{g}$ 小于零,所以选项A不正确。

若误将49次全振动记成50次全振动,由 $T=\dfrac{t}{n}$ 可知周期偏小,所以选项B正确。

由 $g=\dfrac{4\pi^2L}{T^2}$ 可知,$T$ 偏小,则 $g$ 偏大,所以选项C不正确。

⑤ 设 $A$ 点到细绳与铁锁所组成系统重心的距离为 $r$,则摆长 $L=l+r$。

由单摆周期公式 $T=2\pi\sqrt{\dfrac{L}{g}}$ 可得 $T=2\pi\sqrt{\dfrac{l+r}{g}}$,

前后两次改变摆长可得周期 $T_1=2\pi\sqrt{\dfrac{l_1+r}{g}}$,$T_2=2\pi\sqrt{\dfrac{l_2+r}{g}}$,从而得 $g=\dfrac{4\pi^2(l_1-l_2)}{T_1^2-T_2^2}$。

【典例分析2】

[2011·福建高考]某实验小组在利用单摆测定当地重力加速度的实验中:

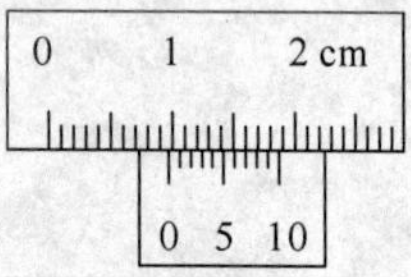

(1)用游标卡尺测定摆球的直径,测量结果如图13-5所示,则该摆球的直径为_____cm。

(2)小组成员在实验过程中有如下说法,其中正确的是_____(填选项前的字母)。

A. 把单摆从平衡位置拉开30°的摆角,并在释放摆球的同时开始计时

图13-5

B. 测量摆球通过最低点100次的时间 $t$,则单摆周期 $\dfrac{t}{100}$

C. 用悬线的长度加摆球的直径作为摆长,代入单摆周期公式计算得到的重力加速度值偏大

D. 选择密度较小的摆球,测得的重力加速度值误差较小

[解析] (1)主尺读数为9 mm,游标尺第7条刻线与主尺对齐,读数为9 mm+7×0.1 mm=9.7 mm=0.97 cm。

(2)摆角太大,且计时应在平衡位置,A项错误;计时100次为50个周期,一个周期为 $\dfrac{t}{50}$,B项错误;摆长应为摆线长加摆球半径,$L$ 偏大,由 $T=2\pi\sqrt{\dfrac{L}{g}}$ 计算出重力加速度偏大,C项正确;应选择密度较大的摆球,测得的重力加速度误差较小,D项错误。

[答案]　(1)0.97(0.96、0.98均可)　(2)C

**【典例分析3】**

[2015·广东卷]某同学使用打点计时器测量当地的重力加速度。

① 请完成以下主要实验步骤：按图13-6(a)安装实验器材并连接电源；竖直提起系有重物的纸带，使重物_____(填"靠近"或"远离")计时器下端；_____，_____，使重物自由下落；关闭电源，取出纸带；换新纸带重复实验。

② 图13-6(b)和(c)是实验获得的两条纸带，应选取_____(填"b"或"c")来计算重力加速度。在实验操作和数据处理都正确的情况下，得到的结果仍小于当地重力加速度，主要原因是空气阻力和_____。

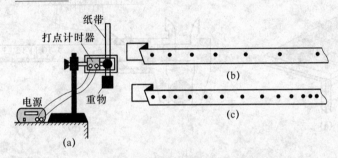

图13-6

[答案]　(1)①靠近　接通电源　释放纸带　②b　纸带与打点计时器间的摩擦力

[解析]　(1)①重物靠近打点计时器时，打点计时器才能在纸带上打下足够多的点，以便获取相关的数据，使得实验数据更加可靠；实验时，要先接通电源后释放纸带，以保证打下的第一个点速度为零。②纸带b中相邻两点之间的距离是均匀增大的，而纸带c相邻两点之间的距离则是先增大后减小，故要选择纸带b计算重力加速度；在实验操作和数据处理都正确的情况下，得到的结果仍小于当地的重力加速度，这是由于重物下落过程中受到空气阻力和纸带与打点计时器间有摩擦阻力。

# 高考链接创新点拨

## 一、本题创新点分析

1. 源于教材——本题的实验目的是测定重力加速度。

2. 高于教材——教材中的实验是采用单摆来测定重力加速度，而本实验用打点计时器来测量重力加速度。

## 二、本实验还可以从以下方面进行改进创新

**(一) 实验装置的创新**

在单摆选线固定处，设计可调摆长的装置。

**(二) 实验原理的创新**

本实验还可以自由落体运动或平抛运动等系列的特点：$a=g$。进行原理的创新。可以

利用打点计时器,频闪相机等实验仪器。

## 高考真题同步训练

1.[2013·新课标安徽]根据单摆周期公式 $T=2\pi\sqrt{\dfrac{l}{g}}$,可以通过实验测量当地的重力加速度。如图13-7(a)所示,将细线的上端固定在铁架台上,下端系一小钢球,就做成了单摆。

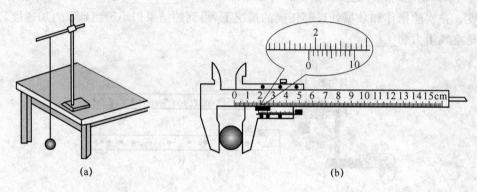

图 13-7

(1)用游标卡尺测量小钢球直径,示数如图13-7(b)所示,读数为_____ mm。

(2)以下是实验过程中的一些做法,其中正确的有_____。

A. 摆线要选择细些的、伸缩性小些的,并且尽可能长一些

B. 摆球尽量选择质量大些、体积小些的

C. 为了使摆的周期大一些,以方便测量,开始时拉开摆球,使摆线相距平衡位置有较大的角度

D. 拉开摆球,使摆线偏离平衡位置不大于5°,在释放摆球的同时开始计时,当摆球回到开始位置时停止计时,此时间间隔 $\Delta t$ 即为单摆周期 $T$

E. 拉开摆球,使摆线偏离平衡位置不大于5°,释放摆球,当摆球振动稳定后,从平衡位置开始计时,记下摆球做50次全振动所用的时间 $\Delta t$,则单摆周期 $T=\dfrac{\Delta t}{50}$

2.[2012·天津高考]某同学用实验的方法探究影响单摆周期的因素。

(1)他组装单摆时,在摆线上端的悬点处,用一块开有狭缝的橡皮夹牢摆线,再用铁架台的铁夹将橡皮夹紧,如图13-8所示。这样做的目的是_____(填字母代号)。

A. 保证摆动过程中摆长不变      B. 可使周期测量得更加准确

C. 需要改变摆长时便于调节      D. 保证摆球在同一竖直平面内摆动

(2)他组装好单摆后在摆球自然悬垂的情况下,用毫米刻度尺从悬点量到摆球的最低端的长度 $L=0.9990$ m,再用游标卡尺测量摆球直径,结果如图13-9所示,则该摆球的直径为_____ mm,单摆摆长为_____ m。

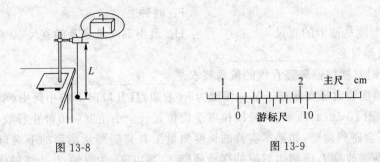

图 13-8   图 13-9

(3) 图 13-10 的振动图像真实地描述了对摆长约为 1 m 的单摆进行周期测量的四种操作过程,图中横坐标原点表示计时开始,A、B、C 均为 30 次全振动的图像,已知 sin 5°=0.087,sin 15°=0.26,这四种操作过程合乎实验要求且误差最小的是_____(填字母代号)。

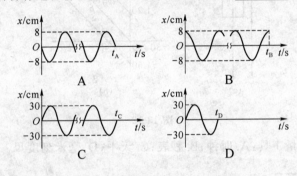

图 13-10

3. [2015·天津卷]某同学利用单摆测量重力加速度。
① 为了使测量误差尽量小,下列说法正确的是(　　)
A. 组装单摆须选用密度和直径都较小的摆球
B. 组装单摆须选用轻且不易伸长的细线
C. 实验时须使摆球在同一竖直面内摆动
D. 摆长一定的情况下,摆的振幅尽量大

② 如图 13-11 所示,在物理支架的竖直立柱上固定有摆长约 1 m 的单摆。实验时,由于仅有量程为 20 cm、精度为 1 mm 的钢板刻度尺,于是他先使摆球自然下垂,在竖直立柱上与摆球最下端处于同一水平面的位置做一标记点,测出单摆的周期 $T_1$;然后保持悬点位置不变,设法将摆长缩短一些,再次使摆球自然下垂,用同样方法在竖直立柱上做另一标记点,并测出单摆的周期 $T_2$;最后用钢板刻度尺量出竖直立柱上两标记点之间的距离 $\Delta L$。用上述测量结果,写出重力加速度的表达式 $g=$_____。

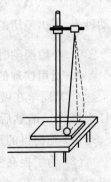

图 13-11

4. 在"用单摆测定重力加速度"的实验中:
(1) 下面所给器材中,选用哪些器材较好,请把所选用器材前的字母依次填写在题后的横线上。

A. 长 1 m 左右的细线　　　　　B. 长 30 cm 左右的细线
C. 直径 2 cm 的铅球　　　　　　D. 直径 2 cm 的铝球

E. 秒表　　　　　　　　　　　　F. 时钟
G. 最小刻度是厘米的直尺　　　　H. 最小刻度是毫米的直尺

所选用的器材是_____。

(2) 实验时对摆线偏离竖直线的偏角要求是_____。

5. 将一单摆装置竖直悬挂于某一深度为 $h$(未知)且开口向下的小筒中(单摆的下部分露于筒外),如图 13-12(a)所示,将悬线拉离平衡位置一个小角度后由静止释放,设单摆摆动过程中悬线不会碰到筒壁,如果本实验的长度测量工具只能测量出筒的下端口到摆球球心的距离 $L$,并通过改变 $L$ 而测出对应的摆动周期 $T$,再以 $T^2$ 为纵轴、$L$ 为横轴作出函数关系图像,那么就可以通过此图像得出小筒的深度 $h$ 和当地的重力加速度 $g$。

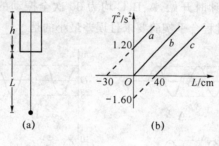

图 13-12

(1) 现有如下测量工具:A. 时钟;B. 秒表;C. 天平;D. 毫米刻度尺。本实验所需的测量工具有_____。

(2) 如果实验中所得到的 $T^2$-$L$ 关系图像如图 13-12(b)所示,那么真正的图像应该是 $a$、$b$、$c$ 中的_____。

(3) 由图像可知,小筒的深度 $h=$ _____ m;当地的重力加速度 $g=$ _____ m/s$^2$。

6. 某同学做"用单摆测定重力加速度"的实验时,测得的重力加速度数值明显大于当地的重力加速度的实际值。造成这一情况的可能原因是(　　)

A. 测量摆长时,把悬挂状态的摆线长当成摆长

B. 测量周期时,当摆球通过平衡位置时启动秒表,此后摆球第 30 次通过平衡位置时制动秒表,读出经历的时间为 $t$,并由计算式 $T=\dfrac{t}{30}$ 求得周期

C. 开始摆动时振幅过小

D. 所用摆球的质量过大

7. 某同学在做"利用单摆测重力加速度"的实验时,先测得摆线长为 101.00 cm,摆球直径为 2.00 cm,然后用秒表记录了单摆振动 50 次所用的时间为 101.5 s,则

(1) 他测得的重力加速度 $g=$ _____ m/s$^2$。

(2) 为了提高实验精度,在实验中可改变几次摆长 $l$ 并测出相应的周期 $T$,从而得出一组对应的 $l$ 与 $T$ 的数据,再以 $l$ 为横坐标、$T^2$ 为纵坐标将所得数据连成直线,并求得该直线的斜率 $k$,则重力加速度 $g=$ _____(用 $k$ 表示)。

8. 在做"用单摆测定重力加速度"的实验时,用摆长 $l$ 和周期 $T$ 计算重力加速度的公式是 $g=\dfrac{4\pi^2 l}{T^2}$。

(1) 如果已知摆球直径为 2.00 cm，让刻度尺的零点对准摆线的悬点，摆线竖直下垂，如图 13-13(a)所示，那么单摆摆长是_____m，如果测定了 40 次全振动的时间如图 13-13(b)中秒表所示，那么秒表读数是_____s，单摆的振动周期是_____s。

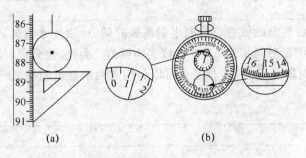

图 13-13

(2) 如果测得的 g 值偏小，可能的原因是_____（填写代号）。

A. 测摆长时，忘记了摆球的半径
B. 摆线上端悬点未固定，振动中出现松动，使摆线长度增加了
C. 开始计时时，秒表过早按下
D. 实验中误将 39 次全振动次数记为 40 次

(3) 某同学在实验中，测量 6 种不同摆长情况下单摆的振动周期，记录表格如表 13-2 所示。

表 13-2

| $l/m$ | 0.4 | 0.5 | 0.8 | 0.9 | 1.0 | 1.2 |
|---|---|---|---|---|---|---|
| $T/s$ | 1.26 | 1.42 | 1.79 | 1.90 | 2.00 | 2.20 |
| $T^2/s^2$ | 1.59 | 2.02 | 3.20 | 3.61 | 4.00 | 4.84 |

以 $l$ 为横坐标、$T^2$ 为纵坐标，作出 $T^2$-$l$ 图像，并利用此图像求重力加速度 $g$。

9. [2013·新课标江苏]某兴趣小组利用自由落体运动测定重力加速度，实验装置如图 13-14 所示。倾斜的球槽中放有若干个小铁球，闭合开关 K，电磁铁吸住第 1 个小球。手动敲击弹性金属片 $M$，$M$ 与触头瞬间分开，第 1 个小球开始下落，$M$ 迅速恢复，电磁铁又吸住第 2 个小球。当第 1 个小球撞击 $M$ 时，$M$ 与触头分开，第 2 个小球开始下落……。这样，就可测出多个小球下落的总时间。

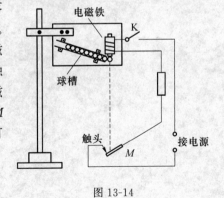

图 13-14

(1) 在实验中，下列做法正确的有_____。

A. 电路中的电源只能选用交流电源
B. 实验前应将 $M$ 调整到电磁铁的正下方
C. 用直尺测量电磁铁下端到 $M$ 的竖直距离作为小球下落的高度
D. 手动敲击 $M$ 的同时按下秒表开始计时

(2) 实验测得小球下落的高度 $H=1.980$ m，10 个小球下落的总时间 $T=6.5$ s。可求

出重力加速度 $g=$ _____ m/s$^2$（结果保留两位有效数字）。

（3）在不增加实验器材的情况下，请提出减小实验误差的两个办法。
_____

（4）某同学考虑到电磁铁在每次断电后需要时间 $\Delta t$ 磁性才消失，因此，每个小球的实际下落时间与它的测量时间相差 $\Delta t$，这导致实验误差。为此，他分别取高度 $H_1$ 和 $H_2$，测量 $n$ 个小球下落的总时间 $T_1$ 和 $T_2$。他是否可以利用这两组数据消除 $\Delta t$ 对实验结果的影响？请推导说明。

_____

_____

_____

# 实验 14　测定玻璃的折射率

## 高考本源实验梳理

### 一、实验目的

（1）测定玻璃的折射率。
（2）学会用插针法确定光路。

### 二、实验原理

如图 14-1 所示，当光线 $AO_1$ 以一定的入射角 $\theta_1$ 穿过两面平行的玻璃砖时，通过插针法找出跟入射光线 $AO_1$ 对应的出射光线 $O_2B$，从而求出折射光线 $O_1O_2$ 和折射角 $\theta_2$，再根据 $n=\dfrac{\sin\theta_1}{\sin\theta_2}$ 或 $n=\dfrac{PN}{QN}$ 算出玻璃的折射率。

### 三、实验器材

玻璃砖、白纸、木板、大头针、图钉、量角器（或圆规）、三角板、铅笔。

### 四、实验步骤

（1）如图 14-2 所示，把白纸铺在木板上。

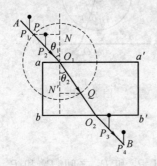

图 14-1

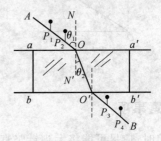

图 14-2

（2）在白纸上画一直线 $aa'$ 作为界面，过 $aa'$ 上的一点 $O$ 画出界面的法线 $NN'$，并画一条线段 $AO$ 作为入射光线。

(3) 把长方形玻璃砖放在白纸上,并使其长边与 $aa'$ 重合,再用直尺画出玻璃砖的另一边 $bb'$。

(4) 在线段 $AO$ 上竖直地插上两枚大头针 $P_1$、$P_2$。

(5) 从玻璃砖 $bb'$ 一侧透过玻璃砖观察大头针 $P_1$、$P_2$ 的像,调整视线的方向直到 $P_1$ 的像被 $P_2$ 的像挡住。再在 $bb'$ 一侧插上两枚大头针 $P_3$、$P_4$,使 $P_3$ 能挡住 $P_1$、$P_2$ 的像,$P_4$ 能挡住 $P_3$ 本身及 $P_1$、$P_2$ 的像。

(6) 移去玻璃砖,在拔掉 $P_1$、$P_2$、$P_3$、$P_4$ 的同时分别记下它们的位置,过 $P_3$、$P_4$ 作直线 $O'B$ 交 $bb'$ 于 $O'$。连接 $O$、$O'$,$OO'$ 就是玻璃砖内折射光线的方向。$\angle AON$ 为入射角,$\angle O'ON'$ 为折射角。

(7) 改变入射角,重复实验。

### 五、数据处理

1. 计算法

用量角器测量入射角 $\theta_1$ 和折射角 $\theta_2$,并查出其正弦值 $\sin\theta_1$ 和 $\sin\theta_2$。算出不同入射角时的 $\dfrac{\sin\theta_1}{\sin\theta_2}$,并取平均值。

2. 作 $\sin\theta_1$-$\sin\theta_2$ 图像

改变不同的入射角 $\theta_1$,测出不同的折射角 $\theta_2$,作 $\sin\theta_1$-$\sin\theta_2$ 图像,由 $n=\dfrac{\sin\theta_1}{\sin\theta_2}$ 可知图像应为直线,如图 14-3 所示,其斜率为折射率。

3. "单位圆法"确定 $\sin\theta_1$,$\sin\theta_2$,计算折射率 $n$

以入射点 $O$ 为圆心,以一定长度 $R$ 为半径画圆,交入射光线 $OA$ 于 $E$ 点,交折射光线 $OO'$ 于 $E'$ 点,过 $E$ 作 $NN'$ 的垂线 $EH$,过 $E'$ 作 $NN'$ 的垂线 $E'H'$。如图 14-4 所示,$\sin\theta_1=\dfrac{EH}{OE}$,$\sin\theta_2=\dfrac{E'H'}{OE'}$,$OE=OE'=R$,则 $n=\dfrac{\sin\theta_1}{\sin\theta_2}=\dfrac{EH}{E'H'}$。只要用刻度尺测出 $EH$、$E'H'$ 的长度就可以求出 $n$。

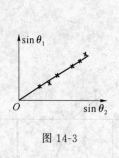

图 14-3

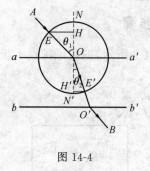

图 14-4

### 六、注意事项

(1) 实验时,应尽可能将大头针竖直插在纸上,且 $P_1$ 和 $P_2$ 之间、$P_3$ 和 $P_4$ 之间、$P_2$ 与 $O$、$P_3$ 与 $O'$ 之间距离要稍大一些。

(2) 入射角 $\theta_1$ 不宜太大(接近 90°),也不宜太小(接近 0°)。太大:反射光较强,出射光较弱;太小:入射角、折射角测量的相对误差较大。

(3) 操作时,手不能触摸玻璃砖的光洁光学面,更不能把玻璃砖界面当尺子画界线。

(4) 实验过程中,玻璃砖与白纸的相对位置不能改变。

(5) 玻璃砖应选用宽度较大的,宜在 5 cm 以上,若宽度太小,则测量误差较大。

## 七、误差分析

(1) 入射光线、出射光线确定的准确性造成误差,故入射侧、出射侧所插两枚大头针间距应大一些。

(2) 入射角和折射角的测量造成误差,故入射角应适当大些,以减小测量的相对误差。

# 高考命题实例

## 【典例分析 1】

[2012·江苏高考]"测定玻璃的折射率"实验中,在玻璃砖的一侧竖直插两个大头针 $A$、$B$,在另一侧再竖直插两个大头针 $C$、$D$。在插入第四个大头针 $D$ 时,要使它_____。如图 14-5 是在白纸上留下的实验痕迹,其中直线 $a$、$a'$ 是描在纸上的玻璃砖的两个边。根据该图可算得玻璃的折射率 $n=$_____(计算结果保留两位有效数字)。

[解析] 测定玻璃折射率的实验是利用大头针得到进入玻璃的入射光线,在另一侧插入大头针挡住前面的 $A$、$B$ 的像来确定 $C$,同样插入大头针 $D$ 挡住 $C$ 及 $A$、$B$ 的像,$C$ 和 $D$ 确定了出射光线,利用入射点和出射点的连线来确定折射光线,作出法线 $FG$,连接 $OO'$,以 $O$ 点为圆心画圆,分别交 $AB$、$OO'$ 于 $E$、$Q$ 两点,分别过 $E$、$Q$ 向 $GF$ 作垂线 $EG$、$FQ$ 并用毫米刻度尺测其长度,如图 14-6 所示,根据 $n=\dfrac{\sin\theta_1}{\sin\theta_2}$ 可得:$n=\dfrac{EG}{FQ}=1.8$。

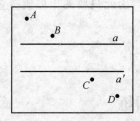

图 14-5

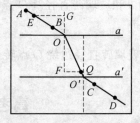

图 14-6

[答案] 挡住 $C$ 及 $AB$ 的像  1.8(1.6～1.9)

## 【触类旁通】

[2010·福建卷]某同学利用"插针法"测定玻璃的折射率,所用的玻璃砖两面平行。正确操作后,作出的光路图及测出的相关角度如图 14-7 所示。

(1) 此玻璃的折射率计算式为 $n=$_____(用图中的 $\theta_1$、$\theta_2$ 表示)。

(2) 如果有几块宽度大小不同的平行玻璃砖可供选择,为了减小误差,应选用宽度_____(填"大"或"小")的玻璃砖来测量。

[解析] （1）由折射率公式可得 $n=\dfrac{\sin(90°-\theta_1)}{\sin(90°-\theta_2)}=\dfrac{\cos\theta_1}{\cos\theta_2}$。

（2）玻璃砖的宽度越大，出射光线的侧移量越大，玻璃砖中折射光线的误差越小，所以应选用宽度大的玻璃砖来测量。

[答案] （1）$\dfrac{\cos\theta_1}{\cos\theta_2}$（或 $\dfrac{\sin(90°-\theta_1)}{\sin(90°-\theta_2)}$） （2）大

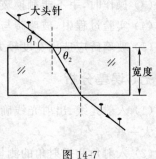

图 14-7

## 高考链接创新点拨

**【典例分析 2】**

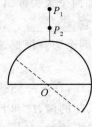

图 14-8

[2011·天津高考]某同学用大头针、三角板、量角器等器材测半圆形玻璃砖的折射率。开始玻璃砖的位置如图 14-8 中实线所示，使大头针 $P_1$、$P_2$ 与圆心 $O$ 在同一直线上，该直线垂直于玻璃砖的直径边，然后使玻璃砖绕圆心 $O$ 缓慢转动，同时在玻璃砖的直径边一侧观察 $P_1$、$P_2$ 的像，且 $P_2$ 的像挡住 $P_1$ 的像。如此观察，当玻璃砖转到图中虚线位置时，上述现象恰好消失。此时只需测量出_____，即可计算出玻璃砖的折射率。请用你的测量量表示出折射率 $n=$ _____。

[解析] 玻璃砖转动时，射在其直径所在平面内的光线的入射角增大，当增大到等于临界角 $\theta$ 时，发生全反射现象。因 $\sin\theta=\dfrac{1}{n}$，可见只要测出临界角即可求得折射率 $n$，而 $\theta$ 和玻璃砖直径绕 $O$ 点转过的角度相等，因此只要测出玻璃砖直径边绕 $O$ 点转过的角度即可。

[答案] 玻璃砖直径边绕 $O$ 点转过的角度 $\theta$　$\dfrac{1}{\sin\theta}$

## 高考真题同步训练

1. 如图 14-9 所示，用插针法测定玻璃的折射率的实验中，以下各说法中正确的是（　　）

① $P_1$、$P_2$ 及 $P_3$、$P_4$ 之间的距离适当大些，可以提高准确度

② $P_1$、$P_2$ 及 $P_3$、$P_4$ 之间的距离取得小些，可以提高准确度

③ 入射角 $\theta_1$ 适当大些，可以提高准确度

④ 入射角太大，入射光线会在玻璃砖的内表面发生全反射，使实验无法进行

⑤ $P_1$、$P_2$ 的间距和入射角的大小均与实验的准确度无关

A. ①③　　　　　　　　B. ②④
C. ③⑤　　　　　　　　D. ①④

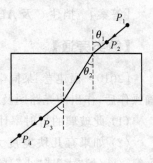

图 14-9

2. [2012·浙江高考]在"测定玻璃的折射率"实验中,某同学经正确操作插好了 4 枚大头针,如图 14-10(a)所示。

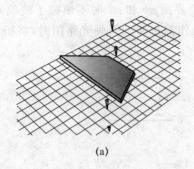
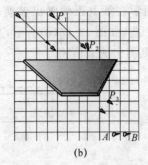

图 14-10

(1) 在图 14-11 中画出完整的光路图。

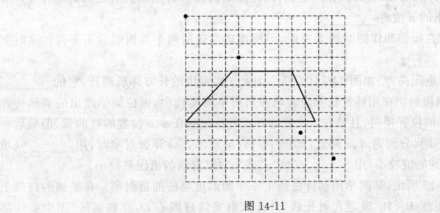

图 14-11

(2) 对你画出的光路图进行测量和计算,求得该玻璃砖的折射率 $n=$ _____(保留 3 位有效数字)。

(3) 为了观测光在玻璃砖不同表面的折射现象,某同学做了两次实验,经正确操作插好了 8 枚大头针,如图 14-10(b)所示。图中 $P_1$ 和 $P_2$ 是同一入射光线上的两枚大头针,其对应出射光线上的两枚大头针是 $P_3$ 和 _____(填"A"或"B")。

3. 某校开展研究性学习,某研究小组根据光学知识,设计了一个测液体折射率的仪器。如图 14-12 所示,在一个圆盘上,过其圆心 $O$ 作两条相互垂直的直径 $BC$、$EF$。在半径 $OA$ 上,垂直盘面插上两枚大头针 $P_1$、$P_2$ 并保持位置不变。每次测量时让圆盘的下半部分竖直进入液体中,而且总使得液面与直径 $BC$ 相平,$EF$ 作为界面的法线,而后在图 14-12 中右上方区域观察 $P_1$、$P_2$,在圆周 $EC$ 部分插上 $P_3$,使 $P_3$ 挡住 $P_1$、$P_2$ 的像。同学们通过计算,预先在圆周 $EC$ 部分刻好了折射率的值,这样只要根据 $P_3$ 所插的位置,就可以直接读出液体折射率的值。

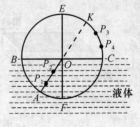

图 14-12

(1) 若 $\angle AOF=30°$,$OP_3$ 与 $OC$ 之间的夹角为 $30°$,则 $P_3$ 处刻的折射率的值为 _____。

(2) 图中 $P_3$、$P_4$ 两处,对应折射率大的是 _____。

(3) 做 AO 的延长线交圆周于 K，K 处对应的折射率为_____。

4．在做测定玻璃折射率 $n$ 的实验时：

(1) 甲同学在纸上正确画出玻璃砖的两个界面 $ab$ 和 $cd$ 时不慎碰了玻璃砖使它向 $ab$ 方向平移了一些，如图 14-13(a)所示，其后的操作都正确。但画光路图时，将折射点确定在 $ab$ 和 $cd$ 上，则测出的 $n$ 值将_____。

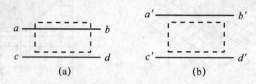

图 14-13

(2) 乙同学为了避免笔尖接触玻璃面，画出的 $a'b'$ 和 $c'd'$ 都比实际界面向外侧平移了一些，如图 14-13(b)所示，以后的操作均正确，画光路图时将入射点和折射点都确定在 $a'b'$ 和 $c'd'$ 上，则所测出的 $n$ 值将_____。

(3) 丙同学在操作和作图时均无失误，但所用玻璃砖的两个界面明显不平行。这时测出的 $n$ 值将_____。

5．[2012·重庆高考]如图 14-14(a)所示为光学实验用的长方体玻璃砖，它的_____面不能用手直接接触。在用插针法测定玻璃砖折射率的实验中，两位同学绘出的玻璃砖和三个针孔 $a$、$b$、$c$ 的位置相同，且插在 $c$ 位置的针正好挡住插在 $a$、$b$ 位置的针的像，但最后一个针孔的位置不同，分别为 $d$、$e$ 两点，如图 14-14(b)所示。计算折射率时，用_____（填"$d$"或"$e$"）点得到的值较小，用_____（填"$d$"或"$e$"）点得到的值误差较小。

6．如图 14-15 所示，某同学用插针法测定一半圆形玻璃砖的折射率。在平铺的白纸上垂直纸面插大头针 $P_1$、$P_2$ 确定入射光线，并让入射光线过圆心 $O$，在玻璃砖（图中实线部分）另一侧垂直纸面插大头针 $P_3$，使 $P_3$ 挡住 $P_1$、$P_2$ 的像，连接 $OP_3$，图中 $MN$ 为分界面，虚线半圆与玻璃砖对称，$B$、$C$ 分别是入射光线、折射光线与圆的交点，$AB$、$CD$ 均垂直于法线并分别交法线于 $A$、$D$ 点。

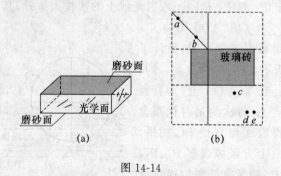

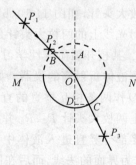

图 14-14

图 14-15

(1) 设 $AB$ 的长度为 $l_1$，$AO$ 的长度为 $l_2$，$CD$ 的长度为 $l_3$，$DO$ 的长度为 $l_4$，为较方便地表示出玻璃砖的折射率，需用刻度尺测量_____，则玻璃砖的折射率可表示为_____。

(2) 该同学在插大头针 $P_3$ 前不小心将玻璃砖以 $O$ 为圆心顺时针转过一小角度，由此测得玻璃砖的折射率将_____（选填"偏大""偏小"或"不变"）。

# 实验 15　用双缝干涉测光的波长

## 高考本源实验梳理

### 一、实验目的

(1) 了解光波产生稳定的干涉现象的条件。
(2) 观察白光和单色光的双缝干涉图样。
(3) 测定单色光的波长。

### 二、实验原理

(1) 光源发出的光经滤光片成为单色光，单色光经过单缝后相当于线光源，经双缝产生稳定的干涉图样，通过光屏可以观察到明暗相间的干涉条纹。若用白光照射，通过两狭缝可以在光屏上观察到彩色条纹。

(2) 根据 $\lambda = \dfrac{d}{l}\Delta x$ 可以计算出单色光的波长。公式中 $d$ 为双缝间距离，$\Delta x$ 为相邻两条亮纹间的距离，$l$ 为双缝到屏之间的距离，实验中 $d$ 一般是已知的，所以测出 $l$、$\Delta x$ 即可求出光的波长。

$\Delta x$ 的测量可用测量头完成，如图 15-1 所示，测量头由分划板、目镜、手轮等构成。通过测量头可清晰看到干涉条纹，分划板上中心有刻线，以此作标准，并根据手轮的读数可求得 $\Delta x$。由于 $\Delta x$ 较小，可测出 $n$ 条亮（或暗）条纹的间距 $a$，则相邻亮条纹间的距离 $\Delta x = \dfrac{a}{n-1}$。

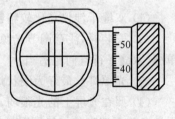

图 15-1

### 三、实验器材

双缝干涉仪（由光具座、光源、滤光片、单缝、双缝、遮光筒、毛玻璃屏、测量头组成），另外还有学生电源、导线、刻度尺。

### 四、实验步骤

1. 观察干涉条纹

(1) 将光源、遮光筒、毛玻璃屏依次安放在光具座上。如图 15-2 所示。
(2) 接好光源，打开开关，使灯丝正常发光。

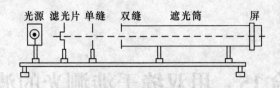

图 15-2

(3) 调节各器件的高度,使光源发出的光能沿轴线到达光屏。

(4) 安装双缝和单缝,中心大致位于遮光筒的轴线上,使双缝与单缝的缝平行,二者间距约 5～10 cm,这时,可观察白光的干涉条纹。

(5) 在单缝和光源间放上滤光片,观察单色光的干涉条纹。

2. 测定单色光的波长

(1) 安装测量头,调节至可清晰观察到干涉条纹。

(2) 使分划板中心刻线对齐某条亮条纹的中央,记下手轮上的读数 $a_1$,将该条纹记为第 1 条亮纹;转动手轮,使分划板中心刻线移动至另一亮条纹的中央,记下此时手轮上的读数 $a_2$,将该条纹记为第 $n$ 条亮纹。

(3) 用刻度尺测量双缝到光屏的距离 $l$($d$ 是已知的)。

(4) 重复测量。

## 五、数据处理

(1) 条纹间距 $\Delta x = \left| \dfrac{a_2 - a_1}{n-1} \right|$。

(2) 波长 $\lambda = \dfrac{d}{l} \Delta x$。

(3) 计算多组数据,求 $\lambda$ 的平均值。

## 六、注意事项

(1) 双缝干涉仪是比较精密的仪器,应轻拿轻放,且注意保养。

(2) 安装时,注意调节光源、滤光片、单缝、双缝的中心均在遮光筒的中心轴线上,并使单缝、双缝平行且间距适当。

(3) 光源灯丝最好为线状灯丝,并与单缝平行且靠近。

(4) 照在光屏上的光很弱,主要原因是灯丝与单缝、双缝,测量头与遮光筒不共轴所致;干涉条纹不清晰的一般原因是单缝与双缝不平行所致,故应正确调节。

## 七、误差分析

(1) 双缝到屏的距离 $l$ 的测量存在误差。

(2) 测条纹间距 $\Delta x$ 带来的误差:

① 干涉条纹没有调整到最清晰的程度。

② 误认为 $\Delta x$ 为亮(暗)条纹的宽度。

③ 分划板刻线与干涉条纹不平行,中心刻线没有恰好位于条纹中心。

④ 测量多条亮条纹间的距离时读数不准确,此间距中的条纹数未数清。

# 高考命题实例

**【典例分析1】**

[2013·太原模拟](1) 如图15-3所示,在"用双缝干涉测光的波长"实验中,光具座上放置的光学元件依次为①光源、②_____、③_____、④_____、⑤遮光筒、⑥光屏。对于某种单色光,为增加相邻亮纹(暗纹)间的距离,可采取_____或_____的方法。

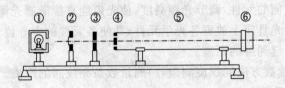

图15-3

(2) 如果将灯泡换成激光光源,该实验照样可以完成,这时可以去掉的部件是_____(填数字代号)。

(3) 转动测量头的手轮,使分划板中心刻线对准第1条亮条纹,读下手轮的读数如图15-4(a)所示。继续转动手轮,使分划板中心刻线对准第10条亮条纹,读下手轮的读数如图15-4(b)所示。则相邻两亮条纹的间距是_____mm。

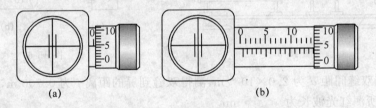

图15-4

(4) 如果已经量得双缝的间距是0.30 mm、双缝和光屏之间的距离是900 mm,则待测光的波长是_____m(取三位有效数字)。

[解析] (1) 由实验原理可知②③④分别是滤光片、单缝、双缝。

由 $\Delta x = \dfrac{l}{d}\lambda$ 可知,要增加相邻亮纹(暗纹)间的距离,可采取的办法有:

① 增大双缝到光屏间的距离(或选用较长的遮光筒)。
② 减小双缝之间的距离。

(2) 由于激光是相干光源,故可以去掉的部件是②、③。

(3) (a)图读数是0.045 mm,(b)图读数是14.535 mm,它们的差值是14.490 mm,中间跨越了10-1=9个条纹间距,所以相邻两亮条纹间距是 $\Delta x = \dfrac{14.490}{9}$ mm = 1.610 mm。

(4) 光的波长

$\lambda = \dfrac{\Delta x \cdot d}{l} = 5.37 \times 10^{-7}$ m。

[答案] (1) 滤光片 单缝 双缝
增加双缝到光屏间的距离(或选用较长的遮光筒)
减小双缝之间的距离
(2) ②③ (3) 1.610 (4) $5.37\times10^{-7}$

【触类旁通】

现有毛玻璃屏 $A$、双缝 $B$、白光光源 $C$、单缝 $D$ 和透红光的滤光片 $E$ 等光学元件,要把它们放在如图 15-5 所示的光具座上组装成双缝干涉装置,用以测量红光的波长。

(1) 本实验的实验步骤有:
① 取下遮光筒左侧的元件,调节光源高度,使光束能直接沿遮光筒轴线把屏照亮。
② 按合理顺序在光具座上放置各光学元件,并使各元件的中心位于遮光筒的轴线上。
③ 用米尺测量双缝到屏的距离。
④ 用测量头(其读数方法同螺旋测微器)测量数条亮纹间的距离。
在操作步骤②时还应注意_____和_____。

(2) 将测量头的分划板中心刻线与某亮纹中心对齐,将该亮纹定为第 1 条亮纹,此时手轮上的示数如图 15-6(a)所示,然后同方向转动测量头,使分划板中心刻线与第 6 条亮纹中心对齐,记下此时如图 15-6(b)所示的手轮上的示数_____mm,求得相邻亮纹的间距 $\Delta x$ 为_____mm。

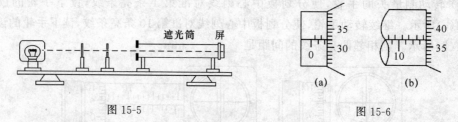

图 15-5    图 15-6

(3) 已知双缝间距 $d$ 为 $2.0\times10^{-4}$ m,测得双缝到屏的距离 $l$ 为 0.700 m,由计算式 $\lambda=$_____,求得所测红光波长为_____nm。

[解析] (1) 单缝与双缝的间距为 5～10 cm,使单缝与双缝相互平行。
(2) 图(a)的读数为 2.320 mm,图(b)的读数为 13.870 mm,
$\Delta x=\dfrac{13.870-2.320}{6-1}$ mm $=2.310$ mm。
(3) 由 $\Delta x=\dfrac{l}{d}\lambda$ 可得:$\lambda=\dfrac{d}{l}\Delta x$,可求出 $\lambda=\dfrac{2.0\times10^{-4}}{0.700}\times 2.310\times 10^{6}$ nm $=6.6\times10^{2}$ nm。

[答案] (1) 单缝与双缝的间距为 5～10 cm 使单缝与双缝相互平行
(2) 13.870  2.310  (3) $\dfrac{d}{l}\Delta x$  $6.6\times10^{2}$

## 高考链接创新点拨

【典例分析 2】

[2010·江苏卷]如图 15-7 所示,在杨氏双缝干涉实验中,激光的波长为 $5.30\times10^{-7}$ m,

屏上 P 点距双缝 $S_1$ 和 $S_2$ 的路程差为 $7.95×10^{-7}$ m，则在这里出现的应是_____（选填"明条纹"或"暗条纹"）。现改用波长为 $6.30×10^{-7}$ m 的激光进行上述实验，保持其他条件不变，则屏上的条纹间距将_____（选填"变宽""变窄"或"不变"）。

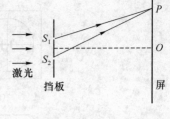

图 15-7

[解析] $\dfrac{7.95×10^{-7}}{5.30×10^{-7}} = \dfrac{3}{2}$，即半波长的奇数倍，所以出现暗条纹。根据条纹间距 $\Delta x = \dfrac{l}{d}\lambda$，当单色光的波长变长时，条纹间距变宽。

[答案] 暗条纹　变宽

## 高考真题同步训练

1. 如图 15-8 所示的双缝干涉实验，用绿光照射单缝 S 时，在光屏 P 上观察到干涉条纹。要得到相邻条纹间距更大的干涉图样，可以（　　）
   A. 增大 $S_1$ 与 $S_2$ 的间距　　　　B. 减小双缝屏到光屏的距离
   C. 将绿光换为红光　　　　　　D. 将绿光换为紫光

2. [2012·福建高考]在"用双缝干涉测光的波长"实验中（实验装置如图 15-9 所示）：

图 15-8

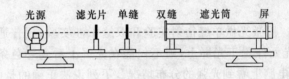

图 15-9

(1) 下列说法哪一个是错误的_____（填选项前的字母）。
A. 调节光源高度使光束沿遮光筒轴线照在屏中心时，应放上单缝和双缝
B. 测量某条干涉亮纹位置时，应使测微目镜分划板中心刻线与该亮纹的中心对齐
C. 为了减少测量误差，可用测微目镜测出 n 条亮纹间的距离 a，求出相邻两条亮纹间距 $\Delta x = \dfrac{a}{(n-1)}$

(2) 测量某亮纹位置时，手轮上的示数如图 15-10 所示，其示数为_____mm。

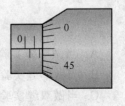

图 15-10

3. 用某种单色光做双缝干涉实验时，已知双缝间的距离 d 的大小恰好是图 15-11 中游标卡尺的读数，如图(d)所示；双缝到毛玻璃间的距离的大小由图中的毫米刻度尺读出，如图(c)所示；实验时先移动测量头（如图(a)所示）上的手轮，把分划线对准靠近最左边的一条亮条纹（如图(b)所示），并记下螺旋测微器的读数 $x_1$（如图(e)所示），然后转动手轮，把分划线向右移动，直到对准第 7 条亮条纹并记下螺旋测微器的读数 $x_2$（如图(f)所示），由以上测量数据求该单色光的波长。

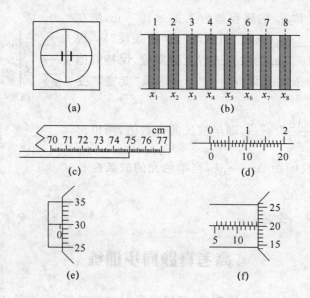

图 15-11

4. 用激光做单缝衍射实验和双缝干涉实验,比普通光源效果更好,图像更清晰。如果将感光元件置于光屏上,则不仅能在光屏上看到彩色条纹,还能通过感光元件中的信号转换,在电脑上看到光强的分布情况。下列说法正确的是( )

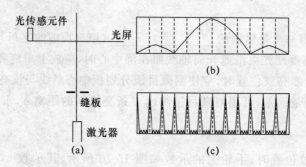

图 15-12

A. 当做单缝实验时,光强分布图如(b)所示
B. 当做单缝实验时,光强分布图如(c)所示
C. 当做双缝实验时,光强分布图如(b)所示
D. 当做双缝实验时,光强分布图如(c)所示

# 实验16　验证动量守恒定律

## 高考本源实验梳理

### 一、实验目的

验证碰撞中的动量守恒。

### 二、实验原理

在一维碰撞中,测出相碰的两物体的质量 $m_1$ 和 $m_2$ 及碰撞前、后物体的速度 $v_1$、$v_2$ 及 $v_1'$、$v_2'$,找出碰撞前的动量 $p=m_1v_1+m_2v_2$ 及碰撞后的动量 $p'=m_1v_1'+m_2v_2'$,看碰撞前、后动量是否守恒。

### 三、实验器材

方案一:气垫导轨、光电计时器、天平、滑块(两个)、重物、弹簧片、细绳、弹性碰撞架、胶布、撞针、橡皮泥。

方案二:带细线的摆球(两套)、铁架台、天平、量角器、坐标纸、胶布等。

方案三:光滑长木板、打点计时器、纸带、小车(两个)、天平、撞针、橡皮泥。

方案四:斜槽、大小相等质量不同的小球两个、重垂线一条、白纸、复写纸、天平、刻度尺、圆规、三角板。

### 四、实验步骤

方案一:利用气垫导轨完成一维碰撞实验

(1) 测质量:用天平测出滑块质量。

(2) 安装:正确安装好气垫导轨。

(3) 实验:接通电源,利用配套的光电计时装置测出两滑块各种情况下碰撞前后的速度(①改变滑块的质量;②改变滑块的初速度大小和方向)。

(4) 验证:一维碰撞中的动量守恒。

方案二:利用等长悬线悬挂大小相等的小球完成一维碰撞实验

(1) 测质量:用天平测出两小球的质量 $m_1$、$m_2$。

(2) 安装:把两个大小相等的小球用等长悬线悬挂起来。

(3) 实验:一个小球静止,拉起另一个小球,放下时它们相碰。

(4) 测速度：可以测量小球被拉起的角度，从而算出碰撞前对应小球的速度，测量碰撞后小球摆起的角度，算出碰撞后对应小球的速度。

(5) 改变条件：改变碰撞条件，重复实验。

(6) 验证：一维碰撞中的动量守恒。

方案三：在光滑桌面上两车碰撞完成一维碰撞实验

(1) 测质量：用天平测出两小车的质量。

(2) 安装：将打点计时器固定在光滑长木板的一端，把纸带穿过打点计时器，连在小车的后面，在两小车的碰撞端分别装上撞针和橡皮泥。

(3) 实验：接通电源，让小车 $A$ 运动，小车 $B$ 静止，两车碰撞时撞针插入橡皮泥中，把两小车连接成一体运动。

(4) 测速度：通过纸带上两计数点间的距离及时间由 $v=\dfrac{\Delta x}{\Delta t}$ 算出速度。

(5) 改变条件：改变碰撞条件、重复实验。

(6) 验证：一维碰撞中的动量守恒。

方案四：利用等大小球做平抛运动完成一维碰撞实验

(1) 先用天平测出小球质量 $m_1$、$m_2$。

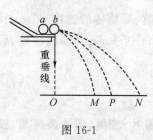

图 16-1

(2) 按图 16-1 所示那样安装好实验装置，将斜槽固定在桌边，使槽的末端点切线水平，调节实验装置使两小球碰时处于同一水平高度，且碰撞瞬间入射小球与被碰小球的球心连线与轨道末端的切线平行，以确保正碰后的速度方向水平。

(3) 在地上铺一张白纸，在白纸上铺放复写纸。

(4) 在白纸上记下重垂线所指的位置 $O$，它表示入射球 $m_1$ 碰前的位置。

(5) 先不放被碰小球，让入射小球从斜槽上同一高度处滚下，重复 10 次，用圆规画尽可能小的圆把所有的小球落点圈在里面，圆心就是入射小球发生碰撞前的落地点 $P$。

(6) 把被碰小球放在斜槽的末端，让入射小球从同一高度滚下，使它发生正碰，重复 10 次，仿步骤(5)求出入射小球落地点的平均位置 $M$ 和被碰小球落地点的平均位置 $N$。

(7) 过 $O$ 和 $N$ 在纸上作一直线。

(8) 用刻度尺量出线段 $OM$、$OP$、$ON$ 的长度。把两小球的质量和相应的数值代入 $m_1 \cdot OP = m_1 \cdot OM + m_2 \cdot ON$，看是否成立。

## 五、数据处理

1. 速度的测量

方案一：滑块速度的测量：$v=\dfrac{\Delta x}{\Delta t}$，式中 $\Delta x$ 为滑块挡光片的宽度(仪器说明书上给出，也可直接测量)，$\Delta t$ 为数字计时器显示的滑块(挡光片)经过光电门的时间。

方案二：摆球速度的测量：$v=\sqrt{2gh}$，式中 $h$ 为小球释放时(或碰撞后摆起的)高度，$h$ 可用刻度尺测量(也可由量角器和摆长计算出)。

方案三：小车速度的测量：$v=\dfrac{\Delta x}{\Delta t}$，式中 $\Delta x$ 为纸带上两计数点间的距离，可用刻度尺测量，$\Delta t$ 为小车经过 $\Delta x$ 的时间，可由打点间隔算出。

2．验证的表达式

$m_1v_1+m_2v_2=m_1v_1'+m_2v_2'$。

方案四：验证的表达式 $m_1\overline{OP}=m_1\overline{OM}+m_2\overline{ON}$

## 六、注意事项

1．前提条件

碰撞的两物体应保证"水平"和"正碰"。

2．方案提醒

(1) 若利用气垫导轨进行实验，调整气垫导轨时，注意利用水平仪确保导轨水平。

(2) 若利用摆球进行实验，两小球静放时球心应在同一水平线上，且刚好接触，摆线竖直，将小球拉起后，两条摆线应在同一竖直面内。

(3) 若利用长木板进行实验，可在长木板下垫一小木片用以平衡摩擦力。

(4) 若利用斜槽小球碰撞应注意：

① 斜槽末端的切线必须水平。

② 入射小球每次都必须从斜槽同一高度由静止释放。

③ 选质量较大的小球作为入射小球。

④ 实验过程中实验桌、斜槽、记录的白纸的位置要始终保持不变。

3．探究结论

寻找的不变量必须在各种碰撞情况下都不改变。

## 七、误差分析

1．系统误差

主要来源于装置本身是否符合要求，即：

(1) 碰撞是否为一维碰撞。

(2) 实验是否满足动量守恒的条件：如气垫导轨是否水平，两摆球是否等大，长木板实验是否平衡掉摩擦力。

2．偶然误差

主要来源于质量 $m$ 和速度 $v$ 的测量。

# 高考命题实例

**【典例分析1】**

[2014·全国卷2] 现利用图 16-2 所示装置验证动量守恒定律。在图中，气垫导轨上有 $A$、$B$ 两个滑块，滑块 $A$ 右侧带有一弹簧片，左侧与打点计时器（图中未画出）的纸带相连；滑块 $B$ 左侧也带有一弹簧片，上面固定一遮光片，光电计数器（未完全画出）可以记录遮光片通过光电门的时间。

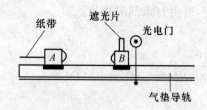

图 16-2

实验测得滑块 $A$ 的质量 $m_1=0.301$ kg,滑块 $B$ 的质量 $m_2=0.108$ kg,遮光片的宽度 $d=1.00$ cm;打点计时器所用交流电的频率 $f=50.0$ Hz。

将光电门固定在滑块 $B$ 的右侧,启动打点计时器,给滑块 $A$ 一向右的初速度,使它与 $B$ 相碰。碰后光电计数器显示的时间为 $\Delta t_B=3.500$ ms,碰撞前后打出的纸带如图 16-3 所示。

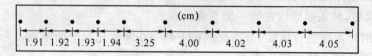

图 16-3

若实验允许的相对误差绝对值($\left|\dfrac{\text{碰撞前后总动量之差}}{\text{碰前总动量}}\right|\times100\%$)最大为 5%,本实验是否在误差范围内验证了动量守恒定律?写出运算过程。

[答案]

[解析] 按定义,物块运动的瞬间时速度大小 $v$ 为

$$v=\frac{\Delta s}{\Delta t} \qquad ①$$

式中 $\Delta s$ 为物块在短时间 $\Delta t$ 内走过的路程。

设纸带上打出相邻两点的时间间隔为 $\Delta t_A$,则

$$\Delta t_A=\frac{1}{f}=0.02 \text{ s} \qquad ②$$

$\Delta t_A$ 可视为很短

设 $A$ 在碰撞前、后时速度大小分别为 $v_0,v_1$。将②式和图给实验数据代入①式得

$$v_0=2.00 \text{ m/s} \qquad ③$$
$$v_2=0.970 \text{ m/s} \qquad ④$$

设 $B$ 在碰撞后的速度大小为 $v_2$,由①式得

$$v_2=\frac{d}{\Delta t_B} \qquad ⑤$$

代入题给实验数据得

$$v_2=2.86 \text{ m/s} \qquad ⑥$$

设两滑块在碰撞前、后的总动量分别为 $p$ 和 $p'$,则

$$p=m_1 v_0 \qquad ⑦$$
$$p'=m_1 v_1+m_2 v_2 \qquad ⑧$$

两滑块在碰撞前后总动量相对误差的绝对值为

$$\delta_p = \left|\frac{p-p'}{p}\right| \times 100\%$$ ⑨

联立③④⑥⑦⑧⑨式并代入有关数据,得

$$\delta_p = 1.7\% < 5\%$$ ⑩

因此,本实验在允许的误差范围内验证了动量守恒定律。

**【典例分析 2】**

[2011·北京]如图 16-4 所示,用"碰撞实验器"可以验证动量守恒定律,即研究两个小球在轨道水平部分碰撞前后的动量关系。

(1)实验中,直接测定小球碰撞前后的速度是不容易的。但是,可以通过仅测量_____(填选项前的符号),间接地解决这个问题。

A. 小球开始释放高度 $h$
B. 小球抛出点距地面的高度 $H$
C. 小球做平抛运动的射程

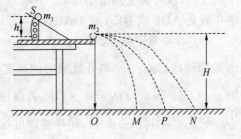

图 16-4

(2)图 16-4 中 $O$ 点是小球抛出点在地面上的垂直投影。实验时,先让入射球 $m_1$ 多次从斜轨上 $S$ 位置静止释放,找到其平均落地点的位置 $P$,测量平抛射程 $OP$。

然后,把被碰小球 $m_2$ 静置于轨道的水平部分,再将入射球 $m_1$ 从斜轨上 $S$ 位置静止释放,与小球 $m_2$ 相碰,并多次重复。

接下来要完成的必要步骤是_____(填选项前的符号)。

A. 用天平测量两个小球的质量 $m_1$、$m_2$
B. 测量小球 $m_1$ 开始释放高度 $h$
C. 测量抛出点距地面的高度 $H$
D. 分别找到 $m_1$、$m_2$ 相碰后平均落地点的位置 $M$、$N$
E. 测量平抛射程 $OM$、$ON$

(3)若两球相碰前后的动量守恒,其表达式可表示为_____(用(2)中测量的量表示);若碰撞是弹性碰撞。那么还应满足的表达式为_____(用(2)中测量的量表示)。

(4)经测定,$m_1 = 45.0$ g,$m_2 = 7.5$ g,小球落地点的平均位置距 $O$ 点的距离如图 16-5 所示。碰撞前、后 $m_1$ 的动量分别为 $p_1$ 与 $p_1'$,则 $p_1 : p_1' =$_____:11;若碰撞结束时 $m_2$ 的动量为 $p_2'$,则 $p_1' : p_2' = 11 :$_____。实验结果说明,碰撞前、后总动量的比值 $\frac{p_1}{p_1' + p_2'}$ 为_____。

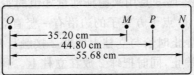

图 16-5

(5)有同学认为,在上述实验中仅更换两个小球的材质,其他条件不变,可以使被碰小球做平抛运动的射程增大。请你用(4)中已知的数据,分析和计算出被碰小球 $m_2$ 平抛运动

射程 $ON$ 的最大值为_____cm。

[解析] (1)小球离开轨道后做平抛运动,由 $h=\frac{1}{2}gt^2$ 知 $t=\sqrt{\frac{2h}{g}}$,即小球的下落时间一定,则初速度 $v=\frac{x}{t}$ 可用平抛运动的水平射程来表示,选项 C 正确。

(2)本实验要验证的是 $m_1 \cdot OM + m_2 \cdot ON = m_1 \cdot OP$,因此要测量两个小球的质量 $m_1$ 和 $m_2$ 以及它们的水平射程 $OM$ 和 $ON$,而要确定水平射程,应先分别确定两个小球落地的平均落点,没有必要测量小球 $m_1$ 开始释放的高度 $h$ 和抛出点距地面的高度 $H$。故应完成的步骤是 ADE 或 DEA 或 DAE。

(3)若动量守恒,应有 $m_1v_1 + m_2v_2 = m_1v_0$($v_0$ 是 $m_1$ 单独下落时离开轨道时的速度,$v_1$、$v_2$ 是两球碰后 $m_1$、$m_2$ 离开轨道时的速度),又 $v=\frac{x}{t}$,则有 $m_1 \cdot \frac{OM}{t} + m_2 \cdot \frac{ON}{t} = m_1 \cdot \frac{OP}{t}$,即 $m_1 \cdot OM + m_2 \cdot ON = m_1 \cdot OP$;若碰撞是弹性碰撞,则碰撞过程中没有机械能损失,则有 $\frac{1}{2}m_1v_1^2 + \frac{1}{2}m_2v_2^2 = \frac{1}{2}m_1v_0^2$,同样整理可得 $m_1 \cdot OM^2 + m_2 \cdot ON^2 = m_1 \cdot OP^2$。

(4)碰前 $m_1$ 的动量 $p_1 = m_1v_0 = m_1 \cdot \frac{OP}{t}$,碰后 $m_1$ 的动量 $p_1' = m_1v_1 = m_1 \cdot \frac{OM}{t}$,则 $p_1 : p_1' = OP : OM = 14 : 11$;碰后 $m_2$ 的动量 $p_2' = m_2v_2 = m_2 \cdot \frac{ON}{t}$,

所以 $p_1' : p_2' = (m_1 \cdot OM) : (m_2 \cdot ON) = 11 : 2.9$;

碰撞前、后总动量的比值

$\frac{p_1}{p_1' + p_2'} = \frac{m_1 \cdot OP}{m_1 \cdot OM + m_2 \cdot ON} = 1.01$。

(5)仅更换两个小球的材质时,碰撞中系统机械能的损失会发生变化,当碰撞为弹性碰撞时,被碰小球获得的速度最大,平抛运动的射程就越大。由 $m_1 \cdot OM + m_2 \cdot ON = m_1 \cdot OP$ 和 $m_1 \cdot OM^2 + m_2 \cdot ON^2 = m_1 \cdot OP^2$ 可得 $ON = \frac{2m_1}{m_1 + m_2}OP$,代入数据可得 $ON = 76.8$ cm。

[答案] (1) C
(2) ADE 或 DEA 或 DAE
(3) $m_1 \cdot OM + m_2 \cdot ON = m_1 \cdot OP$    $m_1 \cdot OM^2 + m_2 \cdot ON^2 = m_1 \cdot OP^2$
(4) 14    2.9    1～1.01
(5) 76.8

【典例分析3】

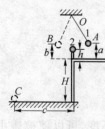

图 16-6

如图 16-6 是用来验证动量守恒的实验装置,弹性球 1 用细线悬挂于 $O$ 点,$O$ 点下方桌子的边沿有一竖直立柱。实验时,调节悬点,使弹性球 1 静止时恰与立柱上的球 2 接触且两球等高。将球 1 拉到 $A$ 点,并使之静止,同时把球 2 放在立柱上。释放球 1,当它摆到悬点正下方时与球 2 发生对心碰撞,碰后球 1 向左最远可摆到 $B$ 点,球 2 落到水平地面上的 $C$ 点。测出有关数据即可验证 1、2 两球碰撞时动量守恒。现已测出 $A$ 点离水平桌面的距离为 $a$,$B$ 点离水平桌面的距离为 $b$,$C$ 点与桌子边沿间的水平距离为 $c$。此处,

(1) 还需要测量的量是_____、_____和_____。

(2) 根据测量的数据,该实验中动量守恒的表达式为_____(忽略小球的大小)。

[解析] (1) 要验证动量守恒必须知道两球碰撞前后的动量变化,根据弹性球 1 碰撞前后的高度 $a$ 和 $b$,由机械能守恒可以求出碰撞前后的速度,故只要再测量弹性球 1 的质量 $m_1$,就能求出弹性球 1 的动量变化;根据平抛运动的规律只要测出立柱高 $h$ 和桌面高 $H$ 就可以求出弹性球 2 碰撞前后的速度变化,故只要测量弹性球 2 的质量和立柱高 $h$、桌面高 $H$ 就能求出弹性球 2 的动量变化。

(2) 根据(1)的解析可以写出动量守恒的方程

$2m_1\sqrt{a-h} = 2m_1\sqrt{b-h} + m_2\dfrac{c}{\sqrt{H+h}}$。

[答案] (1) 弹性球 1、2 的质量 $m_1$、$m_2$  立柱高 $h$  桌面高 $H$  (2) $2m_1\sqrt{a-h} = 2m_1\sqrt{b-h} + m_2\dfrac{c}{\sqrt{H+h}}$

## 高考链接创新点拨

### 一、本题创新点分析

1. 源于教材——本例中的研究对象为两个小球,确定入射球碰前、碰后速度的方法与教材实验相同。

2. 高于教材——本例中确定被碰小球碰后的速度,借用了平抛运动的研究方法。

### 二、本实验还可以从以下方面进行改进创新

1. 如果给出打点计时器和气垫导轨,实验应如何操作?

提示:气垫导轨与滑块间无摩擦,可以利用研究打点计时器记录的纸带分析滑块碰撞前后的速度,再验证系统碰撞过程中动量是否守恒。

2. 如果给出打点计时器和长木板,实验应如何操作?

提示:利用纸带确定滑块碰撞前后的速度的方法与(1)中相同,但此实验必须调整长木板的倾角,以平衡滑块的摩擦力,使滑块碰撞前后均做匀速直线运动。

## 高考真题同步训练

1. 某同学用如图 16-7 所示的装置来验证动量守恒定律。图中 PQ 为斜槽,QR 为水平槽。实验时先使 a 球从斜槽上某一固定位置 G 由静止开始滚下,落到位于水平地面的记录纸上,留下痕迹。关于小球落点的下列说法中正确的是(  )

A. 如果小球每一次都从同一点无初速释放,重复几次的落点应当是重合的

B. 由于偶然因素存在,重复操作时小球的落点不重合是正常的,但落点应当比较密集

C. 测定 B 点位置时,如果重复 10 次的落点分别为 $B_1、B_2、B_3、\cdots、B_{10}$,则 OB 应取

$OB_1$、$OB_2$、$OB_3$、…、$OB_{10}$ 的平均值,即 $OB=(OB_1+OB_2+…+OB_{10})/10$

D. 用半径尽量小的圆把 $B_1$、$B_2$、$B_3$、…、$B_{10}$ 圈住,这个圆的圆心就是入射球落点的平均位置 $B$

2. 如图 16-8 所示为实验室中验证动量守恒的实验装置示意图。

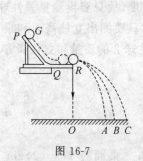

图 16-7

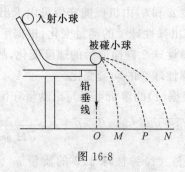

图 16-8

(1)若入射小球质量为 $m_1$,半径为 $r_1$;被碰小球质量为 $m_2$,半径为 $r_2$,则(　　)
A. $m_1>m_2$,$r_1>r_2$　B. $m_1>m_2$,$r_1>r_2$　C. $m_1>m_2$,$r_1=r_2$　D. $m_1<m_2$,$r_1=r_2$

(2)为完成此实验,以下所提供的测量工具中必需的是_____(填下列对应的字母)。
A. 直尺　B. 游标卡尺　C. 天平　D. 弹簧秤　E. 秒表

(3)设入射小球的质量为 $m_1$,被碰小球的质量为 $m_2$,$P$ 为碰前入射小球落点的平均位置,则关系式(用 $m_1$、$m_2$ 及图中字母表示)_____成立,即表示碰撞中动量守恒。

3. 如图 16-9(a)所示,在水平光滑轨道上停着甲、乙两辆实验小车,甲车系一穿过打点计时器的纸带,启动打点计时器甲车受到水平向右的冲量。运动一段距离后,与静止的乙车发生正碰并粘在一起运动。

纸带记录下碰撞前甲车和碰撞后两车运动情况如图 16-9(b)所示,电源频率为 50 Hz,则碰撞前甲车运动速度大小为_____m/s,甲、乙两车的质量比 $m_甲$:$m_乙=$_____。

4. 某同学利用打点计时器和气垫导轨做"验证动量守恒定律"的实验,气垫导轨装置如图 16-10(a)所示,所用的气垫导轨装置由导轨、滑块、弹射架等组成。在空腔导轨的两个工作面上均匀分布着一定数量的小孔,向导轨空腔内不断通入压缩空气,空气会从小孔中喷出,使滑块稳定地漂浮在导轨上,这样就大大减小了因滑块和导轨之间的摩擦而引起的误差。

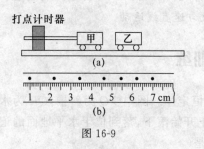

图 16-9

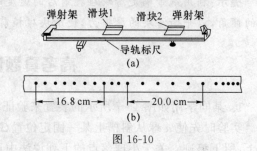

图 16-10

(1)下面是实验的主要步骤:
① 安装好气垫导轨,调节气垫导轨的调节旋钮,使导轨水平。
② 向气垫导轨空腔内通入压缩空气。

③ 把打点计时器固定在紧靠气垫导轨左端弹射架的外侧,将纸带穿过打点计时器与弹射架并固定在滑块1的左端,调节打点计时器的高度,直至滑块拖着纸带移动时,纸带始终在水平方向。

④ 使滑块1挤压导轨左端弹射架上的橡皮绳。

⑤ 把滑块2放在气垫导轨的中间。

⑥ 先_____,然后_____,让滑块带动纸带一起动。

⑦ 取下纸带,重复步骤④⑤⑥,选出理想的纸带如图16-10(b)所示。

⑧ 测得滑块1的质量为310 g,滑块2(包括橡皮泥)的质量为205 g。

完善实验步骤⑥的内容。

(2) 已知打点计时器每隔0.02 s打一个点,计算可知两滑块相互作用以前系统的总动量为_____ kg·m/s;两滑块相互作用以后系统的总动量为_____ kg·m/s(保留三位有效数字)。

(3) 试说明(2)中两结果不完全相等的主要原因是_____。

5. 某同学设计了一个用电磁打点计时器验证动量守恒定律的实验:在小车 $A$ 的前端粘有橡皮泥,推动小车 $A$ 使之做匀速运动,然后与原来静止在前方的小车 $B$ 相碰并粘合成一体,继续做匀速运动。他设计的装置如图16-11(a)所示。在小车 $A$ 后连着纸带,电磁打点计时器所用电源频率为 50 Hz,长木板下垫着小木片以平衡摩擦力。

图 16-11

(1) 若已测得打点纸带如图16-11(b)所示,并测得各计数点的间距(已标在图上)。$A$ 为运动的起点,则应选_____段来计算 $A$ 碰前的速度,应选_____段来计算 $A$ 和 $B$ 碰后的共同速度(以上两空选填"$AB$""$BC$""$CD$"或"$DE$")。

(2) 已测得小车 $A$ 的质量 $m_1=0.4$ kg,小车 $B$ 的质量 $m_2=0.2$ kg,则碰前两小车的总动量为_____ kg·m/s,碰后两小车的总动量为_____ kg·m/s。

6. 气垫导轨上有 $A$、$B$ 两个滑块,开始时两个滑块静止,它们之间有一根被压缩的轻质弹簧,滑块间用绳子连接(如图16-12(a)所示),绳子烧断后,两个滑块向相反方向运动,图16-12(b)为它们运动过程的频闪照片,频闪的频率为 10 Hz,由图可知:

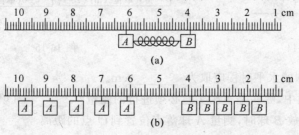

图 16-12

(1) A、B 离开弹簧后,应该做_____运动,已知滑块 A、B 的质量分别为 200 g、300 g,根据照片记录的信息,从图中可以看出闪光照片有明显与事实不相符合的地方是_____。

(2) 若不计此失误,分开后,A 的动量大小为_____kg·m/s,B 的动量的大小为_____kg·m/s,本实验中得出"在实验误差允许范围内,两滑块组成的系统动量守恒"这一结论的依据是_____。

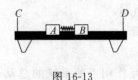

图 16-13

7. 气垫导轨是常用的一种实验仪器,它是利用气泵使带孔的导轨与滑块之间形成气垫,使滑块悬浮在导轨上,滑块在导轨上的运动可视为没有摩擦。可以用带竖直挡板 C 和 D 的气垫导轨和滑块 A 和 B 验证动量守恒定律,实验装置如图 16-13 所示,采用的实验步骤如下:

① 用天平分别测出滑块 A、B 的质量 $m_A$、$m_B$。
② 调整气垫导轨,使导轨处于水平。
③ 在 A 和 B 间放入一个被压缩的轻弹簧,用电动卡销锁定,静止放置在气垫导轨上。
④ 用刻度尺测出 A 的左端至 C 板的距离 $l_1$。
⑤ 按下电钮放开卡销,同时分别记录滑块 A、B 运动时间的计时器开始工作,当 A、B 滑块分别碰撞 C、D 挡板时计时结束,记下 A、B 分别到达 C、D 的运动时间 $t_1$ 和 $t_2$。

(1) 实验中还应测量的物理量及其符号是_____。

(2) 利用上述测量的实验数据,验证动量守恒定律的表达式是_____,上式中算得的 A、B 两滑块的动量大小并不完全相等,产生误差的原因有_____(至少答出两点)。

8. 某同学用如图 16-14 所示的装置通过半径相同的 A、B 两球($m_A > m_B$)的碰撞来验证动量守恒定律,图中 PQ 是斜槽,QR 为水平槽。实验时先使 A 球从斜槽上某一固定位置 G 由静止开始滚下,落到位于水平地面的记录纸上,留下痕迹。重复上述操作 10 次,得到 10 个落点痕迹。再把 B 球放在水平槽上靠近槽末端的地方,让 A 球仍从位置 G 由静止开始滚下,和 B 球碰撞后,A、B 球分别在记录纸上留下各自的落点痕迹。重复这种操作 10 次。图 16-14 中 O 点是水平槽末端 R 在记录纸上的竖直投影点。B 球落点痕迹如图 16-15 所示,其中米尺水平放置,且平行于 G、R、O 所在的平面,米尺的零点与 O 点对齐。

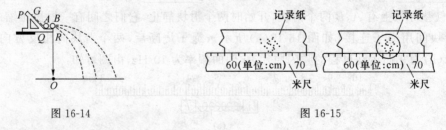

图 16-14    图 16-15

(1) 碰撞后 B 球的水平射程应取为_____cm。
(2) 在以下选项中,哪些是本次实验必须进行的测量?_____(填选项号)
A. 水平槽上未放 B 球时,测量 A 球落点位置到 O 点的距离
B. A 球与 B 球碰撞后,测量 A 球落点位置到 O 点的距离

C. 测量 $A$ 球或 $B$ 球的直径
D. 测量 $A$ 球和 $B$ 球的质量(或两球质量之比)
E. 测量水平槽面相对于 $O$ 点的高度

(3) 实验中,关于入射小球在斜槽上释放点的高低对实验影响的说法中正确的是( )

A. 释放点越低,小球受阻力越小,入射小球速度越小,误差越小
B. 释放点越低,两球碰后水平位移越小,水平位移测量的相对误差越小,两球速度的测量越准确
C. 释放点越高,两球相碰时,相互作用的内力越大,碰撞前后动量之差越小,误差越小
D. 释放点越高,入射小球对被碰小球的作用力越大,轨道对被碰小球的阻力越小

# 实验17　常见仪器的一般读数

## 高考本源实验梳理

### 一、误差和有效数字

1. 误差

误差的分类、产生原因、大小特点及减小方法如表17-1所示。

表 17-1

| 误差 | 产生原因 | 大小特点 | 减小方法 |
| --- | --- | --- | --- |
| 系统误差 | 实验仪器不精确、实验原理不完善、实验方法粗略 | 总是偏大或偏小 | 更新仪器完善实验原理 |
| 偶然误差 | 测量、读数不准确 | 忽大忽小 | 画图像或取平均值 |

2. 有效数字

从数字左边第一个不为零的数字算起,如 0.0100 为三位有效数字。

### 二、常见仪表的读数

(一) 游标卡尺

1. 结构
   - 主尺:最小刻度为毫米,一般总长度为 10 cm。
   - 游标
     - 10 分度:10 个格对应主尺上的 9 个 mm,精确度为 $\frac{1\ \text{mm}}{10}=0.1$ mm。
     - 20 分度:20 个格对应主尺上的 19 个 mm,精确度为 $\frac{1\ \text{mm}}{20}=0.05$ mm。
     - 50 分度:50 个格对应主尺上 49 个 mm,精确度为 $\frac{1\ \text{mm}}{50}=0.02$ mm。

2. 原理:游标上每一个小格都比主尺上一个小格短一个精确度,当游标上第 $N$ 个格与主尺上某一个格对齐时,就被认为是"搏出"几个精确度的长度。

3. 读数:① 坚定不移以毫米作单位。
   ② 先读主尺,读到毫米,不估计。
   ③ 再读游标,游标上第 $N$ 个刻线与主尺上某根刻线对齐,就读出 $N$,再乘以精确度。
   ④ 计算:主尺读数+游标读数。

⑤ 游标卡尺读数不用估计。

**(二) 螺旋测微器(千分尺)**

1. 结构：固定刻度，最小刻度为 0.5 mm。

   旋转刻度，50 个小格。

   精确度为 $\dfrac{0.5 \text{ mm}}{50} = 0.01$ mm。

2. 原理：旋转刻度每转 50 个小格，能在主尺上"撵出"半个毫米。

3. 读数：① 坚定不移以毫米作单位。

   ② 固定刻度读到半个毫米，不估计。

   ③ 当半个刻度若隐若现时，可看作下面两种情况：看到旋转刻度数值很大时，可认为半格"刚刚出现"，这个刻度不应该算上；看到旋转刻度数值很小时，可认为半格"就要出现"，这个刻度应该读上。上述情况属于较难的情况，比较少见。

   ④ 旋转刻度：读整数，估计一位小数点，再乘以精确度。

   ⑤ 计算：固定刻度读数＋旋转刻度读数。小数点后面应该有三位。

**(三) 常用刻度尺(米尺或学生格尺)**

1. 结构：最小刻度为毫米，所标数值为厘米。精确度为毫米。

2. 读数：① 坚定不移以毫米为单位。

   ② 整数读到毫米，再估计一位。小数点后只有一位数。

**(四) 常用直流电流表**

1. 量程为 0～0.6 A。

   最小分度即精确地为 0.02 A。

   读数到最小分度是准确的，估读时，不足半格的略去，超过半格的要按半个格读出。因此最后读数如果以安培作单位，小数点后面有两位位数，可能为 0,1,2,3…

2. 量程为 0～3 A。

   最小分度即精确度为 0.1 A。

   读数读到最小分度，估读到最小分度的 1/10。如果以安培作单位的话，小数点后面应该有两位。

**(五) 常用直流电压表**

1. 量程为 0～3 V：同 0～3 A 电流表。

2. 量程为 0～15 V。

   最小分度即精确度为 0.5 V。

   读数到最小分度，估读到其最小分度的 1/5。最后结果如果以伏特作单位，小数点后面只有一位，可能为 0,1,2,3…

**(六) 欧姆表**

1. 表盘结构：右端为零，左端为无穷大。刻度不均匀。

2. 读数：一律不估读，只读到精确度。读数再乘以倍率即可。

   0～5 欧，精确度为 0.5 欧；

   5～20 欧，精确度为 1 欧；

20～40欧,精确度为2欧;
40～50欧,精确度为5欧;
50～100欧,精确度为25欧;
100～200欧,精确度为50欧;
200～500欧,精确度为100欧;
500～1 000欧,精确度为500欧。表盘如图17-1所示。

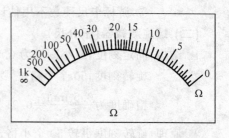

图17-1

### (七) 读数的一般规范

测量误差出现在哪一位,读数就相应读到哪一位。在高中阶段一般根据测量仪器的最小分度来确定读数误差出现的位置。对于常用仪器建议按照如下方法读数。

1. 最小分度为"1"的仪器,测量误差出现在下一位,下一位按1/10估读。
2. 最小分度为"0.1"的仪器,测量误差出现在下一位,下一位按1/10估读,读到小数点后面两位。
3. 最小分度为"2"或"5"的仪器,误差出现在同一位上,同一位分别按1/2或1/5估读。
4. 最小分度为"0.02"的仪器(如0.6 A电流表),读到小数点后面两位。
5. 最小分度为"0.5"的仪器(如15 V伏特表),读到小数点后面一位。

# 高考命题实例

**【典例分析1】**

[2012·新课标卷]某同学利用螺旋测微器测量一金属板的厚度。该螺旋测微器校零时的示数如图17-2(a)所示,测量金属板厚度时的示数如图17-2(b)所示。图(a)所示读数为_____ mm,图(b)所示读数为_____ mm,所测金属板的厚度为_____ mm。

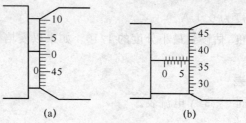

图17-2

[解] 题图(a)的读数为1.0×0.01 mm=0.010 mm。题图(b)的读数为6.5 mm+37.0×0.01 mm=6.870 mm,故金属板的厚度d=6.870 mm-0.010 mm=6.860 mm。

**【典例分析2】**

[2013·山东卷]图17-3(a)为一游标卡尺的结构示意图,当测量一钢笔帽的内径时,应该游标卡尺的_____(填"A""B"或"C")进行测量;示数如图17-3(b)所示,该钢笔帽的内径为_____ mm。

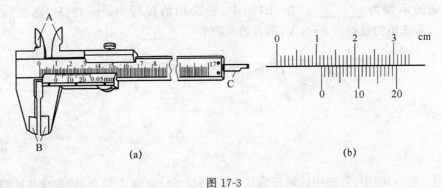

图 17-3

[解] 游标卡尺测量钢笔帽的内径时,使用内测脚,故填"A",该游标卡尺的最小分度为 0.05 mm,游标尺的第 6 个刻度线与主尺上的某刻线对齐,所以读数为 11 mm+0.05 mm×6= 11.30 mm。

**【典例分析3】**

[2013·新课浙江]如图 17-4 所示,装置甲中挂有小桶的细线绕过定滑轮,固定在小车上;装置乙中橡皮筋的一端固定在导轨的左端,另一端系在小车上。一同学用装置甲和乙分别进行实验,经正确操作获得两条纸带①和②,纸带上的 $a$、$b$、$c$……均为打点计时器打出的点。

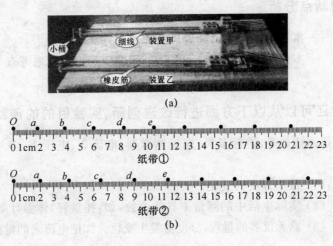

图 17-4

(1) 任选一条纸带读出 $b$、$c$ 两点间距离为_____。

[答案] (1)2.10 cm 或 2.40 cm(±0.05 cm,有效数字不作要求)

[解析] (1) 纸带①,$b$ 点读数约为 3.90 cm,$c$ 点读数约为 6.00 cm,$b$、$c$ 间距离约为 2.10 cm。纸带②,$b$ 点读数约为 4.10 cm,$c$ 点读数约为 6.50 cm,$b$、$c$ 间距离约为 2.40 cm。

**【触类旁通】**

图 17-5(a)、(b)两图为常用的电流表和电压表的刻度盘,在(a)图中如果接入电路的"+"和"-0.6"两个接线柱,则表的示数为_____,如果接入电路的是"+"和"-3"两个接

线柱,则表的示数为_____。在(b)图中,若选用的量程为 0～15 V,则表的示数为_____,若选用的量程为 0～3 V,则表的示数为_____。

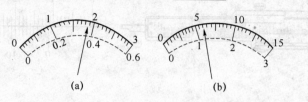

图 17-5

[解]  在(a)图中,若选用的量程为 0.6 A,则最小分度为 0.02 A,读数应估读到其最小分度的 1/2,不是半格的舍去,超过半格的读半格,所以读数为 0.37 A。若选用的量程为 3 A,则最小分度为 0.1 A,读数应估读到其最小分度的 1/10,所以读数为 1.86 A。

在(b)图中,若选用的量程为 15 V,则最小分度为 0.5 V,读数应估读到其最小分度的 1/5,所以读数为 6.0 V。若选用的量程为 3 V,则最小分度为 0.1 V,读数应估读到其最小分度的 1/10,所以读数为 1.20 V。

## 高考链接创新点拨

### 一、本题创新点分析

1. 源于教材——本例同样考查了测量长度的读数方法。
2. 高于教材——本例却在学生最熟悉的纸带问题中别出心裁地考查了长度测量读数,令人意外。

### 二、本实验还可以从以下方面进行改进创新,实验目的的创新

1. 常见考查仪器读数有:游标卡尺、螺旋测微器、电流表、电压表、多用表、刻度尺等的测量读数。
2. 创新方面:(1) 最小分度的变化。
   (2) 实际生活中的测量工具的读数,如:托盘秤,体温计等。
   (3) 熟悉仪器的量程,分度值发生变化。如把电流表的量程改为 5 mA 等。

【典例分析 4】

[2013·新课标全国Ⅰ](1) 测量 $d$ 时,某次游标卡尺(主尺的最小分度为 1 mm)的示数如图 17-6 所示,其读数为_____cm。

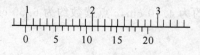

图 17-6

(2) 多用电表的示数如图 17-7(a)所示,这时电压表的示数如图 17-7(b)所示。多用电

表和电压表的读数分别为_____ kΩ 和_____ V。

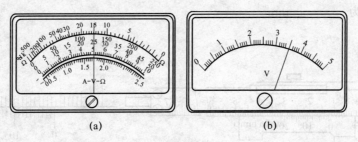

图 17-7

[答案] (1)0.960 (2)15.0 3.60

【触类旁通】

若某时刻电压表的示数如图 17-7(b)所示,电压表的读数为_____ V(保留 2 位小数)。
[答案] 3.60
[解析] (2)电压表量程为 6 V,分度值为 0.1 V,所以读数为 3.60 V(估读到下一位)。

## 高考真题同步训练

1. [2013·新课标安徽](1) 用游标卡尺测量小钢球直径,示数如图 17-8 所示,读数为_____ mm。

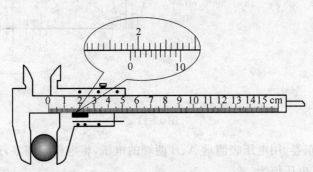

图 17-8

(2)在测定一根粗细均匀合金丝电阻率的实验中,利用螺旋测微器测定合金丝直径的过程如图 17-9 所示,校零时的读数为_____ mm,合金丝的直径为_____ mm。

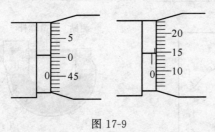

图 17-9

2. [2013·新课标山东]图 17-10(a)为一游标卡尺的结构示意图,当测量一钢笔帽的内径时,应该用游标卡尺的_____(填"A""B"或"C")进行测量;示数如图 17-10(b)所示,该钢笔帽的内径为_____ mm。

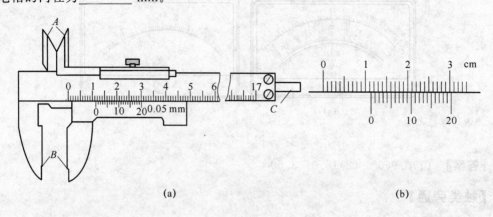

图 17-10

3. [2014·福建卷Ⅰ](1)某同学测定一金属杆的长度和直径,示数如图 17-11(a)、(b)所示,则该金属杆的长度和直径分别为_____ cm 和_____ mm。

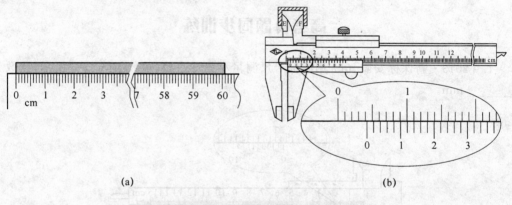

图 17-11

4. [2014·广东卷]用电压表测量 A、B 两端的电压:将电压表调零,选择 0～3 V 挡,示数如图 17-12 所示,电压值为_____ V。

5. [2014·江苏卷]用螺旋测微器测量合金丝的直径。为防止读数时测微螺杆发生转动,读数前应先旋紧图 17-13 所示的部件_____ (选填"A""B""C"或"D")。从图中的示数可读出合金丝的直径为_____ mm。

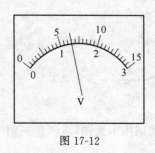

图 17-12

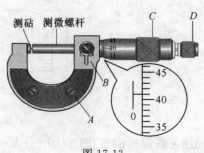

图 17-13

6.[2014·山东卷]电压表示数如图17-14所示,读数为_____V。

7.[2014·浙江卷]某次测量如图17-15所示,指针示数为_____cm。

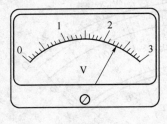

图17-14

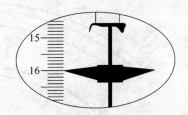

图17-15

8.[2014·重庆卷]某照明电路出现故障,其电路如图17-16所示,该电路用标称值为12 V的蓄电池为电源,导线及其接触完好。维修人员使用已调好的多用电表直流50 V挡检测故障,他将黑表笔接在 $c$ 点,用红表笔分别探测电路的 $a$、$b$ 点。

断开开关,红表笔接 $a$ 点时多用电表指示如图17-17所示,读数为_____V,说明_____正常(选填"蓄电池"或"保险丝"或"开关"或"小灯")。

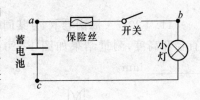

图17-16

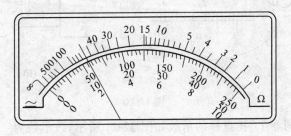

图17-17

9.[2015·福建卷]某同学做"探究弹力和弹簧伸长量的关系"的实验。

① 图17-18(a)是不挂钩码时弹簧下端指针所指的标尺刻度,其示数为7.73 cm;图(b)是在弹簧下端悬挂钩码后指针所指的标尺刻度,此时弹簧的伸长量 $\Delta l$ 为_____cm。

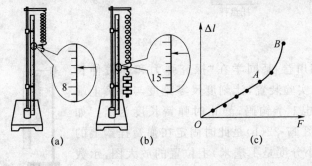

图17-18

10.[2015·广东卷]使用多用电表粗测电阻。选择"×1"欧姆挡测量,示数如图17-19

所示,读数为_____Ω。

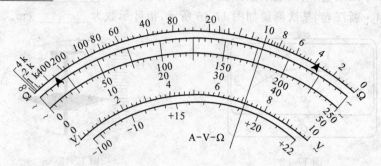

图 17-19

11. [2015·海南卷](1) 某同学利用游标卡尺和螺旋测微器分别测量一圆柱体工件的直径和高度,测量结果如图 17-20(a)和(b)所示。该工件的直径为_____cm,高度为_____mm。

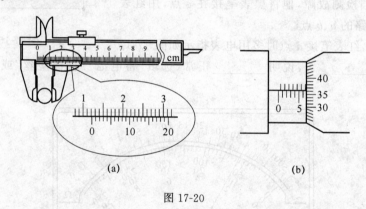

图 17-20

12. [2015·全国卷Ⅰ]托盘秤的示数如图 17-21 所示,该示数为_____kg。

图 17-21

13. [2015·四川卷]某同学在"探究弹力和弹簧伸长的关系"时,安装好实验装置,让刻度尺零刻度与弹簧上端平齐,在弹簧下端挂 1 个钩码,静止时弹簧长度为 $l_1$。如图 17-22(a)所示,图 17-22(b)是此时固定在弹簧挂钩上的指针在刻度尺(最小分度是 1 毫米)上位置的放大图,示数 $l_1=$ _____cm。

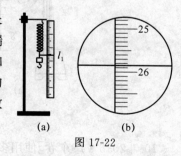

图 17-22

14. [2015·浙江卷]调节滑动变阻器得到了两组电流表与电压表的示数如图 17-23 中的 (a)、(b)、(c)、(d)所示,电流表量程为 0.6 A,电压表量程为 3 V。所示读数为:(a)_____、(b)_____、(c)_____、(d)_____。两组数据得到的电阻分别为_____和_____。

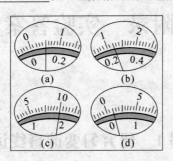

图 17-23

# 附录 实验答案

## 实验1 研究匀变速直线运动

1. [答案] C

    [解析] 中间时刻的瞬时速度等于全程的平均速度，所以 $v_B = \dfrac{x_2+x_3}{2T}$，所以 C 正确；$x_6-x_1=5(x_2-x_1)$，所以 B 错误；相邻计数点间的时间间隔是 0.1 s，D 错误；按照实验要求应该先接通电源再放开纸带，所以 A 错误。

2. [答案] (1)AC (2)AD (3)0.41 0.76

    [解析] (1) 打点计时器应使用交流电源，测量位移需用到刻度尺。

    (2) 为充分利用纸带和实验的顺利进行，可知 A、D 正确。

    (3) 相邻计数点之间都还有 4 个点未画出，说明相邻计数点之间的时间间隔是 0.1 s。由全程的平均速度等于中间时刻的瞬时速度得 $v_4 = \dfrac{(14.55-6.45)\times 10^{-2}}{2\times 0.1}$ m/s $\approx 0.41$ m/s。

    由 $\Delta x = aT^2$ 得 $a = \dfrac{(19.70-6.45)-(6.45-0)}{9\times 0.1^2}\times 10^{-2}$ m/s² $\approx 0.76$ m/s²。

3. [答案] 0.61 0.90

    [解析] 根据匀变速直线运动的规律，小球经过 A 点的瞬时速度等于 OB 段的平均速度，即 $v_A = \overline{v_{OB}} = \dfrac{OA+AB}{2T} \approx 0.61$ m/s。

    由逐差法求小球运动的加速度

    $a = \dfrac{\overline{CD}+\overline{DE}+\overline{EF}-(\overline{OA}+\overline{AB}+\overline{BC})}{3\times 3T^2} \approx -0.90$ m/s²,

    所以加速度大小为 0.90 m/s²。

4. [答案] ①DCBA ②0.1 ③$\dfrac{s_4+s_5}{2T}$ ④$\dfrac{(s_4+s_5+s_6)-(s_1+s_2+s_3)}{9T^2}$

    [解析] ② 每相邻两点之间还有 4 个记录点未画出，故 $T=5\times 0.02$ s $=0.1$ s

    ③ 中间时刻的瞬时速度等于这段时间内的平均速度，则 $v_5 = \dfrac{s_4+s_5}{2T}$。

    ④ 由逐差法得加速度 $a = \dfrac{\dfrac{s_4-s_1}{3T^2}+\dfrac{s_5-s_2}{3T^2}+\dfrac{s_6-s_3}{3T^2}}{3} = \dfrac{(s_4+s_5+s_6)-(s_1+s_2+s_3)}{9T^2}$

5. [答案] (1)14.0 (2)3.79 (3)497.5

[解析] (1) $v_D = \dfrac{CE}{2T} = 14.0 \text{ m/s}$;

(2) $a = \dfrac{CD+DE-(AB+BC)}{4T^2} \approx 3.79 \text{ m/s}^2$;

(3) 同理,根据 FJ 段数据可知,摩托车减速时的加速度大小 $a' \approx 0.19 \text{ m/s}^2$
由牛顿第二定律得 $F_f = ma' = 23.75 \text{ N}$
又加速时 $F - F_f = ma$,所以 $F = F_f + ma = 497.5 \text{ N}$。

**6.**[答案] (1)1.20  (2)$\dfrac{1}{2}a$  0.464

[解析] 由于物体做的是匀变速直线运动,所以其从某一点开始运动的位移 $x = v_0 t + \dfrac{1}{2}at^2$,由于 $x$-$t^2$ 图像是一条倾斜直线,因此 $v_0 = 0$,则 $x = \dfrac{a}{2}t^2$,这样,就可以知道 $x$-$t^2$ 图像的斜率为 $\dfrac{a}{2}$,通过图像可求得斜率为 0.464。

**7.**[答案] (1)$\dfrac{x}{t} = -\dfrac{1}{2}at + v_t$(写成 $x = -\dfrac{1}{2}at^2 + v_t t$ 也可)  (2)见解析

(3)2.0(或在1.8~2.2)

[解析] (1)由 $x = v_t t - \dfrac{1}{2}at^2$,可得 $\dfrac{x}{t} = v_t - \dfrac{1}{2}at$,由此式可知加速度大小为图像斜率的 2 倍,$a = 2 \times \dfrac{1.99-1.02}{1.0} \text{ m/s}^2 \approx 2.0 \text{ m/s}^2$。

(2)$\dfrac{x}{t}$-$t$ 图像如图所示。

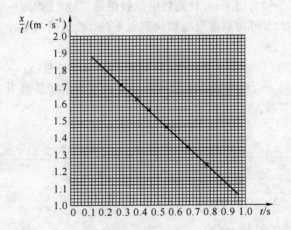

## 实验 2  探究弹力和弹簧伸长量的关系

**1.**[答案]  25.85  0.98  弹簧原长
**2.**[答案] (1)竖直  (2)静止  $L_3$  1 mm  (3)$L_x$  (4)4.9  10
[解析] (1)弹簧的轴线必须沿重力方向,所以应沿竖直方向。
(2)由于表中测量值已经估读到 0.1 mm,所以刻度尺的最小刻度应是 1 mm。
(3)因为 $m_0 g = k(L_x - L_0)$,$nmg + m_0 g = k(L_n - L_0)$,整理得 $nmg = k(L_n - L_x)$,所以横轴

应为弹簧长度与 $L_x$ 的差值。

(4) 从上式可以看出图像的斜率表示 $k$ 的大小，即 $k=\dfrac{\Delta mg}{\Delta x}=4.9$ N/m，$m_0=\dfrac{kL_x-L_0}{g}=1.0\times10^{-2}$ kg=10 g。

3. [答案] ①6.93 ②A ③钩码重力超过弹簧的弹性限度

[解析] 由图 2-12(b) 可知，读数为 14.66 cm，所以弹簧伸长 14.66 cm－7.73 cm＝6.93；若随意增减钩码，会作图不方便，有可能会出弹簧形变范围，所以应逐一增挂钩码；由图 2-12(c) 可知 AB 段伸长量与弹力不成线性关系，是因为钩码重力超过弹簧的弹力范围。

4. [答案] (1) 见解析图　(2) 0.261(在 0.248～0.262 均可)

[解析] (1) 画一条直线尽量通过较多的点，如图所示。

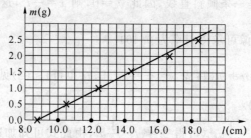

(2) 在画出的图像上选取较远的两点，用于计算劲度系数。

选 (11.5,0.75) 及 (19.0,2.75) 两点，有 $k=\dfrac{m_2g-m_1g}{x_2-x_1}=\dfrac{(2.75-0.75)\times10^{-3}\times9.8}{(19.0-11.5)\times10^{-2}}$ N/m＝0.261 N/m。

5. [答案] (1) (15.95～16.05)cm，有效数字位数正确　(2) (12.2～12.8) N/m　能

[解析] (1) 由图 2-15 可知刻度尺能精确到 0.1 cm，读数时需要往后估读一位。故指针示数为 16.00±0.05 cm。

(2) 由表 2-5 中数据可知每挂一个钩码，弹簧Ⅰ的平均伸长量 $\Delta x_1\approx4$ cm，弹簧Ⅱ的总平均伸长量 $\Delta x_2\approx5.80$ cm，根据胡克定律可求得弹簧Ⅰ的劲度系数为 12.5 N/m，同理也能求出弹簧Ⅱ的劲度系数。

6. [答案] (1) ①81.7　②0.0122　(2) 略

(3) $\dfrac{1.75\times10^3}{n}$ ($\dfrac{1.67\times10^3}{n}$～$\dfrac{1.83\times10^3}{n}$ 均同样给分)　$\dfrac{3.47}{10}$ ($\dfrac{3.31}{10}$～$\dfrac{3.62}{10}$ 均同样给分)

[解析] (1) ① $k=\dfrac{mg}{\Delta x}=\dfrac{0.100\times9.80}{(5.26-4.06)\times10^{-2}}=81.7$ N/m；

② $\dfrac{1}{k}=\dfrac{1}{81.7}$ m/N＝0.0122 m/N。

(3) 由作出的图像可知直线的斜率为 $5.8\times10^{-4}$，故直线方程满足 $\dfrac{1}{k}=5.8\times10^{-4}n$ m/N，即 $k=\dfrac{1.7\times10^3}{n}$ N/m(在 $\dfrac{1.67\times10^3}{n}$～$\dfrac{1.83\times10^3}{n}$ 之间均正确)

④ 由于 60 圈弹簧的原长为 11.88 cm，则 n 圈弹簧的原长满足 $\dfrac{n}{10}=\dfrac{60}{11.88\times10^{-2}}$，代入数值，得 $k=\dfrac{3.47}{10}$ ($\dfrac{3.31}{10}$～$\dfrac{3.62}{10}$ 均正确)。

7.[答案] (1)正 反 (2)104

[解析] (1)取截面积相同、长度不同的两组数据来研究受拉力后伸长量与长度的关系,由两组数据可得出它们成正比的关系;取长度相同、截面积不同的两组数据来研究受拉力后其伸长量与截面积的关系,由数据分析不难得出它们成反比。

(2)由以上分析可总结出伸长量 $\Delta l$ 与长度 $l$、截面积 $S$ 以及拉力 $F$ 的关系:$\Delta l \propto \dfrac{Fl}{S}$,变成等式有:$\Delta l = k\dfrac{Fl}{S}$,其中 $k$ 为常数,根据表格数据可得 $k = 8 \times 10^{-12}$ m²/N。故当 $l = 4$ m,$\Delta l = 4 \times 10^{-3}$ m,$S = 0.8 \times 10^{-4}$ m² 时,金属杆所能承受的最大拉力 $F_{max} = \dfrac{\Delta l S}{kl} = 104$ N。

8.[答案] (1)形变量超过弹簧的弹性限度 (2)66.7 200 甲 (3)见解析

[解析] (1)在弹性范围内弹簧的弹力与形变量成正比,超过弹簧的弹性范围,则此规律不成立,所以所给的图像上端成为曲线,是因为形变量超过弹簧的弹性限度。

(2)甲、乙两根弹簧的劲度系数分别为:

$k_{甲} = \dfrac{F_{甲}}{\Delta x_{甲}} = \dfrac{4}{6 \times 10^{-2}}$ N/m = 66.7 N/m

$k_{乙} = \dfrac{F_{乙}}{\Delta x_{乙}} = \dfrac{8}{4 \times 10^{-2}}$ N/m = 200 N/m。

要制作一个精确程度较高的弹簧测力计,应选用一定的外力作用时,弹簧的形变量大,故选甲弹簧。

(3)建议:实验中钩码不能挂太多,控制在弹性限度内。

9.[答案] 见解析

[解析] (1)刻度尺、已知质量且质量相等的钩码(或弹簧测力计)。

(2)实验步骤:

① 将弹簧 $B$ 悬挂在铁架台上,用刻度尺测量其长度 $L_B$。

② 在弹簧 $B$ 的下端挂上钩码,记下钩码的个数(如 $n$ 个),并用刻度尺测量弹簧的长度 $L_1$。

③ 由 $F = mg$ 计算弹簧的弹力;由 $x = L_1 - L_B$ 计算出弹簧的伸长量。由 $k = \dfrac{F}{x}$ 计算弹簧的劲度系数。

④ 改变钩码的个数,重复实验步骤②、③,并求出弹簧 $B$ 的劲度系数 $k_2$ 的平均值。

⑤ 按实验步骤①、②、③、④分别求出弹簧 $A$ 和 $C$ 的劲度系数 $k_1$ 和 $k_3$ 的平均值。

⑥ 比较 $k_1$、$k_2$、$k_3$ 得到结论。

(3)从同一根弹簧上截下的几段,越短的劲度系数越大(或越长的劲度系数越小)。

## 实验3 验证力的平行四边形定则

1.[答案] D

[解析] 合力与分力之间是等效替代关系,所以在实验中的作用效果相同是指橡皮条的伸长量相同且伸长到同一位置。

2.[答案] 乙同学 原因见解析

[解析] 在用弹簧测力计拉结点 $O$ 时,两个互成角度的弹簧测力计的拉力不能超过弹簧测力计的量程,当用一个弹簧测力计将结点 $O$ 也拉到相同位置时,拉力也不能超过弹簧测力计的量程,但乙同学的操作中,$F_1$ 和 $F_2$ 的合力大于 5 N,故当用一个弹簧测力计拉时将拉不到 $O$ 点。

3.[答案] ②这些点连成直线 ③沿此时细绳(套)的方向用铅笔描出几个点,用刻度尺把这些点连成直线 ⑥$F$ 和 $F_3$

4.[答案] (1)2.50 4.00 (2)见解析

[解析] (1)弹簧测力计的最小刻度为 0.1 N,读数时应估读一位,所以读数分别为 2.50 N 和 4.00 N。

(2)取一个小方格的边长表示 0.50 N,作出两个力及它们的合力如图所示。

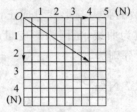

5.[答案] (1)3.00 (2)5.2±0.2 (3)$F'$ 在竖直方向且数值与 $F$ 近似相等

[解析] (1)弹簧秤读数时需要估读,最终的读数要以有效数字的形式给出,根据图(a)弹簧秤指针的位置,可读出力的大小为 3.00 N。

(2)根据力的大小可以用线段的长度来表示,利用刻度尺和三角板在图(b)上由已知的两个力作出平行四边形,测量出平行四边形的对角线的长度,与标度1 N 的长度进行比较,可求出 $F'$ 的大小为(5.2±0.2) N。

(3)若 $F'$ 在竖直方向且数值与 $F$ 近似相等,则在实验误差允许的范围内可以验证力的平行四边形定则。

6.[答案] (1)如图(a)所示 10.0(9.8、9.9、10.1 均正确) (2)1.80(1.70~1.90 均正确) (3)如图(b)所示 (4)$F_{OO'}$

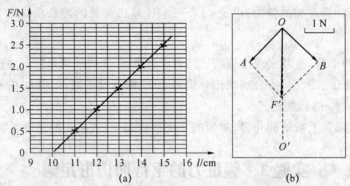

[解析] (1)由胡克定律得,橡皮筋拉力与橡皮筋伸长量关系为 $F=k(l-l_0)$。根据表格数据,在坐标系中描点、连线,求得斜率 $k=50$ N/m,$l_0=10.0$ cm。

(2)当 $OA=6.00$ cm,$OB=7.60$ cm 时,橡皮筋的长度为 $l=13.60$ cm,$F_{OA}=F_{OB}=k(l-l_0)=1.80$ N。

(4)$F_{OA}$ 和 $F_{OB}$ 的合力的作用效果应与 $F_{OO'}$ 相同,即以 $F_{OA}$ 和 $F_{OB}$ 为邻边作出的实验值 $F'$

与真实值$F_{合}$在误差允许的范围内大小相同,方向一致。

7. [答案] (1)BCD (2)A (3)A

[解析] (1) 实验中的分力与合力的关系必须满足:$|F_1-F_2|<F_3<F_1+F_2$,因此B、C、D选项是可以的。

(2) A

(3) 实验中$F_3$是竖直向下的,因此A项正确,B项错误。

8. [答案] (1)BCD (2)更换不同的小重物

[解析] (1) 运用等效思想来验证平行四边形定则,即要验证以两力为邻边作平行四边形,其对角线是否和合力相符。本小题中结点受三个力,其中两个力的合力与第三个力等大反向,故先测出各力的大小和方向,然后作出各力的图示,以两边为邻边做平行四边形,如果在实验误差范围内平行四边形的对角线与第三个力等大反向,即可验证。为测量各力的大小故需要记录橡皮筋原长、悬挂重物后的长度以及记录悬挂重物后$O$点的位置。故应选B、C、D。

(2) 可以通过改变小重物改变各力的大小。

9. [答案] (1)$F_1$ 0.05 (2)C

[解析] (1) A传感器中的力均为正值,故A传感器对应的是表中力$F_1$,平衡时,$mg=F_1\sin\theta$,当$\theta=30°$时,$F_1=1.001$ N,可求得$m=0.05$ kg。

(2) 在挂钩码之前,对传感器进行调零,目的是为了消除横杆自身重力对结果的影响,故C正确。

## 实验4 验证牛顿运动定律

1. [答案] B

[解析] 平衡摩擦力时,使小车的重力沿斜面向下的分力与小车运动所受摩擦力平衡,所以不能将小桶系在小车上,A错。平衡摩擦力后,小车和板间的动摩擦因数$\mu=\tan\alpha$,与小车的质量无关,所以改变小车的质量时,不需要重新平衡摩擦力,B正确。实验时,应先接通电源,待打点稳定后,再放开小车,C错误。本实验是探究作用力一定时,加速度与质量成反比,不能直接用公式$a=\dfrac{mg}{M}$求加速度,D错误。

2. [答案] 学生电源、电磁打点计时器、钩码、砝码或电火花计时器、钩码、砝码 学生电源为电磁打点计时器提供交流电源;电磁打点计时器(电火花计时器)记录小车运动的位置和时间;钩码用以改变小车的质量;砝码用以改变小车受到拉力的大小,还可用于测量小车质量。

[解析] 该实验为了使盘和盘中砝码的重力近似等于绳子对小车的拉力,应保证盘和盘中砝码的总质量远小于小车的质量,所以要选用砝码;为了改变小车的质量,要选钩码;对于打点计时器的选择,若选用电磁打点计时器则还要选择学生电源,以便提供低压交流电压,若选用电火花打点计时器,则不要学生电源。

3. [答案] (1)细线与轨道平行(或水平) 远小于

(2) 两小车从静止开始做匀加速直线运动,且两小车的运动时间相等

(3) 23.36(23.34~23.38均对) 3

[解析] (1)拉小车的水平细线要与轨道平行。只有在砝码盘和砝码的总质量远小于小车质量时,才能认为砝码盘和砝码的总重力等于细线拉小车的力。

(2)对初速度为零的匀加速直线运动,时间相同时,根据$x=\frac{1}{2}at^2$,得$\frac{a_1}{a_2}=\frac{x_1}{x_2}$。

(3)刻度尺的最小刻度是1 mm,要估读到毫米的下一位。读数为23.86 cm-0.50 cm=23.36 cm。

4.[答案] (1)0.16 (2)实验前要平衡小车的摩擦力

[解析] (1)由$\Delta x=aT^2$得$\Delta x=0.16$ cm$=1.6\times10^{-3}$ m。
$T=5\times0.02$ s$=0.1$ s,可求得:$a=0.16$ m/s²。

(2)由图中数据可以看出,实验中没有平衡小车的摩擦力,实验前应先平衡小车的摩擦力。

5.[答案] (1)在连续相等时间内的小车位移

(2)如图所示

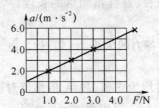

(3)截距过大,平衡摩擦力时,木板的倾角过大

(4)变大

[解析] 作出图像是一条直线,但没有通过坐标原点,有纵截距,说明不挂重物时就有加速度,这说明轨道倾角过大,小车的重力沿轨道的分力大于小车受到的摩擦力,平衡摩擦力时,木板的倾角过大,如果接上力传感器,其示数将小于重物的重力,同样的加速度,对应的横坐标变小,从而图像斜率要变大。

6.[答案] (1)$\frac{d}{\Delta t_1}$  $\frac{\left(\frac{d}{\Delta t_2}\right)^2-\left(\frac{d}{\Delta t_1}\right)^2}{2x}$ (2)BC

[解析] (1)由速度的定义式可得滑块经过光电门1时的速度表达式$v_1=\frac{d}{\Delta t_1}$;经过光电门2时的速度表达式$v_2=\frac{d}{\Delta t_2}$;由$2ax=v_2^2-v_1^2$,解得滑块加速度的表达式$a=\frac{\left(\frac{d}{\Delta t_2}\right)^2-\left(\frac{d}{\Delta t_1}\right)^2}{2x}$。

(2)滑块沿斜面向下运动所受合外力为$Mg\sin\theta=Mgh/L$,为了保持滑块所受的合力不变,$M$增大时,$h$减小,以保持二者乘积不变;或$M$减小时,$h$增大,以保持二者乘积不变,选项B、C正确。

7.[答案] (1)匀速直线 (2)$\frac{v_B^2-v_A^2}{2L}$ 2.44 (3)见解析图 (4)没有完全平衡掉摩擦力

[解析] (1)平衡摩擦力时,应让小车在长木板上做匀速直线运动。

(2)由运动学知识可知:$v_B^2-v_A^2=2aL$

所以 $a=\frac{v_B^2-v_A^2}{2L}$

由此式可求出第三次测量时小车的加速度为

$a_3=\dfrac{2.34}{2\times0.48}$ m/s$^2$=2.44 m/s$^2$。

(3) 由表中数据作出 $a$-$F$ 图像如图所示。

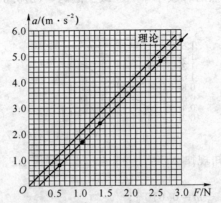

(4) 由实验中 $a$-$F$ 图像不过原点可以得出,实验时没有完全平衡小车的摩擦力。

8.[答案] (1)非线性 (2)存在摩擦力 (3)调节轨道的倾斜度以平衡摩擦力 远小于小车的质量

[解析] 本题考查了验证牛顿第二定律的实验。(1)根据图中描出的各点作出的图像不是一条直线,故小车的加速度和钩码的质量成非线性关系。(2)图像不过原点,小车受到拉力但没有加速度,原因是有摩擦力的影响。(3)平衡摩擦力之后,在满足钩码质量远小于小车质量的条件下,可以得出在小车质量不变的情况下拉力与加速度成正比的结论。

## 实验5 探究动能定理

1.[答案] D

[解析] 本实验没有必要测出橡皮筋做的功到底是多少焦耳,只要测出以后各次实验时橡皮筋做的功是第一次实验时的多少倍就已经足够了,A 不正确;每次实验橡皮筋伸长的长度必须保持一致,只有这样才能保证以后各次实验时,橡皮筋做的功是第一次实验时的整数倍,B 不正确;小车运动中会受到阻力,只有使木板倾斜到一定程度,平衡掉摩擦力才能减小误差,C 不正确;实验时,应该先接通电源,让打点计时器开始工作,然后再让小车在橡皮筋的作用下弹出,D 正确。

2.[答案] D

[解析] 放开小车之后,小车在橡皮筋的作用下开始加速运动,等到橡皮筋与小车分离之后,小车做匀速直线运动。本实验中测的速度是小车匀速运动的速度,而不是整个过程的平均速度,因此研究纸带上打下的点一定是那些均匀分布的点。

3.[答案] 纸带上点迹的间距相等 小车的质量 $M$、砂和砂桶的质量 $m$

$mgx=\dfrac{1}{2}M\left(\dfrac{x_2}{2T}\right)^2-\dfrac{1}{2}M\left(\dfrac{x_1}{2T}\right)^2$

[解析] 根据纸带上的点迹是否均匀来判断是否平衡了摩擦力,确定运动小车的速度应选用点迹清晰、均匀的部分来求解。确定小车动能的变化必须知道小车的质量 $M$,细线对小车做功是通过砂桶拉细线实现的,还应知道砂和砂桶的质量 $m$。

4.[答案] ①刻度尺、天平(包括砝码)　②D　③可在小车上加适量的砝码(或钩码)
④CD

5.[答案]　(1)①小车　②然后释放小车　③减少砝码　(2)0.600　0.610
(3)如图所示

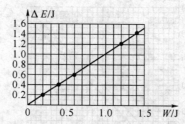

[解析]　由各组数据可知规律 $\Delta E=\dfrac{1}{2}m|v_2^2-v_1^2|$,可得 $\Delta E_3=0.600$ J;观察 $F$-$W$ 数据规律可得数值上 $W=F\cdot\dfrac{1}{2}m=0.610$ J。

6.[答案]　(1)将滑块轻置于气垫导轨之上,看其是否滑动;或将滑块轻置于气垫导轨之上,轻推滑块看是否匀速运动(其他方法正确同样得分)　(2)0.550　$\dfrac{\Delta d}{\Delta t}$　(3)过坐标原点的一条倾斜直线。

[解析]　(1)检查导轨是否水平的方法:将滑块轻放在气垫导轨上,看其是否滑动(或将滑块轻放在气垫导轨上,轻推滑块看是否匀速运动)。

(2) $\Delta d=5$ mm$+0.05$ mm$\times 10=5.50$ mm$=0.550$ cm

滑块匀速运动的速度 $v=\dfrac{\Delta d}{\Delta t}$。

(3)由动能定理可知,$W=\dfrac{1}{2}mv^2$,故画出的 $W$-$v^2$ 图像应是过坐标原点的一条倾斜直线。

7.[答案]　(1)位移 $x$　瞬时速度 $v$　$mgx$　$\dfrac{1}{2}mv^2$　(2)4.00　4.04　4.00

(3)在误差允许范围内,重力做的功与物体动能的变化量相等

[解析]　(1)首先明确实验原理:重力做的功等于物体增加的动能。所以测量小球下落的位移 $x$ 和下落位移 $x$ 时所对应的瞬时速度 $v$,比较重力做的功 $W=mgx$ 和动能的增加量 $\Delta E_k=\dfrac{1}{2}mv^2$ 的关系即可验证命题的正确性。

(2)小球经过光电门的速度可以用小球通过光电门这段很短时间内的平均速度来表示,$v=\dfrac{d}{t}=\dfrac{10.00\times 10^{-3}}{2.50\times 10^{-3}}$ m/s$=4.00$ m/s;$W=mgx=4.04$ J,$\Delta E_k=\dfrac{1}{2}mv^2=4.00$ J。

## 实验6　验证机械能守恒定律

1.[答案]　AE

[解析]　在"验证机械能守恒定律"的实验中,需验证重力势能减少量 $mgh$ 和动能增加量 $\dfrac{1}{2}mv^2$ 之间的大小关系,若机械能守恒,则有 $mgh=\dfrac{1}{2}mv^2$ 成立,两边都有质量,可约去,

即验证 $gh=\frac{1}{2}v^2$ 成立即可,故无须测质量,A 选项多余,对 E 选项,测速度时,用的是纸带上的记录点间的距离和打点计时器打点的时间间隔,无需用秒表测量,因此 E 选项也多余。

2. [答案] (1)a (2)①打点计时器接了直流电源 ②重物离打点计时器太远
(3)4.8 m/s² b

[解析] 由 $\Delta x=aT^2$,利用逐差法得到物体运动的加速度 $a=4.8$ m/s²。若用自由落体实验测得物体运动的加速度 $a$ 应该接近 10 m/s²,所以该纸带是采用"b"实验方案得到的。

3. [答案] (1)BD (2)丙 先松开了纸带,再接通了电源 1.92 1.88 1.84 9.5 0.3

[解析] (1) 本实验中只需验证 $gh$ 与 $\frac{v^2}{2}$ 的关系,不需要测重物质量,操作时应先接通电源再松开纸带,可选用点迹清晰、第一、二两点间的距离接近 2 mm 的纸带来处理数据,A、C 错,B、D 对。

(2) 实验中理想的纸带应是点迹清晰,第一、二两点间的距离略小于 2 mm 的纸带,所以丙错误,错误在于操作中先松开了纸带,再接通了电源,致使纸带上第一、二两点间距增大。利用公式 $v_n=\frac{h_{n+1}-h_{n-1}}{2T}$ 可计算出打点 $B$ 时重物的瞬时速度为 1.92 m/s。重物由 $O$ 到 $B$ 过程中,重力势能减少了 $\Delta E_p=mgh=1.00\times9.8\times19.20\times10^{-2}$ J=1.88 J;动能增加了 $\Delta E_k=\frac{1}{2}mv^2=1.84$ J,由 $\Delta h=aT^2$ 可求出重物实际下落的加速度为 $a=9.5$ m/s²,由牛顿第二定律知重物在下落的过程中所受到的阻力满足 $mg-F_{阻}=ma$,所以 $F_{阻}=0.3$ N。

4. [答案] (1)3.48 (2)1.24 1.28 (3)< 存在空气阻力

[解析] (1) $t_5$ 时刻的速度可以利用相邻两相等时间间隔的平均速度来求得,即 $v_5=\frac{(18.66+16.14)\times10^{-2}}{2\times0.05}$ m/s=3.48 m/s;

(2) $\Delta E_p=mgh=0.2\times9.8\times0.635$ J=1.24 J,$\Delta E_k=\frac{1}{2}\times0.2\times(4.99^2-3.48^2)$ J=1.28 J;

(3) 由于存在空气阻力的影响,所以 $\Delta E_p<\Delta E_k$。

5. [答案] (1)3.90 (2)$v_B^2/2=7.61$ (m/s)²,因为 $mv_B^2/2\approx mgh_B$,近似验证机械能守恒定律。

[解析] (1) 由匀变速直线运动中间时刻的瞬时速度等于平均速度可知 $v_B=\frac{h_C-h_A}{2T}$,由电源频率为 50 Hz 可知 $T=0.02$ s,代入其他数据可解得 $v_B=3.90$ m/s。

(2) 本实验是利用自由落体运动验证机械能守恒定律,只要在误差允许范围内,重物重力势能的减少等于其动能的增加,即可验证机械能守恒定律。选 B 点分析,由于 $\frac{1}{2}mv_B^2\approx 7.61$ m,$mgh_B=7.857$ m,故该同学的实验结果近似验证了机械能守恒定律。

6. [答案] (1)1.02 (2)$\frac{1}{2}\left(\frac{d}{\Delta t}\right)^2$ (3)小圆柱的质量 $m$ $mg+m\frac{d^2}{l\Delta t^2}$

[解析] (1) 小圆柱的直径 $d=10$ mm+$2\times0.1$ mm=10.2 mm=1.02 cm.

(2) 根据机械能守恒定律得：$mgl=\frac{1}{2}mv^2$，所以只需验证 $gl=\frac{1}{2}v^2=\frac{1}{2}\left(\frac{d}{\Delta t}\right)^2$，就说明小圆柱下摆过程中机械能守恒。

(3) 若测量出小圆柱的质量 $m$，则在最低点由牛顿第二定律得 $F-mg=m\frac{v^2}{l}$，若等式 $F=mg+m\frac{d^2}{l\Delta t^2}$ 成立，则可验证小圆柱在最低点的向心力公式。

7．[解析]  (1) 因为挡光框宽度很小 $l=3$ cm，而滑块通过光电门的时间极短，故可以认为滑块通过光电门做匀速运动，则通过两光电门时的平均速度就等于通过 $G_1$ 和 $G_2$ 两位置的瞬时速度，即 $v_1=\frac{l}{\Delta t_1}$，$v_2=\frac{l}{\Delta t_2}$；由三角形相似知识可知 $\frac{h}{x}=\frac{H}{L}$，可求得：

$h=\frac{H}{L}x$，($H$、$L$、$x$ 都是事先设定的)

(2) $v_1=\frac{l}{\Delta t_1}=\frac{3\times10^{-2}}{5\times10^{-2}}$ m/s$=0.6$ m/s,

$v_2=\frac{l}{\Delta t_2}=\frac{3\times10^{-2}}{2\times10^{-2}}$ m/s$=1.5$ m/s

$h=\frac{H}{L}x=\frac{0.2}{1}\times0.5$ m$=0.1$ m。

动能增加量 $\Delta E_k=\frac{1}{2}m(v_2^2-v_1^2)=\frac{1}{2}\times0.5\times(1.5^2-0.6^2)$ J$=0.473$ J

重力势能减少量 $\Delta E_p=mgh=0.5\times9.80\times0.1$ J$=0.490$ J，在误差允许范围内可认为机械能守恒。

## 实验 7　测定金属的电阻率(练习使用螺旋测微器)

1．[答案]　AC

[解析]　实验中应测量出金属丝接入电路中的有效长度，而不是全长；金属丝的电阻很小，与电压表内阻相差很大，使金属丝与电压表并联，电压表对它分流作用很小，应采用电流表外接法。故 A、C 操作错误。

2．[答案]　1.220　6.860

[解析]　20 分度游标卡尺的精度为 0.05 mm，主尺读数为 12 mm，游标尺读数为 $4\times0.05$ mm$=0.20$ mm，游标卡尺的读数为 12.20 mm$=1.220$ cm。
螺旋测微器读数：固定刻度读数＋可动刻度读数$=6.5$ mm$+36.0\times0.01$ mm$=6.860$ mm。

3．[答案]　(1)ABDEGH　(2)见解析图　(3)$\frac{I_2R_0+r_2}{I_1-I_2}$　$I_1$、$I_2$ 分别为 $A_1$ 和 $A_2$ 表示数，$R_0$ 与 $r_2$ 分别为定值电阻和 $A_2$ 内阻的阻值。

[解析]　(1)由于电源电动势为 4 V，电压表 V 量程为 15 V，达不到其量程的三分之一，故电压表不能使用；可用电流表 $A_2$ 与定值电阻 $R_0$ 串联扩大其电压量程，当作电压表与电流表 $A_1$ 配合使用伏安法测量待测电阻阻值，由于改装的电压表内阻已知，故电流表 $A_1$ 采用外接法，改装的电压表电压量程为 20 mA$\times130$ Ω$=2.6$ V，滑动变阻器最

大阻值为 5 Ω,无法起到限流作用,故滑动变阻器采用分压式接法;此时考虑到干路最小电流约为 $\frac{E}{R}$ = 0.8 A,故滑动变阻器只能选择 $R_1$,经过估算当电流表 $A_1$ 满偏时,电流表 $A_2$ 也正好满偏,非常匹配,因此满足电表读数不得小于量程的三分之一。故器材选择 ABDEGH。

(2) 如图所示。

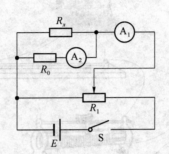

(3) 待测电阻 $R_x = \frac{I_2 R_0 + r_2}{I_1 - I_2}$,其中 $I_1$、$I_2$ 分别为 $A_1$ 和 $A_2$ 表示数,$R_0$ 与 $r_2$ 分别为定值电阻和 $A_2$ 内阻的阻值。

4. [答案]　(1) $R_2$　$a$

(2) 如图所示。

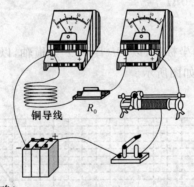

(3) 2.30(2.29、2.31 均正确)。

(4) 94(93、95 均正确)。

[解析]　(1) 根据电阻定律估算得铜导线的电阻大约为 $R_x = \rho \frac{l}{S} = 1.7$ Ω,而 $R_0 + R_x$ = 4.7 Ω,根据电路图,电压表的量程是 3 V,电源的电动势为 6 V,所以滑动变阻器连入电路的电阻最小为 4.7 Ω。为了多测几组数据,以保证实验结果的准确性,滑动变阻器应选 $R_2$。

(2) 略。

(3) 电压表最小刻度表示 0.1 V,应该按照 $\frac{1}{10}$ 估读进行读数,所以读数为 2.30 V。

(4) 因为 $R_x = \frac{U}{I} - R_0 = \rho \frac{l}{S}$,所以 $l = \left(\frac{U}{I} - R_0\right) \frac{S}{\rho} = 94$ m。

5. [答案] (1) 见解析图
   (2) 5.0 Ω
   [解析] (1) 如图所示。

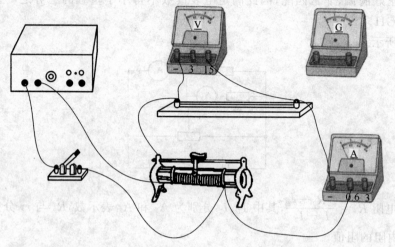

(2) 由图(b)可知,电压表示数为 $U=2.30$ V,电流表示数为 $I=0.46$ A

由 $R=\dfrac{U}{I}=\dfrac{2.30}{0.46}\ \Omega=5.0\ \Omega$

6. [答案] 见解析
   [解析] (1) 建立直角坐标系,以 $OP$ 距离 $x$ 为横轴,以 $U$ 为纵轴,取适当的比例标度,描点、连线,其图像如图所示。

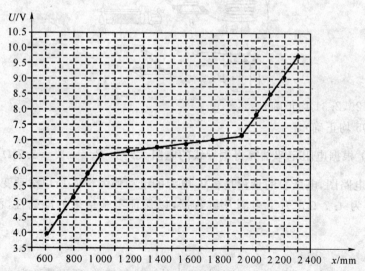

(2) 由题意,对每段电阻有 $\Delta U=I\cdot\Delta R$,而根据电阻定律有 $\Delta R=\rho\dfrac{\Delta x}{S}$,所以 $\Delta U=\dfrac{\rho I}{S}\Delta x$,因此 $\rho=\dfrac{S}{I}\cdot\dfrac{\Delta U}{\Delta x}$,$\dfrac{\Delta U}{\Delta x}$ 为 $U$-$x$ 图像的斜率。

$\rho=\dfrac{U}{I}\times\dfrac{S}{l}$

$$\rho_a = \frac{(6.50-3.95) \times 0.20 \times 10^{-6}}{1.25 \times (100-60) \times 10^{-2}} \Omega \cdot m = 1.02 \times 10^{-6} \Omega \cdot m$$

$$\rho_b = \frac{(7.15-6.50) \times 0.20 \times 10^{-6}}{1.25 \times (200-100) \times 10^{-2}} \Omega \cdot m = 1.04 \times 10^{-7} \Omega \cdot m$$

$$\rho_c = \frac{(9.75-7.15) \times 0.20 \times 10^{-6}}{1.25 \times (240-200) \times 10^{-2}} \Omega \cdot m = 1.04 \times 10^{-6} \Omega \cdot m$$

通过计算可知,金属丝 $a$ 与 $c$ 电阻率基本相同,远大于金属丝 $b$ 的电阻率。

电阻率的允许范围

$\rho_a$：$0.96 \times 10^{-6} \sim 1.10 \times 10^{-6} \Omega \cdot m$

$\rho_b$：$8.5 \times 10^{-8} \sim 1.10 \times 10^{-7} \Omega \cdot m$

$\rho_c$：$0.96 \times 10^{-6} \sim 1.10 \times 10^{-6} \Omega \cdot m$

7.[答案] （1）A （2）56.6 （3）见解析 （4）见解析图 （5）最左(A)

[解析] （1）测量爪 A 是测量玻璃管内径的。

（2）读数为：$56 \text{ mm} + 6 \times 0.1 \text{ mm} = 56.6 \text{ mm}$。

（3）在坐标纸中画出 U-I 图像如图所示。

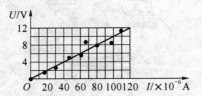

算出水柱的电阻 $R = 1.0 \times 10^5 \Omega$（允许误差在 10% 以内）

$S = \frac{\pi d^2}{4}$，$\rho = \frac{RS}{L} = \frac{R\pi d^2}{4L} = 8.0 \times 10^2 \Omega \cdot m$。

（4）如图所示

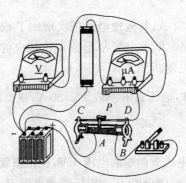

（5）闭合开关时应保证测量电路的电压为零,故滑动触头应滑至最左端(A 端)

## 实验 8　描绘小电珠的伏安特性曲线

1.[答案]　选 C

[解析]　由图知,若电压表的电阻无穷大,移动滑片时,因电流表示数有变化,故和电流表串联的回路中不存在断点,故 A 错。若滑片接触不良,电路中不可能有电流,故 B 错。若滑动变阻器 A 端接触不良,滑片移动时电流表和电压表读数均变化,故 D 错。若灯泡内

部短路则灯泡两端电压为零,电压表指针不变,移动滑片时,只有电流表指针变化,故选C。

2. [解析] (1) 由图8-10中的电压、电流数据从零开始可知滑动变阻器采用分压式,电压表选择量程3 V,电流表采用外接法。

(2) 外接法由于电压表分流,测得的电阻比内接法测得的要小,故电流表外接法得到的数据点是用"×"表示的。

(3) 用"×"数据点连直线,斜率为铅笔芯的电阻,考虑误差因素,$R=(1.1\sim 1.3)$ Ω,用"○"数据点连直线,同理得$R=(1.5\sim 1.7)$ Ω。

3. [答案] (1)×1 7.5 (2)见解析图 (3)a b (4)ab

[解析] (1) 因为小电珠的电阻比较小,故应该选"×1"倍率,由题图读得电阻为7.5 Ω。

(2) 因为小电珠的电阻比较小,故伏安法测量时应该用电流表外接法,测量的电压应该从零开始,故滑动变阻器要用分压式接法,实物连接如图所示。

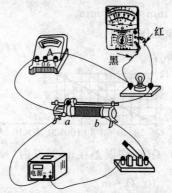

(3) 开关闭合前滑片$P$应置于$a$端,为了使小电珠亮度增加,应使滑片从中点向$b$端滑动。

(4) $ab$之间电流增加了0.122 A,其他段电流依次增加了0.03 A左右,所以需要在$ab$之间将电流分为0.030 A、0.060 A、0.090 A,分别测出相应的电压值。

4. [答案] (1)5 (2)4 (3)见解析图

[解析] (1) 由图8-14(b)知,电压表的读数为2.30 V,根据欧姆定律,L的电阻$R_L=\dfrac{U}{I}=\dfrac{2.30}{0.46}$ Ω=5 Ω。

(2) 电压表与电阻$R_2$串联,电压表两端的电压3 V,根据串联电路电阻与电压的关系,电阻$R_2$两端的电压为1 V,灯泡L两端的电压为电压表和电阻$R_2$两端的电压之和,即为4 V。

(3) 如图所示。

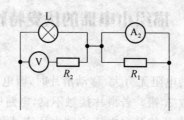

5.[答案] ①10 b ②增大 ③Y ④3.2 0.50

[解析] ①因倍率为"×1",故指针所指的数字即为读数,为10 Ω;由于待测电阻的阻值比电压表的内阻小得多,故采用电流表外接的方式测量电阻,即选择b;②滑动变阻器的滑片P向右滑动时,由于加在待测电阻两端的电压逐渐增大,故电流表的示数也逐渐增大;③由图(a)知,元件X的电流与电压成正比,故为线性元件;而元件Y的电流与电压不成正比,故Y是非线性元件;④由图可知,线性元件的电阻为 $R_X=\dfrac{3.0}{0.3}$ Ω=10 Ω,若 $S_1$、$S_2$ 都闭合,则电阻R被短路,电路中的电流 $I=\dfrac{U}{R_X}=\dfrac{3}{10}$ A=0.3 A,由闭合电路的欧姆定律得 $E=U+Ir$,断开 $S_2$ 后,电流 $I'=\dfrac{U'}{R_X}=\dfrac{1}{10}$ A=0.1 A,故 $E=U'+I'(R+r)$,两式联立并代入数据得:$E=3.2$ V,$r=0.50$ Ω。

6.[答案] (1)实验电路图如图所示。

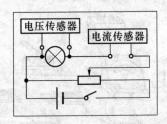

(2)a (3)0.15 (4)0.30

[解析] 由于要画出U-I关系的完整曲线,必须用分压接法画出实验电路图。分别在小灯泡灯丝电阻的U-I关系曲线图上画出电源的伏安特性曲线,与小灯泡灯丝电阻的U-I关系曲线交点即为工作点。显然接入a电路时,灯泡中电流较大,小灯泡较亮些。在电路b中,小灯泡消耗的电功率为 $P=UI=1×0.15$ W=0.15 W。若将电路b中的电阻R替换为另一个完全相同的小灯泡,其他条件不变,可等效为电动势为2.25 V,内阻为2.25 Ω的电池连接一个灯泡,在小灯泡灯丝电阻的U-I关系曲线图上画出电源(电动势2.25 V,内阻2.25 Ω)的伏安特性曲线,与小灯泡灯丝电阻的U-I关系曲线交点对应的横坐标值为电源输出电流 $I=0.26$ A,此时电源内部的发热功率为 $P=I_2^2r=0.26^2×4.5$ W≈0.30 W。

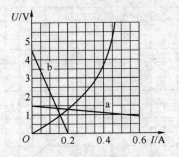

## 实验9 测定电源电动势和内阻

1.[答案] (1)如图所示 (2)①20 Ω ③闭合 (3)0.69 Ω (4)小

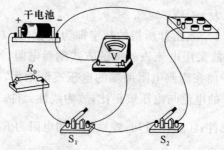

[解析] 由图示可知电阻箱读数为 20 Ω。开关 $S_1$ 闭合，$S_2$ 断开，电压表示数 1.49 V 即为电动势测量值，由于电压表内阻并不是无穷大，故电动势测量值小于其真实值。闭合 $S_2$，电压表示数为 1.16 V。由闭合电路欧姆定律 $E=U+\dfrac{U}{R}(R_0+r)$ 得 $r=0.69$ Ω。

2. [答案] (1) 连接如图所示。

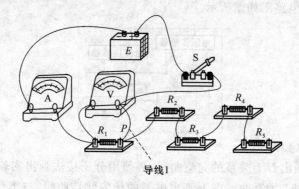

(2) $U$-$I$ 图像略。

(3) 2.90(2.89～2.91 均给分)　1.03(0.93～1.13 均给分)

[解析] 本题考查电源电动势和内电阻的测量。
(1)实物连线要注意连接主干电路，最后再连接电压表。(2)根据坐标纸上描出的各点，连接成一条直线，尽量使得各点对称分布在直线两旁。
(3)图像直线纵轴截距表示电源电动势，斜率绝对值表示电源内电阻。

3. [答案] (1) A　(2) 如图所示　(0.75±0.10) Ω　(3) 0.22 Ω

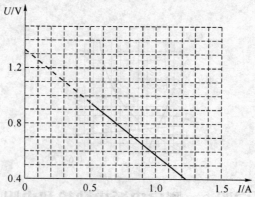

[解析] (1) 依据实物图，实验器材还缺电压表。
(2) 根据数据描点、连线，作出电源的 $U$-$I$ 图像，电源内阻 $r=\dfrac{\Delta U}{\Delta I}$。

（3）电流表的电阻 $R_A=\dfrac{U}{I}-R$。

4.[答案]　①1.0　②如图所示

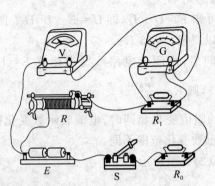

③1.66　充分利用已测得的数据　④CD

[解析]　① 由串、并联电路的特点可得：$R_1=\dfrac{I_g r_g}{I_A-I_g}=\dfrac{100\times10^{-6}\times2.0\times10^3}{200\times10^{-3}-100\times10^{-6}}\ \Omega=$ 1.0 Ω。

② 从电源正极出发，沿电流的流向依次连线，注意电流要由两电表的正接线柱流入，由负接线柱流出。

③ $E-U=I(r_内+R_0)$，则$-\Delta U=\Delta I(r_内+R_0)$，所以$(r_内+R_0)=-\dfrac{\Delta U}{\Delta I}=\dfrac{U_1-U_5}{I_5-I_1}=$

$\dfrac{U_2-U_6}{I_6-I_2}=\dfrac{U_3-U_7}{I_7-I_3}=\dfrac{U_4-U_8}{I_8-I_4}=\dfrac{(U_1+U_2+U_3+U_4)-(U_5+U_6+U_7+U_8)}{(I_5+I_6+I_7+I_8)-(I_1+I_2+I_3+I_4)}=5.66$ Ω，所以 $r_内=5.66$ Ω$-R_0=1.66$ Ω，逐差法处理实验数据的优点是可以充分利用已测得的数据，减小实验误差。

④ 电压表的读数等于路端电压，所以电压表内阻对测量结果没有影响，选项A错误；滑动变阻器用来改变路端电压，对测量结果没有影响，选项B错误；若$R_1$的实际阻值偏小，则电流表的实际量程偏大，电流表的读数比实际值偏小，电池组的内阻测量值偏大，选项C正确；$R_0$的实际阻值偏大时，电池组的实际内阻比测量值偏小，选项D正确。

5.[答案]　①A　D　F　②ad　cg　fh　③$\dfrac{1}{U}-\dfrac{1}{R}$或$U-\dfrac{U}{R}$或$\dfrac{R}{U}-R$（横纵坐标互换亦可）

[解析]　① 若选用0～1 000 Ω的滑动变阻器，则电路中的电流太小，且移动滑动变阻器滑片时，电压表和电流表的示数要么变化得特别慢，要么变化得特别快，所以滑动变阻器选用F；电源的电动势为4.5 V，所以电压表选用D；若电流表选用B，则移动滑动变阻器的滑片时，电流表的指针要么偏转得特别小，要么突然偏得比较大，所以电流表选用A。

② 电压表测量路端电压，滑动变阻器接成限流式，电键要控制整个电路。

③ 由闭合电路欧姆定律得$\dfrac{U}{R}(R+r)=E$，变形得$\dfrac{1}{U}=\dfrac{r}{E}\cdot\dfrac{1}{R}+\dfrac{1}{E}$，或$U=-r\cdot\dfrac{U}{R}+E$，或$\dfrac{R}{U}=\dfrac{1}{E}\cdot R+\dfrac{r}{E}$，则可以$\dfrac{1}{U}$为纵坐标，$\dfrac{1}{R}$为横坐标，或以$U$为纵坐标，$\dfrac{U}{R}$为横坐标，或以$\dfrac{R}{U}$为纵坐标，$R$为横坐标。

6.[答案]　①$A_2$　$R_2$　②25　③$\dfrac{U_0}{I_0}-r$　④相同　不同

[解析] ① 根据题意,电池内阻和待测电阻阻值均为数十欧,从电路图可以看出,滑动变阻器采用限流接法,故滑动变阻器应选 $R_2$;又电池的电动势为 6 V,由欧姆定律可知电流表 $A_1$ 量程太小,故电流表选用 $A_2$。

② 由闭合电路欧姆定律可知 $E=U+Ir$,即 $U=E-Ir$,$U$-$I$ 图像的斜率的绝对值表示电池的内阻,从 $U$-$I$ 图像可以得出 $r=25\ \Omega$。

③ 将 $R_x$ 改接在 B、C 之间后,由闭合电路欧姆定律有 $E=U+I(R_x+r)$,即 $U=E-I(R_x+r)$,可知 $\dfrac{U_0}{I_0}=R_x+r$,则 $R_x=\dfrac{U_0}{I_0}-r$。

④ 滑动变阻器接入电路的阻值变化相同时,电流表示数变化范围相同,电压表测的是不同电阻两端的电压,所以示数变化范围不同。

7. [答案] (1) $U=E-Ir$  (2) 如图所示

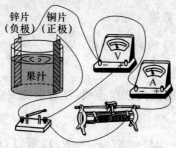

(3) 不变  增大  0.975  478  0.268

[解析] (1) 根据欧姆定律,路端电压等于电动势减去内电压,即 $U=E-Ir$。

(2) 该实验要求路端电压测量准确,故电压表应直接接在电源的两端,滑动变阻器只需能改变路端电压的值即可,故采用限流式接法。

(3) 根据图像,电流为零时,路端电压等于电动势,四条图像对应值均相同,故电极间距减小时,电源电动势不变,四条图像中图像(d)短路电流最小,故内阻最大,即随电极间距减小,内阻增大;图像(c)对应电动势从图像中直接读出,为 0.975 V,当电流为 0.8 mA 时,路端电压为 0.592 V,由 $U=E-Ir$ 计算得 $r≈478\ \Omega$;当外电路总电阻为 2 500 $\Omega$,则路端电压为 $U=\dfrac{2\ 500}{2\ 500+478}E≈0.819$ V,输出功率 $P=\dfrac{U^2}{R}=\dfrac{0.819^2}{2\ 500}$ W$≈0.268$ mW。

8. [答案] (1) $\dfrac{1}{I}=\dfrac{R_A+R_1}{ER_1}R+\dfrac{1}{E}\left[R_A+\dfrac{R_A+R_1}{R_1}(r+R_0)\right]$

(2) 0.110  9.09  (3) 1.0(或 0.96~1.04),6.0(或 5.9~6.1)

(4) 3.0(或 2.7~3.3),1.0(或 0.6~1.4)

[解析] 本题考查了测量电源电动势和内电阻的实验。(1) 根据闭合电路欧姆定律有

$E=\left(\dfrac{IR_A}{R_1}+I\right)(R+R_0+r)+IR_A$。

代入数据,化简得

$\dfrac{1}{I}=\dfrac{(R_A+R_1)}{ER_1}R+\dfrac{1}{E}\left[\dfrac{R_A+R_1}{R_1}(R_0+r)+R_A\right]$。

(2) 电流表每小格表示 4 mA,因此电流表读数为 0.110 A,倒数是 9.09 A$^{-1}$。

(3) 根据坐标纸上给出的点,画出一条直线,得出斜率 $k=1.0$ A$^{-1}$·$\Omega^{-1}$,截距 $b=6.0$ A$^{-1}$。

194

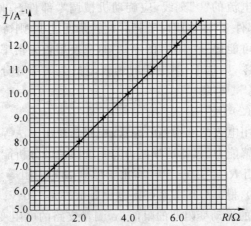

(4) 斜率 $k=\dfrac{R_A+R_1}{ER_1}$，因此 $E=3.0$ V，截距 $b=\dfrac{1}{E}\left[R_A+\dfrac{R_A+R_1}{R_1}(r+R_0)\right]$，因此 $r=\dfrac{bE}{3}-5=1.0$ Ω。

## 实验 10　练习使用多用电表

1.[答案]　(1)短接　(2)1　(3)15.0　3.60　(4)12.0　(5)9.00　15.0

[解析]　(1) 多用电表调零时把两表笔短接相当于把电路接通。

(2) 根据流经电压表的电流是从正极流向负极，可判断出电流的方向；再根据对多用电表来说"红进黑出"即电流从红表笔流入，从黑表笔流出，可判断出红表笔接 1。

(3) 根据读数原则，最小刻度是 1、0.1、0.01 的都要估读一位。图(b)中的指针指在 15，而 10～20 间的最小刻度为 1，所以读数为 15.0；图(c)中的电压表的最小刻度为 0.1 V，指针指在 36 格，所以读数为 3.60 V。

(4) 当把滑动变阻器的电阻调为零时，相当于多用电表测的是电压表的电阻，所以多用电表的读数即为电压表的内阻。

(5) 根据多用电表的原理，其中值电阻等于其内阻，即选"×1 k"挡时的内阻为 15.0 kΩ，此时滑动变阻器接入电路的阻值调为零，相当于只有多用电表和电压表构成一回路，此时 $I=\dfrac{E}{15.0\text{ kΩ}+12.0\text{ kΩ}}=\dfrac{4.00\text{ V}}{12.0\text{ kΩ}}$，可得 $E=9.00$ V。

2.[答案]　①AC

②如图所示

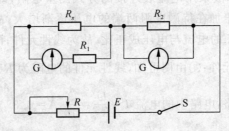

3.[答案]　(1)S　(3)T　0 刻线　(4)ADC

[解析] 使指针对准电流的"0"刻线,应旋动机械调零部件S;使指针对准电阻的"0"刻线,应旋动欧姆调零部件T;测电阻时若指针偏转角度过小,则待测电阻的阻值很大,据欧姆表测电阻时指针尽可能接近"中值"的原则知,应换用较大倍率的挡位,因此A合理;每换一次挡位应重新调零,则选D;测电阻时两表笔的金属部分分别与被测电阻两引线相连,应选C。

4.[答案] (1)1.0 V (2)①c d ②>小

[解析] 本题考查多用电表的欧姆挡的原理、电路与使用方法等知识点,考查对半偏法测电压表内阻实验的理解能力、仪器选择能力与系统误差的分析能力。

(1) 已知电压表的内阻 $R_V=3.0×10^3$ Ω,由于欧姆表的内阻等于中值电阻,所以欧姆表的内阻 $r=1.5×10^3$ Ω,根据分压关系可得电压表示数为1.0 V。

(2) ① 根据分压电路的滑动变阻器的阻值小,测量支路的电阻变化对其所分得的电压影响小,因此滑动变阻器选择c,由于电压表的内阻约为 $3.0×10^3$ Ω,故电阻箱选择d。

② 由于电阻箱串联接入测量支路,测量支路电阻增加,造成测量支路的电压大于3.0 V,电阻箱两端的电压大于1.5 V,因此 $R_{测}>R_{真}$。$R_V$ 越大,测量支路的电压越接近3.0 V,电阻箱的电压越接近1.5 V,因此 $R_{测}$ 越接近 $R_{真}$,相对误差越小。

5.[答案] 23 0.57 320

[解析] 多用电表的直流电压、直流电流的刻度都是均匀的。读直流电压、电流时看表盘中央的那条刻度均匀的刻度线。对于直流100 mA,每一小格表示2 mA,所以读数是23 mA;对于2.5 V的电压挡,每小格表示0.05 V,所以读数为0.57 V;电阻的测量读最上面的一条刻度线,所以读数为320 Ω。

6.[答案] (1) c、a、b、e 30 k
(2) AC

[解析] (1) 使用欧姆表时,指针指在"中值"附近较为准确。由图知中值电阻为30 Ω,而被测电阻 $R_x$ 为几十千欧,故选用×1 k挡。测量前必须欧姆调零,实验完毕后,将选择开关拨至交流最高挡,故操作顺序应为:c、a、b、e。

(2) 指针偏转过大,说明电阻示数太小,即选用倍率过高,应换用倍率较小挡位,且重新调零,A正确。电阻的阻值与电流的流向无关,所以红、黑表笔接反,不影响测量结果,B项错误。利用欧姆表测电阻时,因使用表内电源,故电阻不能在通路时测试,C正确。只要不换挡位,就不用重新调零,D错。

7.[答案] ①10 b ②增大 ③Y ④3.2 0.50

[解析] ①因倍率为"×1",故指针所指的数字即为读数,为10 Ω;由于待测电阻的阻值比电压表的内阻小得多,故采用电流表外接的方式测量电阻,即选择b;②滑动变阻器的滑片P向右滑动时,由于加在待测电阻两端的电压逐渐增大,故电流表的示数也逐渐增大;③由图(a)知,元件X的电流与电压成正比,故为线性元件;而元件Y的电流与电压不成正比,故Y是非线性元件;④由图可知,线性元件的电阻为 $R_X=\dfrac{3.0}{0.3}Ω=10$ Ω,若 $S_1$、$S_2$ 都闭合,则电阻R被短路,电路中的电流 $I=\dfrac{U}{R_X}=\dfrac{3}{10}$ A=0.3 A,由闭合电路的欧姆定律得 $E=U+Ir$,断开 $S_2$ 后,电流 $I'=\dfrac{U'}{R_X}=\dfrac{1}{10}$ A=0.1 A,故 $E=U'+I'(R+r)$,两式联立并

代入数据得：$E=3.2$ V，$r=0.50$ Ω。

8.[解析] (1)欧姆表读数时,指针在中央位置附近时最准确,开关旋到"×1 k"挡时,指针偏角太大,所以改换成小挡位"×100";换挡后,应对欧姆表重新进行欧姆调零;所测电阻阻值等于表盘示数×倍数。

(2)上一问可以粗略地知道被测电阻为几千欧,与电压表的内阻相近,因此安培表应用内接法。

(3)多用电表测电阻时,电源内置;作电流表时,电阻与表头并联;并联电阻越小,电流表的量程越大。

9.[答案] (1)① 断开待测电阻,将选择开关旋到"×100"挡
② 将两表笔短接,调整"欧姆调零旋钮",使指针指向"0 Ω"
③ 再接入待测电阻,将指针示数×100,即为待测电阻阻值

(2)连线如图所示

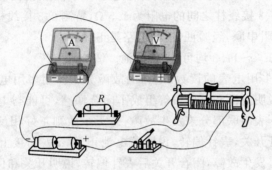

(3)电阻　1、2　1

[解析] 选B,红表笔接F,电阻很小,此时二极管导通,电源电流从黑表笔流出通过二极管从红表笔流进,电流方向从E到F,只有B正确。

10.[答案] (1)① 断开待测电阻,将选择开关旋到"×100"挡
② 将两表笔短接,调整"欧姆调零旋钮",使指针指向"0 Ω"
③ 再接入待测电阻,将指针示数×100,即为待测电阻阻值

(2)连线如图所示

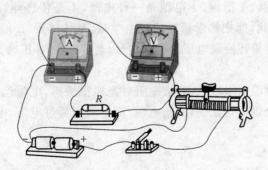

(3)电阻　1、2　1

(1)待测金属丝　(2)直流电压 10 V　红　(3)0　$E$　$E$

[解析] (1)若电流表示数为零,说明外电路一定是断路,电压表有示数为$E$,说明电源与电压表之间的连接无断路,所以发生故障的一定是待测金属丝。

(2)电流表示数为零,说明外电路一定存在着断路。因为电源两端有电压,所以不能用

欧姆表来检测,只能用电压表(量程高于电源电动势)来检测,没有电压表的情况下,则利用多用电表的10 V直流电压挡来检查故障。多用电表的红表笔应和电源的正极相连。

(3)若只有滑动变阻器断路,则多用电表的示数依次是0、E、E。

11. [答案] (1)黑箱内电阻串并联方式如图所示。

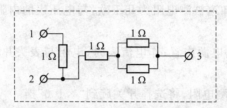

(2) 0.6

[解析] 因为1、2接线柱之间的电阻为1 Ω,2、3接线柱之间的电阻为1.5 Ω,1、3接线柱之间的电阻为2.5 Ω。可见1、2接线柱之间是最简单的,猜测1、2接线柱之间只有一个1 Ω电阻;因为2、3接线柱之间的电阻为1.5 Ω,猜测2、3接线柱之间两个1 Ω电阻并联再跟一个1 Ω电阻串联,经验证,这种电路是正确的。

12. [答案] ①11.5(11.2~11.8均可) 蓄电池 ②小灯
[解析] 本题考查多用电表的读数、电路的故障分析。用多用电表的电压挡分析故障时,电压表有示数说明电源和电压表等组成了闭合回路,可能与电压表并联的部分电路发生故障,而与电压表串联部分未发生故障,若无示数则正好相反。根据这个原理,$a$、$c$间接上电压表,断开开关,表针偏转,说明蓄电池正常,$a$、$b$间接上电压表,断开开关,表针不偏转,说明小灯发生故障,闭合开关后表针偏转,说明开关和保险丝正常。

## 实验11 传感器的简单应用

1. [答案] BC
[解析] 传感器是指能够感受诸如力、温度、光、声、化学成分等非电学量,并把它们按照一定的规律转换为电压、电流等电学量的元件。发光二极管是电学元件,是电能转换成光能的元件,不是传感器,A错误;干电池是一种电源,不是传感器,D错误;热敏电阻受热时,其电阻会发生变化,能把热学量转换成电学量,是传感器,B正确;霍尔元件能够把磁感应强度这个非电学量转换成电压这个电学量,是传感器,C正确。

2. [答案] D
[解析] 热敏电阻对温度很敏感,光敏电阻对光照很敏感,电阻丝可用于电加热,这很常见,所以A、B、C三个说法均正确;交流电、直流电均可通过电阻,电阻对它们均可产生阻碍作用,所以D错误。

3. [答案] ABC
[解析] 当照射光强度增大时,$R_3$阻值减小,外电路电阻随$R_3$的减小而减小,$R_1$两端电压因干路电流增大而增大,同时内电压增大,故电路路端电压减小,电压表的示数增大,A项正确,D项错误;由路端电压减小,$R_1$两端电压增大知$R_2$两端电压必减小,则$R_2$中电流减小,故B项正确;结合干路电流增大知流过小灯泡的电流必增大,则小灯泡的功率增大,故C项正确。

4. [答案] BC

[解析] 由图 11-20(b)可知,每隔 1 s 即可获得一次高电压,说明传送带运动距离等于相邻工件间的距离时所用时间为 1 s,所以 $v=\dfrac{x}{t}=\dfrac{0.2}{1}$ m/s=0.2 m/s,故选项 A 错 B 对;每小时输送时工件个数为:$n=\dfrac{t_{总}}{t}=\dfrac{3\,600}{1}=3\,600$ 个,故选项 C 对 D 错。

5. [答案] 120

[解析] 从图 11-21(b)查得 $t=20$ ℃时,$R$ 的阻值为 4 kΩ

由 $E=I_1(R+R_g)$ 得:

$R_g=\dfrac{E}{I_1}-R=\dfrac{9}{2}$ kΩ－4 kΩ＝0.5 kΩ

当 $I_2=3.6$ mA 时,设热敏电阻的阻值为 $R'$,则

$R'=\dfrac{E}{I_2}-R_g=\dfrac{9}{3.6}$ kΩ－0.5 kΩ＝2 kΩ

从图 11-21(b)查得此时对应的温度 $t_2=120$ ℃。

6. [答案] (1) 小  (2) 右  (3) 见解析

[解析] (1) 因为负温度系数热敏电阻温度降低时,电阻增大,故电路中电流会减小。

(2) 由(1)的分析知,温度越高,电流越大,25 ℃ 的刻度应对应较大电流,故在 20 ℃ 的刻度的右侧。

(3) 如图所示。

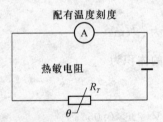

7. [答案] (1) 实验原理电路图如图所示

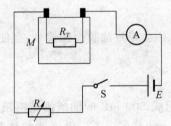

(2) ④ 电阻箱的读数 $R_0$。

⑤ 仍为 $I_0$。 电阻箱的读数 $R_1$

⑥ $R_0-R_1+150$ Ω

[解析] (1) 电阻箱的最大阻值与热敏电阻的最大阻值相差不大,因此电阻箱应与热敏电阻串联。

(2) 本实验原理是当电路的两种状态的电流相等时,外电路的总电阻相等。

95 ℃和 $R_T$ 时对应的电路的电阻相等,有 $150+R_0=R_T+R_1$,即 $R_T=R_0-R_1+150$ Ω。

## 实验 12　用油膜法估测分子的大小

1.[答案]　ABD

[解析]　"用油膜法估测分子的大小"的原理是将一滴油酸(体积为V)滴入水中,使之形成一层单分子油膜,成为一个一个单层排列的球形体,显然,球形体的直径即为单分子油膜的厚度 $d$,假设单分子油膜的面积为 $S$,必然有 $d=\dfrac{V}{S}$,所以,"用油膜法估测分子的大小"实验的科学依据是 A、B、D。

2.[答案]　BC

[解析]　设油酸分子的直径为 $d$,则有 $dS=\dfrac{m}{\rho}\Rightarrow d=\dfrac{m}{\rho S}$,故 B 正确;设油酸所含的分子数为 $n$,则有 $n=\dfrac{m}{M}N_A$,故 C 正确。

3.[答案]　AC

[解析]　由 $d=\dfrac{V}{S}$ 知,选项 A、C 会导致油膜面积偏小,会使 $d$ 偏大;选项 B、D 会使油酸体积偏小,分子直径 $d$ 偏小

4.[答案]　见解析

[解析]　(1)待薄膜形状稳定后,将玻璃板放在浅盘上,用彩笔将油酸薄膜的形状画在玻璃板上。

(2)每滴油酸酒精溶液的体积为 $\dfrac{1}{N}$ cm³

$n$ 滴油酸酒精溶液所含纯油酸的体积为

$V=\dfrac{n}{N}\times 0.05\%$ cm³

所以单个油酸分子的大小 $d=\dfrac{V}{S}=\dfrac{n\times 0.05\%}{NS}$ cm。

5.[答案]　AC

[解析]　由 $d=\dfrac{V}{S}$ 知,选项 A、C 会导致油膜面积偏小,会使 $d$ 偏大;选项 B、D 会使油酸体积偏小,分子直径 $d$ 偏小。

6.[答案]　0.005　$5\times 10^{-10}$

[解析]　将 1 mL 的纯油酸配成 500 mL 的油酸酒精溶液,油酸浓度为 1/500,每滴油酸酒精溶液的体积为 1/200 mL=0.005 mL。含纯油酸体积为 $V=0.005$ mL×1/500=$10^{-5}$ mL,由 $V=Sd$ 解得油酸分子的直径是 $d=5\times 10^{-10}$ m。

7.[答案]　(1)114(113～115 都对)　(2)$6.6\times 10^{-10}$

[解析]　(1)舍去不足半格的,多于半格的算一格,数一下共有 114(113～115)个;一个小方格的面积 $S_0=L^2=1$ cm²,

所以面积 $S=114\times 1$ cm²=114 cm²。

(2)一滴纯油酸的体积 $V=\dfrac{0.6}{1\,000}\times\dfrac{1}{80}$ mL=$7.5\times 10^{-12}$ m³

油酸分子直径 $d=\dfrac{V}{S}=\dfrac{7.5\times10^{-12}}{114\times10^{-4}}$ m$\approx 6.6\times10^{-10}$ m。

(3) 让油膜尽可能散开,是为了让油膜在水面上形成单分子油膜。

(4) 这样做的目的是让油膜在水面上形成单分子油膜

8.[答案] (1) 球体　单分子　直径　$4.4\times10^{-2}$　$1.2\times10^{-11}$　$2.7\times10^{-10}$

(2) 主要有两个原因:①水面受到落下油滴的冲击,先陷下后又恢复水平,因此油膜的面积扩张;②油酸酒精溶液中的酒精挥发,使液面收缩

[解析]　油膜面积约占 70 小格,面积约为 $S=70\times25\times25\times10^{-6}$ m$^2\approx 4.4\times10^{-2}$ m$^2$,一滴油酸酒精溶液含有纯油酸的体积为 $V=\dfrac{1}{50}\times\dfrac{0.6}{1\,000}\times10^{-6}$ m$^3=1.2\times10^{-11}$ m$^3$,

油酸分子的直径约等于油膜的厚度

$d=\dfrac{V}{S}=\dfrac{1.2\times10^{-11}}{4.4\times10^{-2}}$ m$\approx 2.7\times10^{-10}$ m。

## 实验 13　探究单摆的运动——用单摆测定重力加速度

1.[答案] (1)18.6　(2)abe

[解析] (1) 10 分度游标卡尺的精度为 0.1 mm,主尺读数为 18 mm,游标尺读数为 $6\times0.1$ mm=0.6 mm,游标卡尺的读数为 18.6 mm。

(2) 摆线选择细些的、伸缩性小些的,并且尽可能长些,可以使模型更符合单摆运动,且测量线长时误差小,a 正确。摆球尽量选择质量大些、体积小些的,使空气阻力可以忽略,b 正确。周期与摆角无关,摆角过大,摆球不做简谐运动,c 错误。计时应从摆球通过平衡位置开始,而不应从释放摆球位置处开始,d 错误,e 正确。

2.[答案] (1)AC　(2)12.0　0.993 0　(3)A

[解析] (1) 橡皮的作用是使摆线摆动过程中悬点位置不变,从而保障摆长一定,同时又便于调节摆长,选项 AC 说法正确。

(2) 根据游标卡尺读数规则可得摆球直径为 $d=12$ mm$+0.1$ mm$\times 0=12.0$ mm,则单摆摆长为 $L_0=L-d/2=0.993$ 0 m(注意统一单位)。

(3) 单摆摆角不超过 5°,且计时位置应从最低点(即速度最大位置)开始,故选项 A 的操作符合要求。

3.[答案]　①BC　②$\dfrac{4\pi^2\Delta L}{T_1^2-T_2^2}$

[解析]　① 组装单摆须选用密度大、半径小的摆球,选用轻且不易伸长的细线,而且摆球要在同一竖直面内摆动,且单摆的振幅要小一点,只有这些条件得到满足时,摆球所受空气阻力的影响才会比较小,摆球的振动才是简谐运动,所以 B、C 正确。

② 设摆球的半径为 $r$,单摆的周期为 $T_1$ 时对应的摆线长度为 $L_1$,单摆的周期为 $T_2$ 时对应的摆线长度为 $L_2$,由单摆的周期公式得,$T_1=2\pi\sqrt{\dfrac{L_1+r}{g}}$,$T_2=2\pi\sqrt{\dfrac{L_2+r}{g}}$,$L_1-L_2=\Delta L$,联立解得,$g=\dfrac{4\pi^2\Delta L}{T_1^2-T_2^2}$。

4. [答案] (1) A、C、E、H  (2) 小于 10°

[解析] 本实验的原理：振动的单摆，当摆角<10°时，其振动周期与摆长的平方根成正比，与重力加速度的平方根成反比，而与偏角的大小(振幅)、摆球的质量无关，周期公式为 $T=2\pi\sqrt{\dfrac{l}{g}}$，变换这个公式可得 $g=4\pi^2\dfrac{l}{T^2}$。因此，本实验中测出单摆的摆长 $l$ 和振动周期 $T$，就可以求出当地的重力加速度 $g$ 的值，本实验的目的是测量重力加速度 $g$ 的值，而非验证单摆的振动规律。因此实验中应选用较长的摆长 $l$，这样既能减小摆长的测量误差，又易于保证偏角 $\theta$ 不大于 10°，而且由于振动缓慢，方便计数和计时，故选 A。本实验所用的实际摆要符合理论要求，摆长要有 1 m 左右，应选用不易伸长的细线，摆球直径要小于 2 cm，应选用较重的小球，故选 C。

由于重力加速度 $g$ 与周期的平方成反比，周期 $T$ 的测量误差对 $g$ 的影响是较大的，所用计时工具应选精确度高一些的，故选 E。

由于摆长 $l$ 应是悬点到铅球的边缘的距离 $l$ 加上铅球的半径 $r$。铅球半径用游标卡尺测量出(也可由教师测出后提供数据)，因此 $l$ 应读数准确到毫米位。实验中应用米尺或钢卷尺来测量，故选 H。

5. [答案] (1) BD  (2) a  (3) 0.3  9.86

[解析] (1) 测量筒的下端口到摆球球心之间的距离 $L$，用到毫米刻度尺，测单摆的周期用秒表，所以测量工具选 B、D。

(2) 设摆线在筒内部分的长度为 $h$，由 $T=2\pi\sqrt{\dfrac{L+h}{g}}$ 得，$T^2=\dfrac{4\pi^2}{g}L+\dfrac{4\pi^2}{g}h$，可知 $T^2$-$L$ 关系图像为 $a$。

(3) 将 $T^2=0$，$L=-30$ cm 代入上式可得：
$h=30$ cm$=0.3$ m；
将 $T^2=1.20$，$L=0$ 代入上式可求得：$g=\pi^2$ m/s$^2=9.86$ m/s$^2$。

6. [答案] B

[解析] 选 B  由 $T=2\pi\sqrt{\dfrac{l}{g}}$ 得 $g=\dfrac{4\pi^2}{T^2}l$，$g$ 值偏大说明 $l$ 偏大或 $T$ 偏小。把悬挂状态的摆线长当成摆长，会使 $l$ 偏小，$g$ 值偏小，A 错；摆球第 30 次通过平衡位置时，实际上共完成 15 次全振动，周期 $T=\dfrac{t}{15}$，误认为 30 次全振动，$T$ 变小引起 $g$ 值明显偏大，B 对；单摆周期与振幅和摆球质量无关，C、D 错误。

7. [答案] (1) 9.76  (2) $\dfrac{4\pi^2}{k}$

[解析] (1) 本次实验中的摆长 $l=L+r=(101.00+1.00)$ cm$=1.020\ 0$ m，周期 $T=\dfrac{t}{N}=\dfrac{101.5}{50}$ s$=2.03$ s，

由公式 $g=\dfrac{4\pi^2 l}{T^2}$ 可以解得 $g=9.76$ m/s$^2$；

(2) 由公式 $g=\dfrac{4\pi^2 l}{T^2}$ 得：$T^2=\dfrac{4\pi^2}{g}l$，这是一条 $T^2$ 关于 $l$ 的一元一次函数(如 $y=kx$)，所以它

的斜率是 $k=\dfrac{4\pi^2}{g}$,所以 $g=\dfrac{4\pi^2}{k}$。

8.[答案] (1)0.875 0　75.2　1.88
(2)ABC　(3)图见解析　9.86 m/s²

[解析] (1)刻度尺的零点对准摆线的悬点,故单摆的摆长 $l=\left(88.50-\dfrac{2.00}{2}\right)\text{cm}=$ 87.50 cm=0.875 0 m。

秒表的读数 $t=(60+15.2)\text{ s}=75.2\text{ s}$。

单摆的周期 $T=\dfrac{t}{n}=1.88$ s。

(2) 由公式 $g=\dfrac{4\pi^2 l}{T^2}$ 可知,g 偏小的原因可能是测量摆长 l 时,测量值比真实值偏小或测量周期偏大,故选项 A、B、C 正确。

(3) 由单摆周期公式可得 $T^2=\dfrac{4\pi^2 l}{g}$,所以 $T^2$-$l$ 图像是过坐标原点的一条直线,直线斜率是 $k=\dfrac{4\pi^2}{g}$,$g=\dfrac{4\pi^2}{k}$。在图像上取相距较远的两点 $(l_1, T_1^2)$,$(l_2, T_2^2)$,则 $k=\dfrac{T_2^2-T_1^2}{l_2-l_1}$,所以

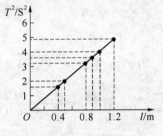

$g=\dfrac{4\pi^2(l_2-l_1)}{T_2^2-T_1^2}$。作出图像如图所示,由直线上的点(0.4,1.59)和(1.0,4.00)可求出

$k=\dfrac{4.00-1.59}{1.0-0.4}=4$,$g=\dfrac{4\pi^2}{k}=\dfrac{4\times 3.142}{4}$ m/s²=9.86 m/s²。

9.[答案] (1)BD　(2)9.4

(3)增加小球下落的高度,多次重复实验,结果取平均值。

(4)由 $H_1=\dfrac{1}{2}g\left(\dfrac{T_1}{n}-\Delta t\right)^2$ 和 $H_2=\dfrac{1}{2}g\left(\dfrac{T_2}{n}-\Delta t\right)^2$

可得 $g=\dfrac{2n^2(\sqrt{H_1}-\sqrt{H_2})^2}{(T_1-T_2)^2}$,因此可以消去 $\Delta t$ 的影响。

[解析] (1)此处的电磁铁起条形磁铁的作用,故应选用直流电源,选项 A 错误。用直尺测量电磁铁下端到 M 的竖直距离再减去小球的直径作为小球下落的高度,选项 C 错误。

(2) 1 个小球下落的时间为 0.65 s,根据 $H=\dfrac{1}{2}gt^2$,代入数据计算得 g=9.4 m/s²。

(3) 减小长度测量误差的办法是增加小球下落的高度。防止偶然误差的办法是多次重复实验,结果取平均值。其他答案只要合理也可。

## 实验 14　测定玻璃的折射率

1.[答案] A

[解析] 因为实验中的入射光线和折射光线都是隔着玻璃砖观察在一直线上的大头针确定的,相互间的距离太小,容易出现偏差,①正确②错误。入射角适当大些,相应的折射角

也增大,折射现象较明显,容易测量些,③正确⑤错误。由于光通过玻璃砖时,各相关角度互相制约着,其出射角恒等于入射角,而对于入射的界面,光线是从光疏介质射入光密介质,折射角必小于入射角,当入射角趋于最大值 90°时,折射角也趋于最大值 $\theta_{2\max}$,而对于出射的界面,在玻璃砖内的折射光线的入射角最大值也只能为 $\theta_{2\max}$,根据光路可逆原理,出射角最大值也趋于 90°,即始终能透过玻璃砖看到入射光线,④错。

2.[答案] (1)见解析图 (2)1.51 (3)A

[解析] (1)连接两大头针 1、2,延长线与梯形玻璃砖上表面交于 $O$,再连接两大头针 3、4,延长线与梯形玻璃砖下表面交于 $O'$,再连接 $OO'$,标上箭头以示光线传播方向。

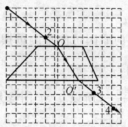

(2)如图所示,入射角 $\theta$ 的正弦:$\sin\theta=\dfrac{CD}{OC}$,折射角 $\beta$ 的正弦 $\sin\beta=\dfrac{C'D'}{OC'}$,可取 $OC=OC'$,则折射率 $n=\dfrac{\sin\theta}{\sin\beta}=\dfrac{CD}{C'D'}$。用刻度尺测量 $CD$、$C'D'$,代入测量数据可得 $n=1.51$。

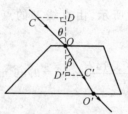

(3)光斜射入两底面平行的玻璃砖一个表面,折射光线会从另一个表面平行原入射光线射出玻璃砖。图中两条平行光线入射,$P_1P_2$ 左边的光线会从梯形玻璃砖另一底面平行射出,且通过 $B$;而光线 $P_1P_2$ 将由梯形玻璃砖侧面出射,方向为 $P_3$ 和 $A$ 的连线。

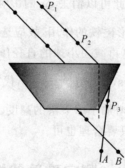

3.[答案] (1)1.73 (2)$P_4$ (3)1

[解析] (1)根据折射定律 $n=\dfrac{\sin\theta_1}{\sin\theta_2}$,题中 $\theta_1=60°$,$\theta_2=\angle AOF=30°$,所以 $n=\dfrac{\sin 60°}{\sin 30°}\approx 1.73$。

(2)在折射角相同的情况下,图中 $P_4$ 对应的入射角大于 $P_3$ 所对应的入射角,所以 $P_4$ 对应的折射率大。

(3) 因 $A$、$O$、$K$ 在一条直线上，入射角等于折射角，所以 $K$ 处对应的折射率应为 1。

4. [答案]　(1)不变　(2)偏小　(3)不受影响
[解析]　(1) 由图(a)可以看出折射角不变，入射角相同，故测得的折射率将不变。
(2) 由图(b)可看出，使入射点向左移，折射点向右移，所画出的折射角比实际折射角偏大，由 $n=\dfrac{\sin\theta_1}{\sin\theta_2}$ 知，测得的折射率偏小。
(3) 同样可根据入射光线和出射光线确定玻璃砖内折射光线，从而确定入射角和折射角，只要第二个界面不发生全反射即可，不过入射光线和出射光线不平行，如图(c)所示。

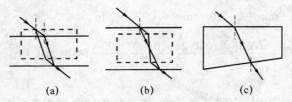

5. [答案]　光学　$d$　$e$
[解析]　光学面若被手接触污染，会影响观察效果，增加实验误差；分别连接 $cd$ 和 $ce$ 并延长到界面，与界面分别交于 $f$、$g$ 两点，由 $n=\dfrac{\sin\theta_1}{\sin\theta_2}$ 不难得出用 $d$ 点得到的折射率值较小，过 $c$ 点的出射光线应平行于 $ab$，利用直尺比对并仔细观察，可知 $ec$∥$ab$，故用 $e$ 点得到的折射率值误差较小。

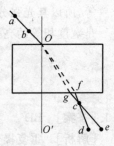

6. [答案]　(1)$l_1$ 和 $l_3$　$n=\dfrac{l_1}{l_3}$　(2)偏大
[解析]　(1) $\sin\theta_1=\dfrac{l_1}{BO}$，$\sin\theta_2=\dfrac{l_3}{CO}$，因此玻璃的折射率 $n=\dfrac{\sin\theta_1}{\sin\theta_2}=\dfrac{\dfrac{l_1}{BO}}{\dfrac{l_3}{CO}}=\dfrac{l_1}{l_3}$，因此只需测量 $l_1$ 和 $l_3$ 即可。
(2) 当玻璃砖顺时针转过一个小角度时，在处理数据时，认为 $l_1$ 是不变的，即入射角不变，而 $l_3$ 减小，所以测量值 $n=\dfrac{l_1}{l_3}$ 将偏大。

## 实验 15　用双缝干涉测光的波长

1. [答案]　C
[解析]　由 $\Delta x=\dfrac{l}{d}\lambda$ 知，增大 $S_1$ 与 $S_2$ 的间距 $d$ 或减小双缝屏到光屏的距离 $l$ 时，条纹间距变小，选项 A、B 错误；将绿光换为红光，波长变大，条纹间距变大，选项 C 正确；将绿光换为紫光，波长变小，条纹间距变小，选项 D 错误。

2. [答案]　(1)A　(2)1.970
[解析]　(1) 调节光源高度使光束沿遮光筒轴线照在屏中心时，无须放上单缝和双缝，选项 A 错误。

(2) 主尺的示数为 1.5 mm,可动尺的示数为 47.0×0.01 mm=0.470 mm,总的示数为 (1.5+0.470)mm=1.970 mm

3.[答案]　$8×10^{-7}$ m

[解析]　根据条纹宽度公式 $\Delta x=\dfrac{l}{d}\lambda$ 可知,波长 $\lambda=\dfrac{d}{l}\Delta x$,只要根据题目提供的数据就可求解,由图(d)可直接读出 $d$=0.25 mm=0.000 25 m,双缝到屏的距离由图(c)读出 $l$=749.8 mm=0.749 8 m。由图(b)、(e)、(f)可知,两条相邻亮条纹间的距离

$\Delta x=\dfrac{14.700-0.300}{6}$mm=2.400 mm=0.002 400 m。

将以上数据代入得 $\lambda=\dfrac{d\Delta x}{l}=\dfrac{0.000\ 25×0.002\ 400}{0.749\ 8}$ m≈$8×10^{-7}$ m。

4.[答案]　AD

[解析]　当做单缝实验时,中间是亮条纹,往两侧条纹亮度逐渐降低,且亮条纹的宽度不等,所以其光强分布图如图(b)所示,A 项正确,B 项错误;当做双缝实验时,在屏上呈现的是宽度相等的亮条纹,所以其光强分布图如图(c)所示,C 项错误,D 项正确。

## 实验16　验证动量守恒定律

1.[答案]　BD

[解析]　重复操作时小球的落点不会全重合,但距离应较近。确定落点位置的方法是画最小的圆圈定落点,圆心作为落点位置。

2.[答案]　(1)C　(2)AC　(3)$m_1 \cdot \overline{OP}=m_1 \cdot \overline{OM}+m_2 \cdot \overline{ON}$

[解析]　(1) 两小球要选等大的,且入射小球的质量应大些,故选 C。

(2) 该实验必须测出两球平抛的水平位移和质量,故必须用到直尺和天平,因两球平抛起点相同,不用测小球直径,故用不到 B。

(3) 因平抛落地时间相同,可用水平位移代替速度,故关系式为 $m_1 \cdot \overline{OP}=m_1 \cdot \overline{OM}+m_2 \cdot \overline{ON}$。

3.[答案]　0.6　2∶1

[解析]　由纸带及刻度尺可得碰前甲车的速度为

$v_1=\dfrac{12×10^{-3}}{0.02}$ m/s=0.6 m/s。

碰后两车的共同速度 $v_2=\dfrac{8×10^{-3}}{0.02}$ m/s=0.4 m/s。

由动量守恒定律有 $m_甲 v_1=(m_甲+m_乙)v_2$。

由此得甲、乙两车的质量比 $\dfrac{m_甲}{m_乙}=\dfrac{v_2}{v_1-v_2}=\dfrac{0.4}{0.6-0.4}=\dfrac{2}{1}$。

4.[答案]　(1)接通打点计时器的电源　放开滑块　1　(2)0.620　0.618
(3)纸带与打点计时器限位孔间有摩擦

[解析]　(1) 实验时应先接通打点计时器的电源,再放开滑块。

(2) 作用前系统的总动量为滑块 1 的动量 $p_0=m_1v_0$。

$v_0=\dfrac{0.2}{0.1}$ m/s=2 m/s,$p_0=0.310\times 2$ kg·m/s=0.620 kg·m/s。

作用后系统的总动量为滑块 1 和滑块 2 的动量和,且此时两滑块具有相同的速度 $v$,$v=\dfrac{0.168}{0.14}$ m/s=1.2 m/s,$p=(m_1+m_2)v=(0.310+0.205)\times 1.2$ kg·m/s=0.618 kg·m/s。

(3) 存在误差的主要原因是纸带与打点计时器限位孔间有摩擦。

5. [答案] (1) BC  DE  (2) 0.420  0.417

[解析] (1) 从分析纸带上打点情况看,$BC$ 段既表示小车做匀速运动,又表示小车有较大速度,因此 $BC$ 段能较准确地描述小车 $A$ 在碰撞前的运动情况,应选用 $BC$ 段计算 $A$ 的碰前速度。从 $CD$ 段打点情况看,小车的运动情况还没稳定,而在 $DE$ 段小车运动稳定,故应选用 $DE$ 段计算碰后 $A$ 和 $B$ 的共同速度。

(2) 小车 $A$ 在碰撞前速度

$v_0=\dfrac{\overline{BC}}{5T}=\dfrac{10.50\times 10^{-2}}{5\times 0.02}$ m/s=1.050 m/s

小车 $A$ 在碰撞前动量

$p_0=m_Av_0=0.4\times 1.050$ kg·m/s=0.420 kg·m/s

碰撞后 $A$、$B$ 共同速度

$v=\dfrac{\overline{DE}}{5T}=\dfrac{6.95\times 10^{-2}}{5\times 0.02}$ m/s=0.695 m/s

碰撞后 $A$、$B$ 的总动量

$p=(m_A+m_B)v=(0.2+0.4)\times 0.695$ kg·m/s=0.417 kg·m/s

6. [答案] (1) 匀速直线  $A$、$B$ 两滑块的第一个间隔

(2) 0.018  0.018  $A$、$B$ 两滑块作用前后总动量相等,均为 0

[解析] (1) $A$、$B$ 离开弹簧后因水平方向不再受外力作用,所以均做匀速直线运动,在离开弹簧前 $A$、$B$ 均做加速运动,$A$、$B$ 两滑块的第一个间隔应该比后面匀速时相邻间隔的长度小。

(2) 周期 $T=\dfrac{1}{f}=0.1$ s,$v=\dfrac{x}{t}$,由图知 $A$、$B$ 匀速时速度分别为 $v_A=0.09$ m/s,$v_B=0.06$ m/s,分开后 $A$、$B$ 的动量大小均为 $p_A=0.018$ kg·m/s,方向相反,满足动量守恒,系统的总动量为 0。

7. [答案] 见解析

[解析] (1) 实验中还应测量的物理量为滑块 $B$ 与 $D$ 板间的距离,符号为 $l_2$。

(2) 验证动量守恒定律的表达式为 $m_A\dfrac{l_1}{t_1}=m_B\dfrac{l_2}{t_2}$。产生误差的原因:①$l_1$、$l_2$、$m_A$、$m_B$ 的数据测量的误差;②没有考虑弹簧推动滑块的加速过程;③滑块并不是标准的匀速直线运动,因为滑块与导轨间有少许摩擦力。

8. [答案] (1) 65.7  (2) A、B、D  (3) C

[解析] (1) 如题图所示,用尽可能小的圆把小球落点圈在里面,由此可见圆心的位置是 65.7 cm。

(2) 小球做平抛运动时飞行时间相同,所以可以用水平位移的大小关系表示速度的大小关系。实验中要测量的数据有:两小球的质量 $m_1$、$m_2$,三个落点到 $O$ 点的距离 $x_1$、$x_2$、$x$。

所以应选 A、B、D。
(3) 入射小球的释放点越高，入射小球碰前速度越大，相碰时内力越大，阻力影响越小，可以较好地满足动量守恒的条件，有利于减小误差，故 C 正确。

## 实验 17　常见仪器的一般读数

1. [答案]　(1)18.6　(2)0.007　0.638
2. [答案]　A　11.30(11.25 或 11.35)
3. [答案]　60.10cm　4.20mm
4. [答案]　1.30
   [解析]　①据十分之一估读法，应该为 1.30 V。
5. [答案]　B　0.410
6. [答案]　2.30(2.29、2.31 均正确)
   [解析]　电压表最小刻度表示 0.1 V，应该按照 $\frac{1}{10}$ 估读进行读数，所以读数为 2.30 V。
7. [答案]　(15.95～16.05)cm，有效数字位数正确
   [解析]　由图可知刻度尺能精确到 0.1 cm，读数时需要往后估读一位。故指针示数为 $16.00\pm0.05$ cm。
8. [答案]　(1)①　11.5(11.2～11.8 均可)　蓄电池
   [解析]　(1) 本题考查多用电表的读数、电路的故障分析。用多用电表的电压挡分析故障时，电压表有示数说明电源和电压表等组成了闭合回路，可能与电压表并联的部分电路发生故障，而与电压表串联部分未发生故障，若无示数则正好相反。根据这个原理，$a$、$c$ 间接上电压表，断开开关，表针偏转，说明蓄电池正常，$a$、$b$ 间接上电压表，断开开关，表针不偏转，说明小灯发生故障，闭合开关后表针偏转，说明开关和保险丝正常。
9. [答案]　(1)①　6.93
   [解析]　(1) 由乙图可读出刻度尺的读数为 14.66 cm，弹簧的伸长量 $\Delta l = 14.66$ cm $-$ 7.73 cm $= 6.93$ cm。
10. [答案]　10
    [解析]　因倍率为"×1"，故指针所指的数字即为读数，为 10 Ω
11. [答案]　1.220　6.860
    [解析]　20 分度游标卡尺的精度为 0.05 mm，主尺读数为 12 mm，游标尺读数为 $4\times 0.05$ mm $= 0.20$ mm，游标卡尺的读数为 12.20 mm $= 1.220$ cm。
    螺旋测微器读数：固定刻度读数＋可动刻度读数＝6.5 mm＋36.0×0.01 mm＝6.860 mm。
12. [答案]　1.40
    [解析]　托盘秤的示数要估读一位，所以是 1.40 kg
13. [答案]　(1)25.85
14. [答案]　(2)①0.10 A　②0.24 A　③2.00 V　④0.27 V
    $(8.3\pm 0.1)$ Ω　$(2.7\pm 0.1)$ Ω